Colloquial
Indonesian

THE COLLOQUIAL SERIES
Series Adviser: Gary King

The following languages are available in the Colloquial series:

Afrikaans	German	Romanian
Albanian	Greek	Russian
Amharic	Gujarati	Scottish Gaelic
Arabic (Levantine)	Hebrew	Serbian
Arabic of Egypt	Hindi	Slovak
Arabic of the Gulf	Hungarian	Slovene
Basque	Icelandic	Somali
Bengali	Indonesian	Spanish
Breton	Irish	Spanish of Latin
Bulgarian	Italian	America
Burmese	Japanese	Swahili
Cambodian	Kazakh	Swedish
Cantonese	Korean	Tamil
Catalan	Latvian	Thai
Chinese (Mandarin)	Lithuanian	Tibetan
Croatian	Malay	Turkish
Czech	Mongolian	Ukrainian
Danish	Norwegian	Urdu
Dutch	Panjabi	Vietnamese
English	Persian	Welsh
Estonian	Polish	Yiddish
Finnish	Portuguese	Yoruba
French	Portuguese of Brazil	Zulu (forthcoming)

COLLOQUIAL 2s series: *The Next Step in Language Learning*

Chinese	German	Russian
Dutch	Italian	Spanish
French	Portuguese of Brazil	Spanish of Latin America

Colloquials are now supported by FREE AUDIO available online. All audio tracks referenced within the text are free to stream or download from www.routledge.com/cw/colloquials. If you experience any difficulties accessing the audio on the companion website, or still wish to purchase a CD, please contact our customer services team through www.routledge.com/info/contact.

Colloquial
Indonesian

Sutanto Atmosumarto

Routledge
Taylor & Francis Group

LONDON AND NEW YORK

First published 1994
by Routledge
2 Park Square, Milton Park, Abingdon, Oxon, OX14 4RN

and by Routledge
711 Third Avenue, New York, NY 10017

Reprinted with corrections 1996

Routledge is an imprint of the Taylor & Francis Group, an informa business

British Library Cataloguing in Publication Data
A catalogue record for this book is available from the British Library

Library of Congress Cataloguing in Publication Data
A catalogue record is available for this book from the Library of Congress

ISBN: 978-1-138-95841-8 (pbk)

Typeset in Times Ten by
Florence Production Ltd, Stoodleigh, Devon

Contents

Introduction

Colloquial Indonesian has been written for anybody with an interest in the Indonesian language. Throughout, the language presented and taught is the language used in everyday conversation, correspondence, newspapers, radio and television.

In writing this course I have tried to relate grammar and language points to everyday situations. As the grammar would be best learned if it were introduced point by point in stages, I have used situations in which particular grammar points are used in the sentences describing the situation. For example, in introducing the prefix **ber** (meaning 'to have') I may choose, for example, the story of a rich man. 'Jimmy is lucky. He has a big house, a good car', etc. – **Jimmy beruntung, dia berumah besar, dia bermobil bagus . . . .** The merit of this approach is that learners deal with only one problem at a time. This acquired grammar point can be used in the next lesson, when learners deal with another grammar point in a different situation.

The course begins with an extended chapter on pronunciation. Do not overlook this. It is essential that you familiarize yourself with the basic sounds of Indonesian if you are to be understood. The course comprises 17 lessons, and each follows a similar pattern. A situation (usually in the form of a dialogue) shows the language in action. You will notice words and phrases highlighted in bold type. Each of these grammar or language points is then explained. These are then included for further work and practice in the exercises. Each lesson finishes with further dialogues and a reading passage. These reinforce earlier language points and further develop your reading and listening skills.

The lessons are followed by a short 'Reference grammar' which summarizes the main grammar points covered in the course in a succinct and accessible form. The 'Key to the exercises' gives you the answers to most of the exercises. The 'Indonesian–English glossary' is not only meant for looking up words that have been used in this book, but also for further understanding the system by which Indonesian words, especially verbs, are formed. Finally there is a 'Grammatical index', covering the language and grammar points.

Two 60-minute recordings accompany this book. If you are really serious about learning Indonesian pronunciation, then I urge you to use these. Although no language is easy, Indonesian is not a difficult language for speakers of European languages to learn. However, pronunciation (not to mention listening skills) can really only be properly addressed by listening to, and following the example of, native speakers of the language.

I am grateful to the School of Oriental and African Studies (SOAS), Department of South East Asia in London, which for five years employed me as a part-time teacher of Indonesian. Also, to the Foreign and Commonwealth Office Training Department in London, which for a number of years gave me the same opportunity. Without this experience the writing of this book would not have been possible. Last but not least, my thanks to Alison John who helped me in the preparation of this course.

Sutanto Atmosumarto
London, January 1994

A guide to transcription and pronunciation

For speakers of European languages the Indonesian language is perhaps among the easiest to read and write. There are several reasons for this. First, unlike Arabic or Chinese, Indonesian is written in Roman characters; second, it has no word stress – all syllables are pronounced equally; and third, unlike Thai or Vietnamese, Indonesian is not a tonal language. Its basic intonation is conventional: it uses a rising intonation for 'Yes' or 'No' questions and a falling intonation for questions beginning with 'who', 'where', 'when', 'how', 'why', and statements, just as in English.

Pronunciation, however, can be a problem. There are five vowels in Indonesian and none of them has an equivalent in English. Of the 24 consonants six (namely **/f/ /m/**, **/n/**, **/l/**, **/s/** and **/y/**) can be pronounced roughly the same as in English. In the following section, however, the Indonesian sounds are described in terms of those that are closest to English sounds.

Word stress

In Indonesian a word is segmented into syllables all of which receive almost equal stress (e.g. **ma/kan** (2), **mi/nu/man** (3), **per/ka/wi/nan** (4), etc.). In English, different syllables in a word are given different degrees of stress (e.g. 'kitchen' or 'office' (stronger stress on the first syllable), 'congratulations' (stronger stress on the fourth syllable) or 'maternity' (stronger stress on the second syllable)).

A sequence of stresses and non-stresses causes fluctuation(s) in an utterance. In English speech, unstressed syllables are slurred or pronounced almost inaudibly, while the stressed ones are accented, creating contractions. This is not the case with Indonesian speech. In Indonesian all syllables are pronounced almost equally one by one. A written Indonesian sentence of 10 words, for example, takes a longer time to read than a written English sentence of the same length. In other words, compared to English, an Indonesian sentence is more time-consuming. Indonesian speakers, however, have a different way of being efficient, namely by cutting or dropping a syllable or even a word which they find disposable in an utterance. Here are some examples:

Full/formal form	*Short form*
tetapi	**tapi**
but	
Saudara pergi ke mana?	**Ke mana?**
Where are you going?	
masuk ke kamar	**masuk kamar**
to enter into the room	
bukan	**kan**
question tag	
Apa saudara mau makan?	**Mau makan?**
Do you want to eat?	

Also, the prefix **me** attached to a verb is often omitted.

memukul genderang	**mukul genderang**
to beat a drum	
menulis surat	**nulis surat**
to write a letter	
memompa ban	**mompa ban**
to pump up a tyre	

Intonation

In normal speech one can distinguish four levels of pitch: *very low* (symbolized by 1); *low*, which is the usual voice level at the beginning of an utterance (symbolized by 2); *high* (symbolized by 3); and *very high* (symbolized by 4). A varied combination of these pitch levels, plus a pause(/), make up the intonation of an utterance. It should not be much of a problem for an English speaker to learn basic Indonesian intonation because it is similar to that of English.

(a) Statement (falling intonation)

Saya / makan.   I'm eating.
2 3 / 3 1

Orang itu / minum susu.   That person is drinking milk.
2 2   3 / 2 2   3 1

Dia / tidak mau duduk.   He doesn't want to sit.
2 3 / 2 2   2 2 3 1

Ada kucing / di situ.   There's a cat over there.
2 2 2 3   / 2 3 1

(b) 'Yes–No' questions (rising intonation)

Orang itu / datang?   The man came?
2 2   2 3 / 2 3

Apa orang itu / datang?   Did the man come?
2 2 2 2   2 2 / 2 3

Datangkah / orang itu?   Did the man come?
2 2   3   / 22   2 3

(c) Questions with 'who/what', 'where', 'when', 'why' and 'how' (falling intonation)

Kapan / orang itu / pergi? When did the man go?
2 3   22   2 3 3   1

Apa / tugas anda?   What's your task?
2 3 / 2 2   3 1 ?

Siapa / menulis surat itu? Who wrote that letter?
2 2 3 / 2 2 2 2 3   3 1

Saudara / makan apa?   What are you eating?
2   2 3 / 2 2   3 1

Reading and writing

Let's note the definition of the linguistic word 'phoneme' prior to this discussion. A phoneme is a minimal distinctive sound unit. For example /t/ in 'time' and /d/ in 'dime' are two distinctive sound units, hence they are phonemes. Similarly /iː/ in 'deed' and /i/ in 'did' are two different vowel phonemes.

English phonemic transcription is very different from regular writing – the former is for linguists and the latter is for everybody.

In English, words with the same vowel sounds can be written in very different ways. For example, the phoneme /ei/ is used in the following words: 'make', 'weight' and 'plain', all of which, though pronounced in a similar fashion, are spelt differently.

There is a more consistent relationship between Indonesian phonemes and their written forms. Normally, for one Indonesian phoneme there is one written form, namely one of the letters in the Latin alphabet. This applies to vowels as well as to consonants. For example, the vowel phoneme /a/ (as 'a' in 'father') is always pronounced in that way in all Indonesian words with 'a' in them, such as **saya**, **meja**, **ada**, **tua**, **tradisi**, etc. In Indonesian, it is the consistency in the one-to-one relationship between sound and symbol that makes the reading and writing of the language relatively easy and simple. There is therefore no problem with spelling.

Pronunciation (Audio 1: 1–6)

Vowels

In Indonesian, there are five phoneme vowels /a/, /e/, /i/, /o/ and /u/. Diphthongs are made by combining one with another.

/a/

The Indonesian letter **a**, is pronounced like the English 'a' in 'far'.

ada	to exist	**akar**	root
apa	what	**tanda**	sign
acara	programme	**makan**	eat
bahwa	that	**dapat**	can
taman	park	**bayar**	pay
banyak	plenty	**kata**	word
batas	border	**sayang**	unfortunately

Note: a can combine with **i** or **u** to produce the diphthongs **ai** (as in the English 'my' and 'tie') and **au** (as in the English 'cow' and 'bow').

air	water	**haus**	thirsty
cair	liquid	**maut**	death
lain	different	**laut**	sea
kait	hook	**daun**	leave
main	play	**kaum**	group
saing	rival	**lauk**	side dish

/e/

The Indonesian letter **e** has two different sounds. One is pronounced like the English 'a' in 'ago' and 'again'. The second has a sound the vowel length of which is between 'make' and 'mick'.

e (as in 'ago')		*e (between 'make' and 'mick')*	
emas	gold	**enak**	delicious
kertas	paper	**edan**	mad
serbu	attack	**setan**	devil
entah	don't know	**elok**	beautiful
beras	rice	**elit**	elite
peka	sensitive	**merdeka**	free
setia	faithful	**mereka**	they

/i/

The Indonesian letter **i** is pronounced much like the English 'ee' in 'feet', 'meat' and 'be'.

itu	that	**beli**	buy
ikan	fish	**tuli**	deaf
kira	guess	**seri**	series
kita	we	**tinggal**	stay
tadi	just past	**mandi**	to bathe
gila	mad	**suci**	holy

Note: i can combine with **u** or **o** to produce the diphthongs **iu** (no English equivalent) and **io** (as in the English 'kiosk').

iu		*io*	
tiup	blow	**biola**	violin
siul	whistle	**kios**	news-stand
cium	kiss	**pion**	pawn
liur	saliva	**pioner**	pioneer

/o/

The Indonesian letter **o** is different from the English 'o' in that generally the English 'o' in an open syllable is long, as if being followed by 'u' at the end. The Indonesian **o** is short, the nearest to English being 'o' in 'go' and 'so'. In a closed syllable the Indonesian **o** is very much like the vowel sound in 'more', 'saw' or 'door'.

An open syllable has a vowel ending the syllable. A closed syllable has a consonant ending the syllable. For example, in **ti/dur** (to sleep), the first syllable **ti** is open and the second syllable **dur** is closed.

o as in 'go' but short		*o like the vowel sound in 'more', 'saw', 'law'*	
to/ko	shop	**kotor**	dirty
so/to	soup	**obrol**	chat
ka/do	gift	**botol**	bottle
prang/ko	stamp	**kosong**	empty
So/lo	a town in Java	**roti**	bread
jo/do	compatible spouse	**tonton**	watch

Note: If there are two **o**s in a word, both should be pronounced the same. If in a word one 'o' is an open syllable and the other is a closed syllable, the 'o' in the latter is dominant.

/u/

The Indonesian letter **u** in an open syllable is pronounced like the English 'oo' in 'tooth', 'boom' or 'shoot'. All **u**s below are pronounced in the same way.

buku	book	**justru**	just
susu	milk	**cumbu**	seduce
guru	teacher	**bulu**	feather
cucu	grandchild	**suhu**	temperature
kuku	nail	**sumbu**	wick

Note: **u** can combine with **a** to produce the diphthong **ua** (no English equivalent).

muat	load	**suatu**	a or an
buah	fruit	**suara**	sound
kuat	strong	**suami**	husband
kuasa	authority	**kuatir**	worry

Consonants

There are 24 consonants in Indonesian. The following terms are used to describe their pronunciation.

Aspirated	– puff of air
Voiced or voiceless	– with or without vibration of the vocal cords in the Adam's apple

/t/ and /d/

Unlike the English /t/, the Indonesian **/t/** is not aspirated when it occurs in the initial position (no puff of air) like the English sound 't' in 'time'. As in English, the Indonesian **/d/** is the counterpart of /t/. **/d/** is voiced whereas **/t/** is voiceless. Note the contrast in meaning when one replaces the other in the following pairs of words.

Initial position

/t/		**/d/**	
tari	dance	**dari**	from
tahan	endure	**dahan**	branch
tua	old	**dua**	two
titik	dot	**didik**	educate
talam	tray	**dalam**	inside

Final position

In this position the difference between /**d**/ and /**t**/ is hardly noticeable.

abad	age	**cepat**	quick
murid	pupil	**tempat**	place
Ahad	Sunday	**kawat**	wire
abjad	alphabet	**sempit**	narrow
		rumput	grass
		turut	to join

/p/ and /b/

As in English **/p/** is voiceless and **/b/** is voiced. The main feature of the Indonesian **/p/** is that unlike the English sound /p/ in 'pin', *it is never aspirated.* As in English, in Indonesian **/b/** is the counterpart of **/p/**. The **/b/** is voiced whereas **/p/** is voiceless. Note the contrast of meaning in the following pairs of words when **/p/** is replaced by **/b/** or vice-versa:

Initial position

/p/

pagi	morning
peras	squeeze
panci	pan
parang	large knife
puluh	teen

/b/

bagi	for
beras	rice
banci	transvestite
barang	thing
buluh	bamboo

Final position

In this position the difference between /p/ and /b/ is hardly noticeable.

/p/

tetap	constant
lengkap	complete
sikap	attitude
atap	roof
cukup	sufficient
tutup	closed
tahap	stage

/b/

biadab	uncivilized
sebab	cause
jawab	answer
bab	chapter
lembab	damped
ajaib	magic
Arab	Arab

/k/ *and* /g/

The Indonesian **/k/** when it occurs at the beginning of a word is different from the English /k/ in that *it is not aspirated*. At the end of a word **/k/** serves as a *glottal stop*. As in English, the Indonesian **/g/** is the counterpart of **/k/**. The **/g/** is voiced whereas **/k/** is voiceless. At the beginning of a word the pronunciation of the Indonesian **/g/** is similar to the English /g/ in 'game'. Note the contrast of meaning in the following pairs of words when **/k/** is substituted by **/g/** or vice-versa:

k

kelas	class
kakak	older sibling
kalah	defeated
kosong	empty
kukur	scratch

g

gelas	glass
gagak	crow
galah	pole
gosong	burnt
gugur	killed honourably

When **/k/** is at the end of a syllable it serves as a glottal stop.

anak	child
adik	younger sibling
selidik	investigate

busu*k*	rotten
kake*k*	grandfather
mogo*k*	to strike
robe*k*	torn
ma*k*mur	prosperous
ra*k*yat	people

/g/ does not occur in final position.

/c/ and /j/

Indonesian /c/ is pronounced like the English /ch/ in the words 'chair', 'cheat' or 'cheese'. The Indonesian /j/ is pronounced like the English /j/ in 'Jack' or 'Jill'. The difference between them is that /j/ is voiced whereas /c/ is voiceless. Unlike English, e.g. in 'itch' and 'age', these two Indonesian consonants never appear at the end of a word. Note the contrast of meaning below when /c/ is replaced by /j/ and vice-versa.

***c*uri**	steal	***j*uri**	jury
***c*a*c*ar**	smallpox	***j*ajar**	parallel
***c*ari**	search	***j*ari**	finger
***c*u*c*ur**	a cake	***j*ujur**	honest
a*c*ar	pickles	**a*j*ar**	teach

/h/

The Indonesian /h/ is pronounced like the English /h/ in 'hen', 'home' or 'hay'. It is found in initial, medial and final positions. Attention needs to be drawn to the fact that in the final position, the /h/ must still be pronounced audibly otherwise the meaning changes.

Final position

guru	teacher	**guruh**	thunder
buru	chase	**buruh**	labourer
dara	pigeon	**darah**	blood
muda	young	**mudah**	easy
kera	monkey	**kerah**	mobilize
tuan	sir	**Tuhan**	god

Medial position

Flanked by two different vowels, the **/h/** is optionally audible:

tahu	(written)	or	**tau**	(spoken)	to know
lihat	(written)	or	**liat**	(spoken)	to see
lahir	(written)	or	**lair**	(spoken)	to be born
pahit	(written)	or	**pait**	(spoken)	bitter
sahut	(written)	or	**saut**	(spoken)	to answer

When flanked by the same vowel, the **/h/** is clearly pronounced:

sihir	witchcraft
luhur	noble
leher	neck
mohon	request
lahan	land
tersohor	well-known

/ng/

These two letters represent one sound. It is pronounced much like the English /ng/ in 'ring' or 'sing'. The **/ng/** in the initial and medial positions is difficult to pronounce for foreign learners.

Initial position

ngeri	terrified
ngantuk	sleepy
ngawur	thoughtless
ngobrol	to chat
ngotot	persistent
ngomong	to talk
nganga	gap

Medial position

tangan	hand
bunga	flower
dengan	with
bangun	get up
langit	sky
singa	lion
tengah	middle

Final position

terbang	to fly
siang	afternoon
malang	unlucky
datang	to come
sayang	love
abang	older sibling
pulang	to go home
tukang	skilled labour
hilang	missing

Combined /ng/ and /g/ – /ngg/

This three-letter combination should be pronounced like the English /ng/ in the word 'angle', 'congress', and 'tango'.

ganggu	disturb
panggung	stage
singgah	to drop in
panggil	to call
tunggu	wait
sanggup	capable

/ny/

These two letters represent one phonetic unit. It is pronounced much like the English /ny/ in 'canyon' and 'Kenya'.

nyonya	madame
tanya	query
bunyi	sound
banyak	plenty
nyaman	comfortable
nyamuk	mosquito
sunyi	quiet
kenyang	full up

/r/

The Indonesian **/r/** is so different from the English /r/ that it is difficult to find an English equivalent. It is more akin to the rolled 'r' in the Italian word 'signora' or the Spanish 'señora'. Phonetically the Indonesian /r/ is a trill, and to produce it the tip of the tongue taps repeatedly against the alveolar ridge. The best way to learn is by imitating and practising over and over again with an Indonesian speaker.

Initial	Final	Cluster
rasa	kabar	kraton
rusak	kasur	traktor
risau	pasir	prakarsa
roda	tidur	drama
reda	sinar	Sri
remuk	makmur	trampil
rada	sadar	praktek

/w/

The Indonesian /w/ differs from the English /w/ in that it is pronounced with much less rounded lips.

warta	news	wisatawan	tourist
wajib	obligatory	wisma	public building
wayang	puppet	wilayah	territory
waktu	time	wujud	shape
wanita	woman	wisuda	graduation ceremony

/kh/

These two letters represent one phonetic unit. It is pronounced like /ch/ in the Scottish 'loch'. It occurs at both the beginning and end of a syllable. Many of the following words come originally from Arabic.

Initial		Final	
khawatir	worried	akhir	end
khianat	treacherous	akhlak	character
khusus	exclusive	makhluk	creature
khayal	imaginary	akhirat	heaven
khutbah	sermon	takhayul	superstitious

/m/, /n/, /l/, /s/, /sy/, /f/, /v/ and /y/

The remaining Indonesian consonants are phonetically similar to their counterparts in English, though never quite the same.

/m/ in '*m*other' (e.g. **makan, minum, main, merah**)
/n/ in '*n*o' (e.g. **nama, nada, niat, nomor, nafas**)
/l/ in '*l*ip' (e.g. **lupa, lilin, lampu, lepas, logo**)
/s/ in 'cat*s*' (e.g. **saya, siapa, asap, tugas, kapas**)
/sy/ in '*sh*e' (e.g. **syukur, syair, Syarief, syarat**)
/f/ in '*f*ire' (e.g. **fulus, feodal, firma, arief, tarif**)
/v/ is pronounced like the English 'v' but closer to /f/ (e.g. **valuta, visa, varia, vaksin, veto**)
/y/ in '*y*es' (e.g. **yakin, yang, yoga, yunta, yudo**)

1 Nama saya John Stanton

My name is John Stanton

> **In this lesson you will learn about:**
>
> - Personal and possessive pronouns
> - Compound nouns
> - Simple 'What' and 'Who' questions
> - Using the words **maaf** and **selamat**
> - Asking for and giving personal information

Study the dialogue in Situation 1 below, noting particularly the words in bold. You may need some help. Look at the English translation provided and the vocabulary.

Situation 1 (Audio 1: 7)

Nama saya John Stanton

John Stanton, who can speak Indonesian, is invited to a social gathering in Jakarta; he is sitting with a group of people that he does not know. He decides to start up a conversation

JS: Selamat malam. **Nama saya** John Stanton. Saya orang Inggeris. Saya **pegawai bank**.

AS: Selamat malam. Nama saya Asmara. **Saya sekretaris**.

JS: Maaf, **anda siapa**?

SM: Saya Samsudin. Saya **manajer toko pakaian**.

JS: Dan . . . ini isteri anda?

SM: Ya, **ini isteri saya**, Aminah. Dia bekerja di kantor.

JS: *Good evening. My name is John Stanton. I am an English person (lit.). I am a bank employee.*

AS: *Good evening. My name is Asmara. I am a secretary.*
JS: *Excuse me, who are you?*
SM: *I am Samsudin. I am a manager of a clothes shop.*
JS: *And . . . this is your wife?*
SM: *Yes, this is my wife, Aminah. She works in an office.*

selamat malam	good evening	**pakaian**	clothes/clothing
nama	name	**ini**	this
saya	I/me/my	**isteri**	wife
orang	person	**sekretaris**	secretary
pegawai	employee	**Inggeris**	English/England
maaf	excuse me/sorry	**dia**	he/him/his
anda	you	**di**	at/in
siapa	who	**kantor**	office
toko	shop	**bekerja**	to work
		dan	and

Grammar 1

Formal pronouns

Formal pronouns are used by people who do not know each other very well. The same form is used for both personal and possessive pronouns.

saya	I, my
saudara	you, your
anda	you, your
dia	he/she, his/her
kami	we, our (excluding the person spoken to)
kita	we, our (including the person spoken to/you and me)
mereka	they, their

For example:

saya	(I)	**Saya murid.**	I am a student
saya	(my)	**Ini rumah saya.**	This is my house
anda	(you)	**Anda sekretaris.**	You are a secretary
anda	(your)	**Itu toko anda.**	That is your shop

For informal pronouns, *see* Lesson 3, Grammar 1.

Noun predicate

Subject	Noun pred.	Subject		Art.	Noun pred.
Ini	**Asmara**	This	is		Asmara
Dia	**sekretaris**	She	is	a	secretary
Itu	**Samsudin**	That	is		Samsudin

In a sentence as above where the predicate is a noun, Indonesian does not always need an equivalent of the linking word 'to be'. Also note that there is no Indonesian equivalent of the English indefinite article 'a'. The use of the indefinite article is optional in Indonesian.

Compound nouns

A noun can be qualified by (an)other noun(s) to produce a compound noun. In English the qualifiers come before the noun they modify, in Indonesian they follow it. The rule is if the Indonesian word order is 1, 2, 3 the English is the reverse, namely 3, 2, 1. In the following examples the nouns **saya**, **bank**, **toko** and **pakaian** serve as qualifiers.

pegawai bank (1, 2)	bank employee (2, 1)
toko pakaian (1, 2)	clothes shop (2, 1)
manajer toko (1, 2)	shop manager (2, 1)
manajer toko pakaian (1, 2, 3)	clothes shop manager (3, 2, 1)

This rule also applies to verbs and adjectives; they can serve as qualifiers.

Verb		Adjective	
meja *makan*	dining table	**tas** *merah*	red bag
mesin *tulis*	typewriter	**rumah** *putih*	white house
kamar *tidur*	bedroom	**kopi** *hitam*	black coffee
kapal *terbang*	aeroplane	**teh** *manis*	sweet tea

For more on adjective and verb qualifiers, *see* Lesson 3 on **yang**.

Questions with 'what' and 'who'

Questions with **apa** ('what') and **siapa** ('who') are formed by simply substituting them for the subject into the statement sentence. In addition, the subject and the predicate can also invert positions along with their respective pitch levels but the intonation of the sentence remains unchanged.

(statement)	**Itu/***Aminah*	That is Aminah.
(substitution)	**Itu/***siapa*?	That is who? (*lit.*)
(inversion)	*Siapa*/**itu**?	Who is that?
(statement)	**Ini/***buku*	This is a book.
(substitution)	**Ini/***apa*?	This is what? (*lit.*)
(inversion)	*Apa*/**ini**?	What is this?
(statement)	**Itu/***meja makan*	That is a dining table
(substitution)	**Itu/***apa*?	That is what? (*lit.*)
(inversion)	*Apa*/**itu**?	What is that?
(statement)	**Itu/***mobil Mercedes*	That is a Mercedes car
(substitution)	**Itu/***mobil apa*?	That is what car? (*lit.*)
(inversion)	*Mobil apa*/**itu**?	What car is that?
(statement)	**Nama anda/***Asmara*	Your name is Asmara
(substitution)	**Nama anda/** *siapa*?	Your name is who? (*lit.*)
(inversion)	*Siapa*/**nama anda**?	What is your name?

Note that unlike English, the Indonesian substitute for the name of a person is **siapa** ('who') rather than **apa** ('what').
For more on questions, *see* Lesson 5 .

Interrupting and apologizing

Interruptions and apologies are expressed by the word, **maaf**. It usually comes at the beginning of the sentence.

Maaf, **nama anda siapa?**	*Excuse me*, what's your name?
Maaf, **anda siapa?**	Excuse me, who are you?
Maaf, **jam berapa?**	Excuse me, what time is it?
Maaf, **saya harus pergi sekarang**	*Sorry*, I have to go now
Maaf, **saya tidak ada waktu**	Sorry, I do not have time
Maaf, **saya tidak tahu**	Sorry, I do not know

Situation 2

 Selamat siang, Saudara Omar! (Audio 1: 10)

SP: **Selamat siang**, Saudara Omar.
OMAR: Selamat siang, Saudara Suparman. **Apa kabar**?
SP: Kabar baik. Saya sehat. Bagaimana anda?
OMAR: Saya baik juga. Terima kasih.

SP: *Good afternoon, Mr Omar!*
OMAR: *Good afternoon, Mr Suparman. What news (lit.)?*
SP: *I am fine (lit.: Good news). I am healthy. How are you?*
OMAR: *I am also fine. Thank you.*

Saudara	you (*formal*)	**bagaimana**	how
kabar	news	**terima kasih**	thank you
apa kabar	what news (*lit.*)	**juga**	also
siang	noon	**sehat**	healthy

The courtesy word Selamat

Selamat is used to address others or to wish well a friend or an acquaintance for whatever they intend to do. Literally **selamat** means 'safe' and is very widely used.

Selamat pagi, Pak!	Good morning, Sir!
Selamat siang, Bu!	Good day, Madam!
Selamat sore, Amir!	Good afternoon, Amir!
Selamat malam, Nona!	Good evening, Miss!
Selamat jalan!	Have a safe journey!
Selamat tinggal!	Goodbye!
Selamat datang!	Welcome!
Selamat bekerja!	Have a good day!
Selamat makan!	*Bon appétit!*
Selamat minum!	Enjoy your drink! (Cheers!)
Selamat tidur!	Good night!

Exercises

1 Do you understand these sentences? Translate them into English:

(a) Saya John Stanton. Saya orang Australia
(b) Nama saya John. Saya murid
(c) Ini Samsudin. Dia teman saya
(d) Itu John Smith, teman kantor
(e) Ini Tuan dan Nyonya Jones. Mereka guru bahasa Inggeris
(f) Kami pegawai bank. Nama kami John dan Jane
(g) Anda murid bahasa Indonesia. Saya juga murid bahasa Indonesia. Kita murid bahasa Indonesia

teman	friend	**murid**	pupil
guru	teacher	**Nyonya**	Mrs; Madam
Tuan	Mr; Sir	**bahasa**	language

2 How would you introduce these people to your host at a party?

(a) John Stanton, a bank manager
(b) Asmara, a secretary in a bank
(c) Mary Jones, an English language teacher
(d) Samsudin, an Indonesian shop manager
(e) Your husband, wife
(f) John Smith, an English language teacher and Jane, his wife; they are American (*lit.*: American persons)
(g) Bill Johnson, an American tourist
(h) Mr Suhardi, an Indonesian (*lit.*: an Indonesian person)
(i) Mr Suparman. He works in a shop

tourist	**wisatawan**	American	**Amerika**
husband	**suami**	shop	**toko**

3 Here are some answers. What were the questions?

(a) Saya Samsudin
(b) Itu teman saya
(c) Dia guru saya

(d) Ini sekretaris saya
(e) Ini Asmara
(f) Nama dia Suparman
(g) Nama saya Suhardi
(h) Itu wisatawan Amerika
(i) Itu suami Aminah

4 Translate the following into Indonesian:

(a) Excuse me, what is your name?
(b) My name is Toki
(c) I am a Japanese language teacher
(d) This is a British clothes shop
(e) His wife is a secretary in a bank
(f) Her husband works in a bookshop
(g) Good evening. I am JS, the manager of this hotel
(h) Bill is a post office employee and Mary is a teacher
(i) Good afternoon, I am Mr Suhardi's friend
(j) Good morning. I am John's wife

Japanese	**Jepang**	post	**pos**
book	**buku**	husband	**suami**

5 How would you greet a friend when:

(a) he/she arrives
(b) he/she has a drink
(c) he/she eats
(d) he/she goes to bed
(e) he/she goes to work

to go	**pergi**	to arrive	**datang**
to drink	**minum**	to eat	**makan**
go to bed	**tidur**	to work	**bekerja**

6 You have to interrupt a man who is busy doing something. What would you say to him when you want to ask:

(a) the name of his friend
(b) the name of his child

(c)   where his friend lives
(d)   when does his wife come home

child	**anak**	when	**kapan**
where	**di mana**	come home	**pulang**
live	**tinggal**	his	**nya**

Language in use

Study and read aloud the following dialogues.

1 A: Siapa orang itu?
   B: Itu ayah saya
   A: Dia bekerja di mana?
   B: Dia bekerja di bank

2 C: Selamat pagi, Samsudin
   D: Selamat pagi, Hasan
   C: Apa ini?
   D: Ini kalkulator baru

3 A: Selamat siang, pak Hasan
   B: Selamat siang, bu Ali
   A: Siapa itu?
   B: Itu Udin, anak saya

4 C: Selamat malam, Budi
   D: Apa kabar?
   C: Kabar baik
      Bagaimana isterimu?
   D: Dia sehat. Terima kasih

5 A: Maaf, siapa nama anda?
   B: Saya John Hardy
   A: Anda orang Inggeris?
   B: Ya, saya dari London

6 A: Maaf, itu apa?
   B: Itu meja
   A: Meja apa?
   B: Meja makan

7 A: Asmara pegawai
   B: Pegawai apa?
   A: Pegawai kantor
   B: Kantor apa?
   A: Kantor pos!
   B: Oh, dia pegawai kantor pos!

8 C: Pak Suryo manajer
   D: Manajer apa?
   C: Manajer toko
   D: Toko apa?
   C: Toko pakaian
   D: Oh, dia manajer toko pakaian!

dari	from	**meja**	table
Pak	sir (from **bapak**)	**Bu**	madam (from **ibu**)
ayah	father	**anak**	child

2 Itu bukan isteri John Hardy

That is not John Hardy's wife

In this lesson you will learn about:

- Negative sentences with **bukan** or **tidak**
- Verbs and tenses
- Questions with a 'Yes–No' answer
- Using the words **silahkan** and **terima kasih**

Study the dialogue in Situation 1 below, noting particularly the words printed in bold.

Situation 1 (Audio 1: 11)

Itu bukan isteri John Hardy

Maryanto is a new employee in a big company. He has a problem identifying people from other departments. One day he is chatting with a friend during his tea break

MY: Siapa di sana itu?

J: Itu Partono dari bagian Expor.

MY: Apa dia kepala bagian itu?

J: Bukan, Dia **bukan kepala**. Dia pegawai baru.

MY: Siapa orang perempuan itu?

J: Itu Sri Ayu dari bagian Teknik.

MY: Apa dia isteri Partono?

J: Bukan. Dia **bukan isteri Partono**. Dia sekretaris John Hardy.

MY: John Hardy yang suka merokok itu?

J: Tidak, dia **tidak merokok**. Dia juga **tidak minum**.

MY: *Who is that over there?*
J: *That is Partono from the Export Department.*
MY: *Is he a manager?*
J: *No he is not a manager. He is a new employee.*
MY: *Who is that woman over there?*
J: *That is Sri Ayu from the Technical Department.*
MY: *Is she Partono's wife?*
J: *No, she is not. She's John Hardy's secretary.*
MY: *John Hardy who likes smoking?*
J: *No, he doesn't smoke. He doesn't drink either.*

di sana	over there	**bukan**	no (in front of nouns)
merokok	to smoke	**tidak**	not (in front of verbs
bagian	department		or adjectives)
kepala	head	**suka**	to like
orang perempuan	woman	**minum**	to drink

Grammar 1

Negation

The English 'do/does/did not' or 'no/not' have two equivalents in Indonesian: **tidak** and **bukan**. The former is used to negate a verb or an adjective, the latter is used to negate a noun.

Negating nouns

Saya kepala bagian	I am head of the section
Saya bukan kepala bagian	I am not head of the section
Dia isteri Partono	She is Partono's wife
Dia bukan isteri Partono	She isn't Partono's wife

Negating verbs

Saya bekerja	I worked
Saya tidak bekerja	I did not work

Mereka datang ke pesta	They came to the party
Mereka tidak datang ke pesta	They didn't come to the party

Negating adjectives

Rumah itu besar	That house is big
Rumah itu tidak besar	That house isn't big
Mobil ini mahal	This car is expensive
Mobil ini tidak mahal	This car is not expensive

Indonesian verbs

Unlike English, an Indonesian verb does not vary according to number, person or tense. The verb remains the same in all cases. For example, the verb 'to go out' in English has five variants: go out, went out, goes out, going out and have/has/had gone out. In Indonesian, the verb 'to go out' has only one form: **keluar**.

Compare the English and Indonesian versions:

He has *gone out* many times. Yesterday he *went out* with Mary. He usually *goes out* with Ann but tomorrow he is *going out* with Jill. All these girls are pleased to *go out* with him.

Dia sudah *keluar* berkali-kali. Kemarin dia *keluar* dengan Mary. Hari ini dia *keluar* dengan Ann dan besok dia akan *keluar* dengan Jill. Semua gadis-gadis ini senang *keluar* dengan dia.

As you can see the Indonesian verb is much more straightforward. The verb **keluar** does not change at all.

'Yes–No' questions

To form a question the answer to which is either 'yes' or 'no', one needs only to put **apa** or **apakah** at the beginning of the statement. It is similar to 'est-ce que' in French or 'to do'/'to be' in English. In all three cases, the words are not significant except to indicate that the speaker is asking a question.

Apa(kah) anda bekerja di bagian Teknik?	Do you work in the technical department?
Apa ini pak Hardy?	Is this Mr Hardy?
Apa Peter datang ke pesta?	Did Peter come to the party?
Apa dia guru?	Is she a teacher?

Situation 2

 ## *Silahkan, ambil sendiri!* (Audio 1: 14)

When Peter wants to make a cup of coffee, he realizes he has no sugar left. He turns to his colleague Sri, for help

P: Apa kamu punya gula?
S: Ya, di lemari. **Silahkan ambil** sendiri!
P: **Terima kasih.**
S: Kembali.

P: *Do you have (some) sugar?*
S: *Yes, in the cupboard. Please help yourself!*
P: *Thank you.*
S: *You're welcome.*

kamu	you (*familiar*)	**ambil**	to get
sendiri	self/alone	**gula**	sugar
lemari	cupboard	**kembali**	welcome (*lit.*: to return)

Silahkan

Silahkan (equivalent to 'as you please' in English) is a polite word used to let others do whatever they wish or is good for them. It is normally placed before the verb.

Silahkan duduk!	Please sit down!
Silahkan masuk!	Please come in!
Silahkan minum!	Please drink!
Silahkan datang!	Please come!
Silahkan ambil sendiri!	Help yourself, please!

For more on **silahkan**, *see* Lesson 12 on imperatives.

Terima kasih

This phrase comes from **terima** (to receive) and **kasih** (love), meaning 'I accept your love or thank you'.

Silahkan masuk, pak!	Please come in, Sir!
Terima kasih, bu	Thank you, Madam!
Silahkan minum, non!	Please drink it, Miss!
Terima kasih, pak	Thank you, Sir!
Silahkan duduk, bu!	Please sit down, Madam!
Terima kasih, pak	Thank you, Sir

Note: pak is short for **bapak** (father), **bu** for **ibu** (mother) and **non** for **nona** (Miss). They can, however, mean Sir, Madam and Miss.

Exercises

1 Fill in the blanks choosing either **bukan** or **tidak**:

(a) Dia _____ suka makanan Indonesia. Dia suka makanan Inggeris

(b) _____ saya yang salah, tetapi dia. Dia _____ datang

(c) Itu _____ Amir. Itu Abdullah!

(d) Ini _____ buku saya. Buku saya _____ putih, tetapi merah

(e) Apa(kah) saudara _____ tahu bahwa saya _____ suka minum bir?

(f) Siapa tidur di kamar John? _____ John, tetapi Bill

(g) Guru _____ belajar, tetapi mengajar

(h) Mobil saya _____ mobil Inggeris, tetapi mobil Jepang

(i) Kalau _____ tahu, jangan malu bertanya

makanan	food	**malu**	shy
putih	white	**yang**	who; which
bahwa	that	**tetapi**	but
belajar	to learn	**betul**	correct
suka	to like	**bertanya**	to ask
salah	wrong	**mengajar**	to teach
merah	red	**jangan**	don't!

2 Peter Brown and his colleague Marco, go to a tea party at the office. As a new employee, Peter would like to know who is attending the party. Write out their conversation covering the following points:

Peter asks who the person in the corner is
Marco replies that he is John Taylor
Peter asks whether he is the head of the Technical Department
Marco replies that he is not
Peter asks whether he works in the Personnel Department
Marco answers yes
Peter then asks who is that woman over there
Marco replies that she is Alison Taylor
Peter asks whether she is the wife of John Taylor
Marco answers yes she is. She is his secretary too
Peter says he knows Samsudin but does not know what he is
Marco replies that he is a shop manager
Peter thanks Marco

| in the corner | **di pojok** | too | **juga** |
| over there | **di sana** | personnel | **pegawai** |

3 Peter's office in Jakarta is recruiting a new secretary. A candidate is being interviewed for the vacancy. Write out the interview which approximately runs as follows:

i – interviewer   c – candidate

  i invites c to come in and sit down
  c says thanks
  i asks what her name is
  c answers Mary Suparman
  i asks whether she is American
  c answers yes she is American but her husband is Indonesian
  i asks whether she is a friend of Peter
  c answers yes she is
  i asks whether she can type
  c answers yes she can
  i asks whether she can work every day
  c answers yes
  i says she can start work tomorrow
  c thanks her

to type	**mengetik**	English	**orang Inggeris**
everyday	**setiap hari**	to start	**mulai**
tomorrow	**besok**	can	**bisa**

4 How would you say the following in Indonesian? You invite people to:

(a) come to your house
(b) come in
(c) sit down
(d) drink tea
(e) eat cake

to talk	**berbicara**	house	**rumah**
cake	**kue**	come in	**masuk**

5 Translate the following into Indonesian:

(a) Thanks, I will come
(b) Yes, thank you
(c) Where? Here or there?
(d) Sorry, I don't drink coffee. I drink tea
(e) Yes, thank you. I like it
(f) Sorry. I cannot talk. I am eating

(at) where	**di mana**	coffee	**kopi**
(at) here	**di sini**	it	**itu**
am eating	**sedang makan**	to like	**suka**
will	**akan**	tea	**teh**
(at) there	**di sana**	can	**bisa/dapat**

6 Here are some answers. What were the questions?

(a) Ya, Pak Suhardi guru
(b) Bukan, Samsudin bukan guru. Dia manajer toko
(c) Ya, Suparman suami Mary
(d) Bukan, Peter bukan manajer. Dia pegawai baru
(e) Ya. Dia datang ke pesta
(f) Bukan, Mary bukan isteri Pak Hardy
(g) Ya, Asmara sekretaris
(h) Ya, orang yang di pojok itu Pak Handerson
(i) Tidak, dia tidak bekerja di sini

(j)   Ya, dia masuk (kantor) kemarin

suami	husband	kemarin	yesterday
pesta	party	di pojok	in the corner

7 One of the attendants at the party is a police detective. He is investigating an incident which occurred in the office a few days ago. He comes to you and asks the following questions. Translate them into Indonesian:

(a)   Is Mr Hardy a teacher?
(b)   Does Samsudin drink beer?
(c)   Is Samsudin Aminah's husband?
(d)   Did Mr Hardy come to the party?
(e)   Is Peter a new employee?
(f)   Did Mary eat at the party?
(g)   Isn't Asmara a secretary?
(h)   Is this your office?

8 Translate the English replies and use **pak** (Sir), **bu** (Madam), and **non** (Miss) as appropriate:

(a)   Apa(kah) anda datang ke pesta besuk? Yes, Sir. I will come!
(b)   Apakah Peter tidak masuk kantor? No, Madam. He is at home
(c)   Pak Hardy bekerja di mana? He works in the office, Miss!
(d)   Silahkan masuk dan silahkan duduk! Thank you Miss!
(e)   Silahkan minum! No, Madam. I have already drunk at home
(f)   Anda mau tidur di rumah saya, bukan? Alright, Sir

9 On the street Amir meets a friend who has been away for some time. They greet each other and Amir asks his friend what he is up to. Complete the dialogue:

A: Selamat _____ Freddy
F: Selamat bertemu lagi, Mir
A: Apa _____?
F: Kabar _____
A: Kamu mau _____ ke mana?
F: _____ kantor.
A: _____ kamu mau bekerja?

F: Tidak, saya tidak _____
A: Mengapa pergi ke _____?
F: Bukan kantor, tetapi kantor pos!
A: Oh, Kantor _____! Untuk_____?
F: _____beli prangko.

bertemu	to meet	untuk	for; to
tapi	but	prangko	stamp
beli	to buy	mengapa	why

Language in use

Study and read aloud the following dialogues. (For new vocabulary see the box on p. 33).

1 J: Saya John. Apa anda Partono?
   P: Ya, saya Partono
   J: Apa orang itu Mary Suparman?
   P: Ya, dia Nyonya Suparman

2 H: Siapa itu, Bill?
   B: Itu pak Harjono
   H: Apa dia guru?
   B: Bukan, dia bukan guru
   H: Apa dia mahasiswa?
   B: Bukan, dia bukan mahasiswa. Dia polisi

3 PETER: Apa anda kenal Suhardi?
   PARTONO: Ya, saya kenal dia
   PETER: Apa dia pandai?
   PARTONO: Tidak, tidak pandai. Tetapi dia rajin
   PETER: Apa dia kaya?
   PARTONO: Tidak, tidak kaya, Tetapi dia senang
   PETER: Apa dia baik?
   PARTONO: Ya, tentu saja. Dia saudara saya

4 T: Selamat sore, bu
   BM: Selamat sore
   T: Apa pak Mariati ada di rumah, bu?

BM:	Maaf, tidak ada. Dia sedang keluar. Bapak siapa?
T:	Saya Suhardi. Teman kantor
BM:	Apa bapak mau tunggu?
T:	Tidak, bu. Terima kasih

5

P:	Maaf, apa ini rumah pak Sastra?
HO:	Ini bukan rumah pak Sastra.
P:	Tetapi ini rumah nomor 10?
HO:	Betul. Tetapi di sini tidak ada pak Sastra
P:	Apa bapak kenal pak Sastra?
HO:	Ya, saya kenal dia.
P:	Di mana rumahnya?
HO:	Itu rumah nomor 100.
P:	Oh, masih jauh dari sini. Terima kasih pak.

nyona	Mrs/Madam	**ada**	is/there is
mahasiswa	university student	**sedang**	in the middle of
polisi	policeman	**keluar**	to go out
kenal	to know personally	**mau**	to want to
pandai	clever	**tunggu**	to wait
rajin	diligent	**tetapi/tapi**	but
kaya	rich	**betul**	correct
senang	happy	**di mana**	where
baik	good/nice	**masih**	still
tentu saja	of course	**jauh**	far
saudara	relative	**dari**	from

3 Ada berapa hari dalam setahun?

How many days are there in a year?

In this lesson you will learn about:

- The two meanings of **ada**
- Plural of nouns
- The functions of **yang**
- Numbers

Study the dialogue in Situation 1 below, noting particularly the words printed in bold.

 Situation 1 (Audio 1: 17)

Ada berapa hari dalam setahun?

Pak Suryo is following the progress of his young son, Trisno, at school. He gives him a little test about the calendar

PS: Tris, **ada berapa hari** dalam setahun?
TRIS: Aku tahu itu! **Ada 365 hari**. Kadang-kadang 366 hari.
PS: **Ada berapa minggu** dalam setahun?
TRIS: **Ada 52 minggu**.
PS: Ya, betul. Sekarang, **ada berapa hari** dalam bulan Desember?
TRIS: Aku kira **ada 31 hari**.
PS: Dalam bulan Februari – ada berapa hari?
TRIS: **Ada 28 hari**. Kadang-kadang 29 hari.
PS: Memang, kamu anak pandai.
TRIS: Maaf (A)yah, Hari ini **tanggal berapa?**
PS: Ayah tak ingat.

TRIS: Hari ini tanggal 19 Oktober 1994. Hari ulang tahun Ibu. Ayah lupa memberi hadiah!

PS: *Tris, how many days are there in a year?*
TRIS: *I know that! There are 365 days. Sometimes 366 days.*
PS: *How many weeks are there in a year?*
TRIS: *There are 52 weeks.*
PS: *That's right. Now, how many days are there in December?*
TRIS: *I think there are 31 days.*
PS: *In February – how many days are there?*
TRIS: *There are 28 days. Sometimes 29 days.*
PS: *You really are a clever boy!*
TRIS: *Excuse me, father. What is the date today?*
PS: *I can't remember.*
TRIS: *Today is 19 October 1994. It's Mum's birthday. You forgot to give her a present.*

setahun	a year	**memang**	indeed
minggu	week	**ingat**	to remember
hari Minggu	Sunday	**tak**	no/not (short for **tidak**)
salah	wrong	**ulang tahun**	birthday
kalau	if	**memberi**	to give
bulan	month	**hadiah**	present/gift

Grammar 1

Ada 'there is'/'there are'

As used in the above dialogue **ada** is the equivalent of the English 'there is/are'. It can be placed either at the beginning or in the middle of a sentence.

Ada 28 hari dalam bulan Februari	There are 28 days in February
Dalam setahun ada 52 minggu	In a year there are 52 weeks
Dalam sehari ada 24 jam	In a day there are 24 hours
Ada apa, John?	What's going on, John? (*lit.*: What's there, John?)
Tidak ada apa-apa!	(There is) nothing!
Tidak ada orang di kamar itu	There is nobody in that room

The meaning of **ada** in the sentences below shifts slightly. It is the equivalent of 'is' in English . In this situation the use of **ada** is optional because the preposition already indicates the location.

Dia (ada) di kantor.	He is in the office
Kalkulatorku (ada) di mana?	Where is my calculator?
(Ada) di atas meja	(It is) on the table

Berapa 'how much'/'how many?'

Berapa is an interrogative word which asks about a number or a quantity. The way to use it is simply to substitute it for the number in the statement sentence. (For more on this *see* Lesson 5.)

(statement)	**Sekarang jam *10.00*.**
(question)	**Sekarang jam *berapa*?**
(statement)	**Ada *tujuh* hari dalam seminggu.**
(question)	**Ada *berapa* hari dalam seminggu?**
(statement)	**Harga kalender itu *Rp 1000*.**
(question)	**Harga kalender itu *berapa*?**

Informal personal pronouns

Informal personal pronouns are used between close friends, family and close colleagues. Note the possessive pronouns that derive from them.

aku (subject)	I (e.g. **Aku tahu itu** – I know that)
ku (possessive)	my (e.g. **bukuku** – my book; **sepedaku** – my bike; **anakku** – my child)
kamu (subject)	you (e.g. **Kamu anak pandai.** – You're a clever boy)
mu (possessive)	your (e.g. **bukumu** – your book; **sepedamu** – your bike; **anakmu** – your child)
engkau (subject)	you (e.g. **Engkau sakit.** – You're ill)
kau (possessive)	your (e.g. **buku kau** – your book; **sepeda kau** – your bike; **anak kau** – your child)

Other pronouns: **dia** – 'he/she', **kami/kita** – 'we/our' and **mereka** – 'they/their' can serve both as informal and formal pronouns (*see* Lesson 1, Grammar 1).

🎧 Situation 2 (Audio 1: 1)

Dia ada mobil, tapi tak ada rebewis

*Mr and Mrs Hartono have retired and have three grown-up children.
The Hartonos' circumstances are as follows*

Bapak dan Ibu Hartono sudah **punya rumah, mobil, tiga anak dan
dua cucu.** Harjanto, anak nomor satu, laki-laki, sudah bekerja. Dia
punya isteri dan dua anak. Dia juga **punya rumah** sendiri.
    Haryanto, anak nomor dua, laki-laki, juga sudah bekerja, tetapi
dia **belum ada rumah. Dia sudah ada mobil, tapi belum ada rebewis.**
Haryanti, anak nomor tiga, perempuan **sudah ada pacar,** tetapi
belum kawin. Dia masih belajar di universitas.
    Keluarga Hartono tidak kaya, tetapi juga tidak miskin.

He has a car but he does not have a driving licence

*Mr and Mrs Hartono have a house, a car, three children and two
grandchildren. Harjanto, child number one, a son, has a job. He has
a wife and two children. He also has a house of his own.*
    *Haryanto, child number two, a son, has a job, but he does not have
a house. He has a car, but he does not have a driving licence.*
    *Maryanti, child number three, a girl, has a boyfriend, but she is not
married yet. She is still studying at the university.*
    The Hartonos are not rich, but neither are they poor.

sendiri	self/own	**keluarga**	family
rebewis	driving licence	**pacar**	boy/girlfriend

Grammar 2

Ada **'to have'/'to own'**

Ada as used in the above dialogue is a synonym for **punya** which
means 'to have' or 'to own'. They are used interchangeably.

> **Pak Hartono punya keluarga besar**
> Mr Hartono has a big family

Haryanto sudah ada mobil, tapi belum ada rebewis
Haryanto has a car, but he does not have a licence

Maryanti sudah punya pacar; tapi belum kawin
Maryanti has a boyfriend, but she is not married

Apa dia ada soal?
Does he have a problem?

Saya ada saudara di luar negeri
I have some relations abroad

Plural of nouns

The plural of countable nouns is very simple: just double the noun when it is not preceded by a number or a quantity word.

Doubling		*Number/plural word*	
mobil-mobil	cars	**tiga mobil**	three cars
anak-anak	children	**dua anak**	two children
orang-orang	people	**banyak orang**	many people
rumah-rumah	houses	**beberapa rumah**	a few houses
isteri-isteri	wives	**empat isteri**	four wives

Uncountable nouns

To put uncountable nouns in the plural, no doubling is required. Just put **banyak** – 'much'/'a lot of' or **sedikit** 'little'/'some' in front of it.

uang	money
Dia punya uang	He has some money
Dia punya banyak uang	He has a lot of money
air	water
Dia minum air	He drank water
Dia minum banyak air	He drank a lot of water
gula	sugar
Saya ada gula	I have sugar
Saya ada sedikit gula	I have some sugar

Situation 3

Di mana barang–barang saya?

Mr Umar has a big family, so his house is in a mess most of the time. Things are misplaced, if not missing. He has to ask his housemaid Iyem to find things he needs for work

PU: Iyem, tas kantorku ada di mana?
IYEM: (Ada) di bawah meja di ruang tamu, pak.
PU: Kalkulator **yang kecil** (ada) di mana?
IYEM: (Ada) di dalam laci meja tulis di kamar belajar.
PU: Baju putih dan celana biru kok tidak ada di lemari?
IYEM: Masih (ada) di tukang cuci, pak.
PU: Sepatuku **yang hitam** (ada) di mana?
IYEM: (Ada) di atas tempat tidur di kamar anak-anak.
PU: Di atas tempat tidur? Anak-anak ini memang nakal!

PU: *Iyem, where is my briefcase?*
IYEM: *(It is) under the table in the guest room, Sir.*
PU: *The small calculator, where is it?*
IYEM: *(It is) in the drawer of the desk in the study.*
PU: *My white shirt and my blue trousers, why aren't they in the closet?*
IYEM: *They are still at the laundry, Sir.*
PU: *Where are my black shoes?*
IYEM: *(They are) on the bed in the children's room.*
PU: *On the bed? Those children are really naughty!*

ku	my (from aku)	**laci**	drawer
tas	bag	**celana**	trousers
di bawah	under	**baju**	shirt/clothes
ruang(an)	space	**tempat tidur**	bed
tamu	guest	**kok**	why
kamar belajar	study room	**payah**	terrible

Grammar 3

Yang – who/which

Yang + *adjective*

When the qualifier of a noun is an adjective such as 'white' as in 'white book' and 'clever' as in 'clever boy', the Indonesian equivalent often has **yang** inserted in between the noun and the adjective. Thus **buku yang putih**, and **anak yang pandai** are literally translated as 'the book which is white' and the 'boy who is clever'. In this way *the speaker points out the object more clearly*. This is especially necessary when the the mood of the speaker is comparative.

kalkulatorku yang kecil	my small calculator (*lit.*: my calculator which is small not that big one)
sepatu saya yang hitam	my black shoes (*lit.*: my shoes which are black not white)
komputer saya yang baru	my new computer (*lit.*: my computer which is new; the one I've just bought)

Yang + *verb*

Yang serves as a full relative pronoun when it is followed by a verb:

the child *who's* standing there	**anak *yang* berdiri di sana**
the car *which* you like so much	**mobil *yang* kamu sukai**
my uncle *who* lives in Jakarta	**paman saya *yang* tinggal di Jakarta**

Cardinal numbers

Memorize the basic numbers from 1 to 10. For numbers between 11 and 19 the ending **belas** is used, similar to '-teen' in English.

Note that **se** in **sepuluh** (10), **seratus** (100), **seribu** (1,000) and **sejuta** (1,000,000) means 'one'. Substitute **se** by single digits (2, 3, 4, 5, etc.) and we will have 20, 300, 4,000, and 5,000,000, etc. Added to single digits, they form combined or mixed numbers; see numbers 21 to 29 as an example.

1	satu	11	sebelas	21	dua puluh satu
2	dua	12	dua belas	22	dua puluh dua
3	tiga	13	tiga belas	23	dua puluh tiga
4	empat	14	empat belas	24	dua puluh empat
5	lima	15	lima belas	25	dua puluh lima
6	enam	16	enam belas	26	dua puluh enam
7	tujuh	17	tujuh belas	27	dua puluh tujuh
8	delapan	18	delapan belas	28	dua puluh delapan
9	sembilan	19	sembilan belas	29	dua puluh sembilan
10	sepuluh	20	dua puluh	30	tiga puluh
100	seratus	200	dua ratus	300	tiga ratus
1,000	seribu	2,000	dua ribu	3,000	tiga ribu
1 million	sejuta	2 million	dua juta	3 million	tiga juta

Combined numbers:

27	dua puluh tujuh
38	tiga puluh delapan
94	sembilan puluh empat
110	seratus sepuluh
874	delapan ratus tujuh puluh empat
1,046	seribu empat puluh enam
3,991	tiga ribu sembilan ratus sembilan puluh satu
7,565,278	tujuh juta lima ratus enam puluh lima ribu dua ratus tujuh puluh delapan

Ordinal number

To form an ordinal number simply add **ke** to any number except number 1.

1st	**pertama** (e.g. **anak (yang) pertama** the first child)
2nd	**kedua** (e.g. **isteri (yang) kedua** the second wife)
3rd	**ketiga** (e.g. **suami (yang) ketiga** the third husband)
4th	**keempat** (e.g. **mobil (yang) keempat** the fourth car)
5th	**kelima**
6th	**keenam**
7th	**ketujuh**, etc.

Exercises

1 Identify whether **ada** in these sentences means 'there is/are', 'to own/have' or 'to be' (is, am, are):

(a) Pegawai baru itu belum ada pengalaman kerja
(b) Buku-buku bahasa Indonesia tak ada di toko-buku Inggeris
(c) Ada 500 pegawai di kantor ini
(d) Bapak ada di mana?
(e) Pak Nasir ada banyak anak. Karena itu dia tak bisa kaya
(f) Tidak ada orang yang berani masuk ke istana
(g) Siapa ada uang kecil?
(h) Kalau ada masalah, harap datang ke saya
(i) Ada kabar bahwa pak Amir akan pergi ke Jakarta
(j) Jono tak ada saudara di luar negeri

pengalaman	experience	berani	brave
harap	to hope	masalah	problem
uang kecil	change	kaya	rich
belum	not yet	istana	palace

2 The personal circumstances of your friend, Harry are as follows. Translate them into Indonesian, using **ada** or **punya**:

(a) As a student Harry has many friends
(b) He has a part-time job
(c) He has no brothers or sisters
(d) He has no home
(e) He has no money
(f) He has no good clothes
(g) He has only an old bicycle

as	**sebagai**	clothes	**pakaian**
job	**pekerjaan**	brother/sister	**saudara**
part-time	**sambilan**	old	**tua**
only	**hanya**	bicycle	**sepeda**

3 Translate the following questions into Indonesian using **berapa**:

(a) How many people are there in the office?
(b) What is the population of Indonesia?
(c) How old is your son?
(d) How much did I borrow from you?
(e) How many people came to the party?
(f) What is two times two?
(g) What is the price of one mango in the market?
(h) How many years have you lived in this country?
(i) What year is this?
(j) What is the number of your house?

population	**penduduk**	long	**lama**
borrow	**pinjam**	number	**nomor**
country	**negeri**	time	**kali**
son	**anak laki-laki**	year	**tahun**
age	**umur**	market	**pasar**
party	**pesta**	mango	**mangga**

4 How would you say these numbers in Indonesian?

4, 9, 11, 12, 18, 20, 23, 25, 28, 29, 35, 54, 67,
70, 77, 82, 88, 89, 90, 96, 100, 110, 123, 131, 159,
242, 682, 751, 800, 920, 999, 1,001, 1,900, 2,533, 4,050,
10,400, 26,972, 2,000,000, 11,004,765, 50,200,091

5 Give the Indonesian equivalents for the following (remember the plural form):

(a) The children are at school
(b) Mr Hasan has two wives and eight children
(c) There are many bookshops in Jakarta
(d) She drinks a lot of water, she doesn't like coffee
(e) Houses in my area are expensive
(f) Those cars are good
(g) The books and the pencils are on the table
(h) I only have little sugar, but I have much milk
(i) She has lots of money and she has many friends
(j) The employees in that bank work hard

bookshop	**toko buku**	expensive	**mahal**
area	**daerah**	hard	**keras**
milk	**susu**	on; in; at	**di**

6 Answer these questions with the given cue words:

(a) Berapa anak pak Amir? (7) Pak Amir ada _____
(b) Berapa umur Udin? (4 tahun) Umur Udin _____
(c) Berapa jauh Jakarta dari sini? (10 km) Jakarta _____
(d) Berapa lama anda sudah belajar? (5 jam) Saya sudah _____
(e) Berapa harga mesin tulis itu? (Rp 50,000) Harga _____
(f) Nomor berapa rumah saudara? (55) Nomor rumah _____
(g) Tahun berapa saudara ada di Indonesia? (1977) Saya ada _____
(h) Jam berapa dia bangun? (5.00 pagi) Dia bangun _____
(i) Berapa jam saudara naik sepeda? (2) Saya naik _____
(j) Berapa hari saudara tidak makan? (3) Saya _____
(k) Berapa lima kali lima? (25) Lima kali _____
(l) Berapa menit dia duduk? (20) Saya _____
(m) Hari apa kita akan makan di restauran? (Minggu) Kita akan _____

7 Give the Indonesian equivalents to the following; use **yang** to emphasize or clarify:

(a) My red car is not in the garage
(b) He has a small calculator
(c) Her new friend came here yesterday
(d) Hartono is my good friend. I like him
(e) This is John's black cat
(f) I do not like cheap spectacles
(g) Sukarno was the first Indonesian president
(h) She does not know this difficult word

(i) That blue sedan car is my car
(j) The woman who is sitting there is my aunt.
(k) The car (which is) on the corner is my father's (car)
(l) The man who lives in house number 10 is my uncle

garage	**garasi**	to like	**suka**
black	**hitam**	uncle	**paman**
difficult	**sukar**	to live	**tinggal**
aunt	**bibi**	cheap	**murah**
red	**merah**	spectacles	**kacamata**
very	**sekali**	on the corner	**di pojok**

8 Use the phrase **Apa ada** . . . to a shopkeeper:

(a) you'd like some bath soap
(b) you'd like some toothpaste
(c) you'd like a kilo of potatoes

Use the phrase **Maaf, tidak ada** . . . as a reply to a friend who is asking you for some help:

(d) you do not have change
(e) you do not have stamps
(f) you do not have any drinks

bath soap	**sabun mandi**	toothpaste	**pasta gigi**
potatoes	**kentang**	stamp	**prangko**
change	**uang kecil**	a drink	**minuman**

9 Translate the following into Indonesian:

(a) Pak Imam has three children
(b) His first child is a boy. His name is Rudy
(c) The second is a girl. Her name is Yanti
(d) Yanto is the third child or the second son in the family
(e) Pak Imam has a car. This is his seventh car
(f) Today is Rudy's tenth birthday. He is happy

girl	**gadis**	family	**keluarga**
boy	**anak laki-laki**	birthday	**ulang tahun**
happy	**senang**	first	**pertama**

Language in use

Study this conversation. Note particularly the uses of **ada, berapa,** and **yang.** Ibu – mother so – shop-owner

Berbelanja

IBU: Dik, **apa ada** pasta gigi?
SO: **Ada,** bu, Pepsodent. Mau **yang** besar atau yang kecil?
IBU: Yang besar. **Berapa** harganya?
SO: Rp 4,000 (empat ribu rupiah).
IBU: **Apa ada** sikat gigi?
SO: **Ada.** Tapi sikatnya agak keras.
IBU: Tidak apa. **Berapa?**
SO: Rp 2,000.
IBU: **Apa ada** sabun mandi Colibrita?
SO: Colibrita **tidak ada,** bu. **Yang ada** Cleopatra.
IBU: Baiklah. Minta dua buah. Jadi **semuanya berapa?**
SO: Pasta gigi 4,000, tambah sikat gigi 2,000, tambah dua sabun mandi 3,000. Jadi semuanya 9,000 rupiah.
IBU: Ini uangnya, Rp 10,000.
SO: Ini kembalinya, Rp 1,000. Terima kasih, bu!

pasta gigi	toothpaste	**jadi**	so
sikat	brush	**semuanya**	all
sabun mandi	bath soap	**minta**	give me
tambah	to add	**agak**	rather
uang(nya)	(the) money	**keras**	hard
berbelanja	to shop	**kembali**	change

Reading passage

Study this text. Note especially the uses of **ada**, compound nouns, plurals and numbers. There are comprehension questions to answer at the end.

Kantor Pak Joko

Pak Joko pegawai Departemen Sosial. Gedung kantor itu ada di Jalan Salemba Raya nomor 134. Gedung itu besar sekali; ada empat tingkat. Kira-kira 400 pegawai laki-laki dan perempuan bekerja di situ.

Di muka gedung ada sebuah halaman luas untuk parkir mobil-tamu. Kira-kira 400 mobil bisa masuk ke halaman itu. Di situ ada juga sebuah kebun bunga yang kecil. Di tengahnya ada air mancur.

Kantor Pak Joko ada di tingkat dua. Kamar nomor 267. Kamar itu tidak besar tetapi rapi dan bersih. Di atas meja tulis ada sebuah telepon dan dua tempat surat. Satu untuk surat-surat masuk dan satu lagi untuk surat-surat keluar. Di kiri meja-tulis ada sebuah komputer.

Di halaman belakang ada beberapa warung. Di sini pegawai-pegawai bisa makan siang. Ada bakmi goreng, soto, gado-gado, sate ayam, dan lain-lainnya. Mereka bisa minum es teh, es sirup, es kelapa muda, es apokat, air jeruk, dan bir.

Jam 2.00 siang kantor Pak Joko tutup. Pegawai-pegawai pulang. Kantor itu sepi lagi.

gedung	building	**kiri**	left
tingkat	level/floor	**beberapa**	several
kira-kira	about	**rapi**	neat
sebuah	a/an (for objects)	**apokat**	avocado
halaman	yard	**bakmi**	noodles
luas	large	**soto**	soup
warung	food stall	**kelapa muda**	young coconut
bunga	flower	**es**	ice
tengah	middle	**air jeruk**	orange juice
air mancur	fountain	**bersih**	clean
tutup	to close	**pulang**	to go home
sepi	quiet	**lagi**	again

Pertanyaan (Questions)

(a) Pak Joko bekerja di mana?

(b) Di mana gedung kantor itu?

(c) Ada berapa tingkat dalam gedung itu?

(d) Ada berapa pegawai bekerja di gedung itu?

(e) Apa halaman di muka gedung itu kecil?

(f) Berapa mobil bisa parkir di sana?

(g) Nomor berapa kamar pak Joko? Di tingkat berapa?

(h) Apa yang ada di atas meja pak Joko?

(i) Komputernya ada di mana?

(j) Pegawai-pegawai itu bisa makan siang di mana?

(k) Mereka bisa makan dan minum apa?

(l) Jam berapa kantor itu tutup?

4 Di mana Monumen Nasional?

Where is the National Monument?

In this lesson you will learn about:

- Basic prepositions: **di**, **ke** and **dari**
- Indefinite articles: **seorang**, **seekor**, **sebuah**
- Independent verbs

Study the dialogue in Situation 1 below, noting particularly the words printed in bold.

🎧 Situation 1 (Audio 1: 21)

Di mana Monumen Nasional?

A foreign tourist in Jakarta is asking a policeman the way to one of the city's tourist attractions, the National Monument

T: Maaf, Pak. **Di mana** Monas? Apa masih jauh?

P: Tidak jauh. Kira-kira 1 kilometer dari sini. Monas ada **di tengah** lapangan Merdeka.

T: Saya tidak tahu di mana lapangan Merdeka, Pak.

P: **Dari sini** Saudara berjalan lurus **sampai ke** air mancur. Lapangan Merdeka **di sebelah kanan** air mancur.

T: Oh, ya Kami juga ingin lihat Istana Merdeka, Pak.

P: Istana Presiden?

T: Ya, Pak.

P: Hanya bisa lihat **dari luar**. Orang tidak boleh masuk **ke dalam**.

T: *Where is the National Monument? Is it far from here?*

P: *Not far. About one kilometre from here. The National Monument is in the middle of Merdeka Square.*

T: *I don't know where Merdeka Square is.*

P: *From here you just walk straight ahead until you reach the fountain. Merdeka Square is on the right-hand side of the fountain.*

T: *OK. We would also like to see the Merdeka Palace.*

P: *The Presidential palace?*

T: *Yes, Sir.*

P: *You can only see it from a distance. Nobody is allowed to go in.*

tengah	middle	**sebelah**	side
air mancur	fountain	**lurus**	straight
ingin	to wish	**kanan**	right
lapangan	square	**bisa**	can
istana	palace		

Grammar 1

Prepositions

Prepositions vary depending on the types of noun to follow (i.e. place, people or abstract noun).

1

Prepositions for place: **di** (on, in, at), **dari** (from) and **ke** (to). All can be combined with words of direction: front, back, under, above, behind, etc.

di	**belakang**	at the back	**di**	**muka**	in front
ke	**belakang**	to the back	**ke**	**muka**	to the front
dari	**belakang**	from the back	**dari**	**muka**	from the front
di	**atas**	on top	**di**	**bawah**	under
ke	**atas**	upward	**ke**	**bawah**	downward
dari	**atas**	from above	**dari**	**bawah**	from underneath
di	**kiri**	on the left	**di**	**kanan**	on the right
ke	**kiri**	to the left	**ke**	**kanan**	to the right
dari	**kiri**	from the left	**dari**	**kanan**	from the right
di	**dalam**	inside	**di**	**luar**	outside

ke dalam	inward(s)	ke luar	outward(s)
dari dalam	from inside	dari luar	from outside
di tengah	in the middle	di pinggir	on the edge
ke tengah	to the middle	ke pinggir	to the edge
dari tengah	from the middle	dari pinggir	from the edge

di sebelah kiri rumah	on the left hand side of the house
ke sebelah kanan rumah	to the right hand side of the house
dari sebelah kiri rumah	from the left hand side of the house

2

Prepositions for times, days and years: **pada** (on, in, at). Frequently it is dropped.

pada detik yang ke-10	on the tenth second
(pada) jam 5.00 sore	at 5.00 p.m.
(pada) hari Selasa	on Tuesday
pada bulan Agustus	in August
(pada) tahun 1993	in the year 1993.

3

Prepositions for people, animals and concrete objects:
kepada (to) and **untuk** (for).

kepada yang terhormat	(*lit.*: To the most respectable) Dear Mr/Mrs (addressee of a letter)
kepada Saudara-saudara	to you all
untuk saya	for me
untuk anaknya	for his/her child
untuk kucing itu	for the cat
untuk rumah itu	for the house

4

Prepositions for abstract nouns: *dalam* (in, at, on)

dalam pertemuan	in/at the meeting
dalam perjalanan	on the journey
dalam hal ini	in this case

Situation 2

Dia punya seekor anjing

Andy has nothing to do, so he tries to tell a joke to his friend, Budy

A: Ada **suatu cerita** lucu.
B: Bagaimana ceritanya?
A: Ada **seorang laki-laki**. Jatuh cinta pada **seorang perempuan**.
B: Ya, biasa bukan?
A: Tapi perempuan ini tidak begitu cinta pada laki-laki itu.
B: Mengapa?
A: Perempuan itu punya **seekor kucing** dan laki-laki itu punya **seekor anjing**. Setiap kali mereka bertemu, mereka selalu berkelahi.

A: *Here's a funny story.*
B: *What is it?*
A: *A man falls in love with a woman.*
B: *Well, that's normal, isn't it?*
A: *But the woman isn't so in love with him.*
B: *Why?*
A: *The woman has a cat and the man has a dog. Every time they meet, they always fight.*

lucu	funny	**anjing**	dog
jatuh	to fall	**setiap kali**	every time
kucing	cat	**berkelahi**	to fight
cinta	love	**bukan?**	isn't it?
biasa	normal		

Grammar 2

The indefinite articles ('a', 'an')

Unlike English, Indonesian indefinite articles vary according to the kind of object/noun they refer to.

for humans:	**seorang**	for animals:	**seekor**
a man	**seorang laki-laki**	a cat	**seekor kucing**
a woman	**seorang perempuan**	a dog	**seekor anjing**
a doctor	**seorang dokter**	a mouse	**seekor tikus**
a singer	**seorang penyanyi**	a fish	**seekor ikan**

for thin/flat objects:	**sehelai**	for solid objects:	**sebuah**
a sheet of paper	**sehelai kertas**	a house	**sebuah rumah**
a shirt	**sehelai baju**	a car	**sebuah mobil**
a sarong	**sehelai sarung**	an apple	**sebuah apel**

The plural form

Since **se** in **seorang, sebuah, seekor**, etc. implicitly means one, to make a plural is quite simple. Replace **se** with any number:

seorang laki-laki	a man	**dua orang laki-laki**	two men
sebuah rumah	a house	**empat buah rumah**	four houses
seekor cecak	a lizard	**tiga ekor cecak**	three lizards

For abstract nouns, **suatu** is used:

a kindness	**suatu kebaikan**	a crime	**suatu kejahatan**
an association	**suatu kumpulan**	a story	**suatu cerita**

In a sentence, where the predicate is a noun, **seorang, seekor** and **sebuah** are often omitted for reasons of convenience. Also the sentence **Dia adalah seorang guru**, which means 'He is a teacher' is grammatically correct but people prefer to say: **Dia guru. Adalah** which in this sentence equals the English 'is' or 'was' is dropped for the same reason. It is used when there is a need to emphasize that he is really a teacher. (*See also* Lesson 1, Grammar 1: Noun predicate.)

Situation 3

Saudara tinggal di mana?

Sarjiman has just made a new friend. He is Hartono, a student at the university. Not being a student himself, Sarjiman asks his friend some questions

s: Anda **tinggal** di mana?
h: Saya tinggal di Kebun Kacang. Kira-kira 3 mil dari sini.
s: Bagaimana anda **pergi** ke universitas?

H: Saya **naik** sepeda. Kadang-kadang (saya) naik bis.

S: Jam berapa kuliah **mulai?**

H: Kuliah **mulai** jam 11.00 dan **selesai** jam 4.00 sore.

S: Di mana anda **makan** setiap hari?

H: Di universitas ada kantin dan klub. Saya **makan dan minum** di sana.

S: Saya bukan mahasiswa. Apa saya boleh **makan** di kantin itu?

H: Boleh saja. Makanannya tidak istimewa.

S: *Where do you live?*

H: *I live in Kebun Kacang. About 3 miles from here.*

S: *How do you get to the university?*

H: *I ride a bike. Sometimes I go by bus.*

S: *What time do the lectures begin?*

H: *Lectures start at 11.00 and finish at 4.00 in the afternoon.*

S: *Where do you eat every day?*

H: *At the university there is a canteen and a club. I eat and drink there.*

S: *I'm not a student. Can I eat in the canteen?*

H: *Of course, you may, but the food isn't special.*

kira-kira	about	**nya**	its
kadang-kadang	sometimes	**mulai**	to begin
makanan	food	**kantin**	canteen
kuliah	lecture	**istimewa**	special
boleh	may		

Grammar 3

The independent verbs

Although Indonesian verbs are not subject to pronoun, tense and number, they are in fact much more complex than English verbs. In English a word is identified as a verb when it serves as a predicate. Typically it has an 's' or an 'ed' ending, such as in 'he works' (present tense, 3rd person singular) and 'he worked' (past tense). In Indonesian, generally the meaning of a word has much to do with the affixation applied. By affixation we mean prefixes such as **ber** and **me** that we attach to the rootword. It is this sytem of affixation that runs throughout the language which presents the greatest challenge to learners. In terms of affixation, Indonesian verbs are divided into several categories. First, independent verbs. These are *base-verbs that can stand on their own without the affixation of ber* or **me**; the second have the prefix **ber**; the third have the prefix me; the fourth have **me____kan**, the fifth **me____i**, etc.

There are at least 57 independent verbs. Their meanings are fixed as given in the list below. They can be used in sentences as they are, without any affixation. Almost all of them are *intransitive*, meaning that they do not take objects and they generally require prepositions when used in sentences. Some of the prepositions which are usually used with them are included in the list.

ada	to have/there is/are	**marah (pada)**	to be angry
bangun	to get up	**masuk (ke)**	to enter
buka	to open	**minum**	to drink
datang (ke)	to come to	**mulai**	to begin
diam	to be quiet	**mundur**	to retreat
duduk (di)	to sit on	**naik (ke)**	to ride/go up
gagal		**pergi (ke)**	to go
(dalam)	to fail	**pindah (ke)**	to move
habis	to end/to finish	**pulang (ke)**	to go home
hidup (di)	to live (at)	**roboh**	to collapse
hinggap (di)	to perch (on)	**sampai (di)**	to reach
ikut (dengan)	to join in	**selesai**	to be finished
ingat (pada)	to remember	**sembuh (dari)**	to recover
ingin	to wish	**singgah (di)**	to stop by
jatuh (ke)	to fall into	**suka (pada)**	to like
kawin		**surut**	to die down
(dengan)	to marry	**tahu**	to know
keluar (dari)	to go out of	**takluk (pada)**	to surrender
kembali (ke)	to return to	**tamat (dari)**	to graduate
kenal (dengan)	to know/recognize	**terbang**	
		(dari/ke)	to fly
lahir (di)	to be born	**terbit (di)**	to rise
laku	to sell well	**terjun (ke)**	to plunge
lepas	to escape	**tiba (di)**	to arrive
lewat (di)	to pass	**tidur (di)**	to sleep
lulus (dalam)	to pass	**timbul (dari)**	to emerge
lupa (pada)	to forget	**tinggal (di)**	to stay/live
maju (ke)	to advance	**tumbuh**	to grow
makan	to eat	**tunduk (pada)**	to bow
mandi	to take a shower	**turun (dari/ke)**	to go down
		tutup	to close

As stated earlier the special characteristic of the independent verbs is that they are not to be treated by the prefixes **ber** or **me** *as long as they have the meanings as listed above.* They can, however, be seen as base-verbs and can be treated by other forms of affixation such as **me_____kan** and **me_____i** to produce new words with different meanings.

| **ada** | to be present |
| **Dia ada di sini** | He is here |

Adding **me_____kan**, it becomes **mengadakan** meaning to organize or to hold:

Dia mengadakan pesta	He organized a party
tidur	to sleep
Dia tidur di kamar	He slept in the room

Adding **me_____i**, it becomes **meniduri** to sleep on something

Dia meniduri kacamata saya He slept on my glasses/He accidentally broke my glasses

This and more on verb forms are discussed in detail in subsequent lessons.

Situation 4

Ada apa minggu ini?

A director of a government-owned company and his deputy are discussing their engagements for the week

DEP: Apa acara-acara bapak untuk **minggu ini**?

DIR: **Besok, hari Selasa** saya ada rapat dengan direktur Bank Indonesia. Mungkin sampai sore, kira-kira **jam 4**.

DEP: Kalau begitu, saya harus tinggal di kantor.

DIR: Ya, **hari Rabu** saya tak ada acara khusus.

DEP: Hari Kamis apa saya bisa pergi ke luar kota, ke Surabaya? Saya mau lihat proyek kita di sana.

DIR: Kamu bisa berangkat **Rabu malam** dengan pesawat terbang!

DEP: Oh, ya. Jangan lupa ada undangan untuk **minggu yang akan datang** dari bapak Gubernur.

DIR: Ya, saya akan datang. Eh, **tadi pagi**, kata Sri, ada telepon dari Menteri Perindustrian?

DEP: Ya, beliau minta agar bapak datang ke kantornya **hari Senin tanggal 7 Maret jam 9.00 pagi.**

DEP: *What is your programme for this week?*

DIR: *Tomorrow I have a meeting with the director of Bank Indonesia, possibly until 4.00 in the afternoon.*

DEP: *In that case, I'll have to stay in the office.*

DIR: *Yes. On Wednesday I don't have any special engagements.*

DEP: *On Thursday, may I go out of town, to Surabaya? I want to see our project there.*

DIR: *Yes, you may fly on Wednesday night.*

DEP: *Don't forget you received an invitation from the Governor for next week!*

DIR: *No, I won't. I'll certainly go. By the way, Sri said this morning there was a telephone call from the Secretary of Industry.*

DEP: *Yes, he asked you to see him in his office on Monday 7th March at 9.00 a.m.*

acara	programme	**rapat**	meeting
khusus	special	**mungkin**	maybe
kalau begitu	in that case	**perindustrian**	industry
menteri	minister/secretary	**kata Sri**	Sri said

Grammar 4

Adjuncts of time

Adjuncts of time are important because, as mentioned earlier, Indonesian verbs are not subject to tense.

Yang lalu *'the one that's passed'*

Minggu/bulan/tahun/abad yang lalu   last week/month/year

Bulan yang lalu, dia terbang ke Paris   Last month, he flew to Paris

Yang akan datang *'(the one) that is to come'*

Minggu/bulan/tahun/abad/ (next week/month/year/century)
yang akan datang

Tahun yang akan datang, Next year, he'll go home
dia pulang.

Tadi *'just passed'*

tadi pagi this morning (the morning that's just passed)

tadi malam last night (the night that's just passed)

Tadi malam dia mabuk Last night he was drunk

Nanti *'about to come'*

nanti malam tonight (the night about to come)
nanti sore this afternoon (the afternoon about to come)

Nanti sore kita main bola! Let's play football this afternoon

Sekarang *'now'*

Sekarang dia ada di kantor Now he is in the office

Besok *'tomorrow'*

Besok dia akan pergi ke Tomorrow, he'll go to the cinema
bioskop dengan Janie with Janie.

Kemarin *'yesterday'*

Kemarin dia minum susu Yesterday he drank some milk

In the absence of adjuncts of time, Indonesian speakers rely on contexts, circumstances and mutual understanding. **Saya pergi ke rumah Ali** can mean 'I went to Ali's house', or 'I'm going to Ali's house', depending on the circumstances.

Exercises

1 How would you say the following in Indonesian?

(a) in the car	(b) outside the house	(c) in the room
(d) at the cinema	(e) to the cinema	(f) behind the garage
(g) under the chair	(h) above the building	(i) inside the building
(j) beside the house	(k) on the left	(l) in the corner
(m) in the middle	(n) to the middle	(o) at the edge
(p) on the table	(q) to Mr Hardy	(r) for Mrs Hardy
(s) to him	(t) to Jakarta	(u) in Indonesia
(v) at 6 o'clock	(w) in January	(x) on Monday
(y) in 1993	(z) at the end of 1994	

building	**gedung**	Monday	**Senin**
cinema	**bioskop**	edge	**pinggir**
corner	**pojok**	end	**akhir**

2 Familiarize yourself with vocabulary and grammar. Cover the sentences on the right with a piece of paper. Substitute the first word on the left into the model sentence (m.s.) and simultaneously replace the indefinite article as appropriate. Uncover the first sentence on the right and see if your sentence is the same. Continue doing this with the remaining words on the left.

(m.s.) Ada sebuah mobil di depan rumah.

kucing	Ada seekor kucing di depan rumah
orang laki-laki	Ada seorang laki-laki di depan rumah
sepeda	Ada sebuah sepeda di depan rumah
di belakang rumah	Ada sebuah sepeda di belakang rumah
anjing	Ada seekor anjing di belakang rumah
di dalam toko	Ada seekor anjing di dalam toko
orang perempuan	Ada seorang perempuan di dalam toko
di dalam mobil	Ada seorang perempuan di dalam mobil
di dalam kelas	Ada seorang perempuan di dalam kelas
dua anak	Ada dua (orang) anak di dalam kelas
di dalam rumah	Ada dua orang anak di dalam rumah
di luar	Ada dua orang anak di luar rumah
lima	Ada lima orang anak di luar rumah
di dalam	Ada lima orang anak di dalam rumah

3 Cover the sentences on the right with a piece of paper. Substitute the first word on the left into the model sentence (m.s.). Uncover the first sentence on the right and see if your answer is the same. Continue doing this with the remaining words on the left.

(m.s.) Ibu pergi ke pasar.

masuk	Ibu masuk ke pasar
toko itu	Ibu masuk ke toko itu
kemarin	Ibu masuk ke toko itu kemarin
keluar dari	Ibu keluar dari toko itu kemarin
pergi ke station	Ibu pergi ke stasiun kemarin
tadi malam	Ibu pergi ke stasiun tadi malam
pagi	Ibu pergi ke stasiun tadi pagi
besok	Ibu pergi ke stasiun besok
akan	Ibu akan pergi ke stasiun besok
Jakarta	Ibu akan pergi ke Jakarta besok
Inggeris	Ibu akan pergi ke Inggeris besok
Mereka	Mereka akan pergi ke Inggeris besok
tahun yang akan datang	Mereka akan pergi ke Inggeris tahun yang akan datang
minggu	Mereka akan pergi ke Inggeris minggu yang akan datang

4 Choose the correct preposition to complete the sentence from: **dari/di/ke (mana)**, **dari/di/ke (dalam/luar)**, **pada**, **kepada**, **untuk** or none at all:

(a) Kami tinggal _____ Jalan Merdeka

(b) _____ mana saudara tahu soal ini?

(c) Tahun yang lalu mereka pergi _____ Amerika

(d) Kami dan keluarga makan _____ rumah makan

(e) Surat ini _____ siapa?

(f) Saudara datang di sini _____ hari apa?

(g) Saya tulis sebuah surat _____ teman saya

(h) Anak-anak duduk _____ ruang tamu

(i) Mereka sudah kembali _____ Australia kemarin

(j) Kita akan terbang _____ Jakarta nanti malam?

(k) _____ tahun 1992 banyak wisatawan datang _____ Indonesia

(l) Tidak ada orang _____ rumah

(m) Ibu masak nasi _____ kita semua

(n) Semua ada tujuh orang _____ keluarga kami

(o) Kita sudah makan nasi _____ rumah tadi pagi

(p) Saya akan datang _____ rumahmu _____ hari Senin

(q) Tamu-tamu itu pulang _____ jam 12.00 malam

(r) _____ mana datangnya cinta? _____ mata turun _____ hati

(s) Dia datang _____ mana dan mau _____ mana?

(t) Di mana Ibu? Dia sedang _____ luar

soal	problem	**sedang**	in the process
ruang	space	**wisatawan**	tourist
keluarga	family	**hati**	heart

5 Choose the correct indefinite articles: **sebuah**, **seekor**, **seorang**, **sehelai**, **sebatang**, **segelas**, **sebotol**, **sepiring**, etc.:

(a) Ada _____ raja. Dia punya _____ anak yang cantik

(b) Di kantong baju saya ada _____ rokok

(c) Ayah saya punya _____ monyet yang lucu

(d) _____ laki-laki datang ke rumah saya kemarin

(e) Di ruang tamu hanya ada _____ meja dan _____ kursi

(f) Dia minum _____ bir dan makan _____ nasi

(g) Apa saudara ada _____ anggur?

(h) Anak saya selalu minum _____ susu setiap pagi

(i) _____ nyamuk hinggap di tangan saya

(j) Saya ada _____ saudara di Jerman

(k) Saya minta _____ kertas untuk menulis _____ surat

raja	king	**tangan**	hand
monyet	monkey	**kantong**	pocket
hinggap	to perch	**nyamuk**	mosquito
cantik	beautiful	**minta**	to ask
anggur	wine		

Language in use

Read aloud and study these conversations. Note the uses of prepositions, indefinite articles, independent verbs and adjuncts of time, printed in bold.

Di mana sekolahmu?

An adult friend has the following conversation with a little boy about his school

BP: Nak, **di mana** sekolahmu?
ANAK: Di Sekolah Dasar 'Madrasah Alyniah', Pak.
BP: Di mana itu?
ANAK: Di Kampung Melayu, **dekat stasiun bis.**
BP: **Di sebelah kiri** atau **di sebelah kanan** stasiun?
ANAK: **Di sebelah kanan**, Pak. Gedungnya tinggi. Catnya hijau.
BP: Sekolah kok dekat stasiun! Apa tidak terlalu ramai?
ANAK: Ya, ramai. Tapi murid-murid dan guru-guru mudah pergi **ke sekolah.**
BP: Jadi kamu (pergi) ke sekolah dengan bis?
ANAK: Ya, saya **naik** bis nomor 25. Saya turun **persis di muka** sekolah.
BP: Kamu duduk **di kelas berapa** sekarang?
ANAK: Kelas enam. Bulan **Juni yang akan datang** ada ujian.
BP: Kamu anak yang baik dan rajin. Moga-moga kamu **lulus.**

gedung	building	**ujian**	exams
terlalu	too	**hijah**	green
persis	precisely	**mudah**	easy
cat	paint	**lulus**	to pass
ramai	noisy	**(a)nak**	young man

Apa anda kenal pak Bambang?

C: Apa anda **kenal** pak Bambang?
A: Ya, saya kenal. Dia guru bahasa Indonesia saya.
C: Dia **datang** dari mana?
A: Saya kira dari Jawa tengah.
C: Apa dia punya **sebuah mobil?**

A: Dia punya **dua buah mobil**, Toyota dan Escort.
C: Dia **tinggal** di mana?
A: Di sebuah rumah susun di Tanah Abang.
C: Apa dia sudah **kawin**?
A: Sudah. Anaknya tiga orang.

tengah	central	**susun**	storey
kawin	to marry	**kira**	to think

Reading passage

Study the story. Note the uses of independent verbs (printed in bold), **ada**, prepositions, adjuncts of time and indefinite articles. There are comprehension questions to answer at the end.

Sibuk, setiap hari

Sejak di Indonesia, Helen sibuk sekali. Setiap hari selalu **ada** acara. Dia **tinggal** di sebuah rumah yang tidak begitu jauh dari pusat kota.

Setiap hari Helen **bangun** pagi, sebelum jam 6.00. Sesudah **mandi** dia turun ke bawah dan makan sarapan di ruang makan. Dia tidak lupa minum segelas susu dan makan obat karena dia kurang sehat akhir-akhir ini.

Jam 7.00 Helen **pergi** ke kantor Kedutaan Inggeris. Dia **naik** mobil. Dia tidak berani naik bis umum karena lalu lintas ramai sekali. Hari ini, kira-kira jam 11.00 dia **ada** janji untuk minum di klub dengan John Hardy, manajer expor dari P.T. INDOKRIM. Pada tengah hari dia juga **ada** janji untuk makan siang dengan pak Suharjono, direktur sebuah bank swasta di Jakarta.

Kantor **selesai** kira-kira jam 4.00 sore. Helen **pulang**; badannya cape. Biasanya dia **tidur** siang selama satu jam. Waktu **bangun** jam 5.00 sore, rasa capenya sudah **hilang**. Dia **duduk** di sebuah kursi goyang di kebun sambil makan kue dan minum teh.

Nanti malam **ada** acara penting: **keluar** malam dengan Steven, pacarnya. Makan malam di sebuah rumah makan Padang di Jakarta. Sesudah itu **pergi** ke teater, di jalan Cikini.

Karena **minggu yang lalu** Helen sudah pergi ke Bandung, **minggu yang akan datang**, tanggal 13 Maret dia akan **pergi** ke Surabaya untuk tugas kantor juga. Dia akan naik pesawat terbang karena Surabaya cukup jauh dari Jakarta.

sibuk	busy	**swasta**	private
acara	programme	**berani**	brave
pusat	centre	**tugas**	task
cukup	enough	**cape**	tired
sarapan	breakfast	**goyang**	rocking
umum	public	**sambil**	whilst
obat	medicine	**hilang**	disappear
kurang	less	**penting**	important
akhir-akhir ini	recently	**susu**	milk

Pertanyaan

(a) Di mana Helen tinggal?
(b) Jam berapa dia bangun setiap hari?
(c) Mengapa dia banyak minum susu?
(d) Di mana dia bekerja?
(e) Mengapa dia tidak naik bis ke kantor?
(f) Hari ini dia ada dua acara. Apa itu?
(g) Dari jam berapa sampai jam berapa dia tidur siang?
(h) Mengapa dia duduk di kebun?
(i) Siapa nama pacar Helen? Apa dia orang Indonesia?
(j) Ke mana mereka akan pergi malam ini?
(k) Kapan Helen ke Bandung?
(l) Untuk apa dia pergi ke Surabaya?

5 Bagaimana rumah anda yang baru?

What's your new house like?

In this lesson you will learn about:

- Questions with (where, when, how, why, what and who)
- The uses of **nya**
- Double adjectives
- 'Yes–No' question by inversion

Study the dialogue in Situation 1 below, noting particularly the words printed in bold.

Situation 1 (Audio 1: 25)

Bagaimana rumah anda yang baru?

Pak Siregar has just moved to a new house. He is very proud of it and is delighted to answer queries from his American friend, Anthony

A: Pak Siregar, **bagaimana** rumah bapak yang baru?
s: Wah, bagus sekali. Rumah itu besar.
A: **Di mana?**
s: Di daerah Pondok Indah. Daerah itu tidak ramai.
A: **Kapan** Bapak beli rumah itu?
s: Bulan yang lalu.
A: **Berapa** harganya?
s: 500 juta rupiah.
A: Wah, Bapak memang banyak uang. Ada berapa kamar?
s: Ada empat kamar tidur. Dua kamar tamu, satu kamar belajar, kamar makan, kamar mandi dan dapur.
A: **Bagaimana** halamannya?

s: Luas sekali. Di muka rumah ada kebun bunga. Di belakang juga ada kebun. Ada pohon mangga, pohon pepaya dan pisang.
A: **Mengapa** Bapak perlu rumah yang besar sekali?
s: Keluarga saya besar. Anak saya banyak dan **kecil-kecil**.

A: *Pak Siregar, what is your new house like?*
s: *Oh, very nice. It's a big house.*
A: *Where is it (located)?*
s: *In the area of Pondok Indah. It isn't noisy there.*
A: *When did you buy the house?*
s: *Last month.*
A: *What was the price?*
s: *500 million rupiahs.*
A: *Wow, you must have plenty of money. How many rooms are there?*
s: *Four bedrooms. Two living rooms, one study, a bathroom and a kitchen.*
A: *How about the yard?*
s: *It's very large. In front of the house there is a flower garden. At the back there is also a garden. There are mango, papaya and banana trees in it.*
A: *Why do you need such a big house?*
s: *My family is big. I have many children and they are small.*

bagus	good (appearance)	mandi	to take a shower
daerah	area	dapur	kitchen
ramai	noisy	halaman	yard
kapan	when	di belakang	at the back
beli	to buy	kebun	garden
bulan yang lalu	last month	pohon	tree
harga	price	pisang	banana
juta	million	keluarga	family
tamu	visitor	luas	large

Grammar 1

Questions (where, when, what, who, how, and why)

Questions using **di mana** (where), **kapan** (when), **bagaimana** (how), **berapa** (how much/many), **apa** (what), and **siapa** (who) can be formed by substituting these question words in the statement sentence. An alternative is to put them at the beginning of the question, as in English.

Rumah itu *di Pondok Indah*	The house is *in Pondok Indah*
Rumah itu *di mana*?	The house is *where*? (*lit.*)
***Di mana* rumah itu?**	*Where* is the house?
Kau beli rumah itu *bulan lalu*	You bought the house *last month*
Kau beli rumah itu *kapan*?	You bought the house *when*? (*lit.*)
***Kapan* kau beli rumah itu?**	*When* did you buy the house?
Rumah itu *besar*	The house is *big*
Rumah itu *bagaimana*?	The house is *how*? (*lit.*)
***Bagaimana* rumah itu?**	*What* is the house *like*?
Harganya *50 juta*	The price is *50 million*
Harganya *berapa*?	The price is *what*? (*lit.*)
***Berapa* harganya?**	*What* is the price?
Itu *Saudara Achmad*	That is *Mr Achmad*
Itu *siapa*?	That is *who*? (*lit.*)
***Siapa* itu?**	*Who* is that?
Ini *rumah baru*	This is a *new house*
Ini *apa*?	This is *what*? (*lit.*)
***Apa* ini?**	*What* is this?

Mengapa *('why')* is a special case

Thus far we have only dealt with single sentences for which the above rule applies. However when we have a compound sentence (consisting of two statements) that has a cause and effect relationship, **mengapa** should be placed at the beginning as in English. Substitution does not apply here.

Question: **Mengapa dia menangis?**

Dia menangis karena matanya sakit
He's crying because he's got sore eyes

Dia menangis (He is crying) + **Matanya sakit** (He's got sore eyes)

Question: **Mengapa dia sakit?**

Dia sakit karena tidak makan
He's ill because he didn't eat

Dia sakit (He's ill) + **Dia tidak makan** (He doesn't eat)

Nya

Nya can be added to a noun, an adjective or a verb. It has three meanings.

1 Possessive (his/her/its) *See* Lesson 1, Grammar 1: Formal pronouns

> **Pak Siregar beli rumah. Rumahnya baru**
> Mr Siregar bought a house. His house is new

2 Definite article (the)

Di mana mobilnya?	Where is the car? (i.e. our car)
Di mana tamunya?	Where is the guest? (he was here a minute ago)
Bagaimana ujiannya?	How was the exam? (the one that you just took)
Bagaimana kabarnya?	What is the news? (the news about you or him/her)

3 Added to an adjective or a verb, it changes them into nouns

Hasan lapar	Hasan is hungry
Makannya banyak	(*lit.*: His eating is a lot) He eats a lot
Meja itu bagus	The table is good
Panjangnya satu meter	Its length is one metre
Mobil Ferrari mahal	A Ferrari car is expensive
Jalannya cepat	(*lit.*: Its running is fast) It goes quickly

Double adjectives

Double adjectives are used for plural subjects. The subject, however, is stated in the singular.

Anak saya banyak dan kecil-kecil	I have many children and they are small
Rumah di daerah ini bagus-bagus	Houses in this area are good
Sekarang pakaian mahal-mahal	Nowadays clothes are expensive
Pegawai di kantor itu rajin-rajin	Employees in that office are hard-working

Situation 2

Berapa Jauh Bogor?

A British tourist in Jakarta wants to visit the Bogor botanical gardens. He asks an Indonesian friend for directions

TR: Maaf, anda tahu di mana Bogor?
IN: Di sebelah selatan Jakarta.
TR: **Berapa jauh** dari sini?
IN: Kira-kira 60 km.
TR: **Berapa lama** kalau naik mobil ke sana?
IN: Kira-kira satu jam.
TR: Apa ada kereta api yang ke sana?
IN: Ya, ada kereta api expres Jakarta–Bogor. Enam kali sehari.
TR: **Berapa harga** karcisnya?
IN: Kalau tidak salah Rp 3,000.
TR: Wah, **murah sekali**.
IN: Ya, sama dengan (satu pound) uang Inggeris.

TR: *Excuse me, do you know where Bogor is?*
IN: *To the south of Jakarta.*
TR: *How far is it from here?*
IN: *About 60 km.*
TR: *How long does it take to go there by car?*
IN: *About one hour.*
TR: *Does the train go there?*
IN: *Yes. The Jakarta–Bogor express. It goes six times a day.*
TR: *How much is a ticket?*
IN: *If I am not mistaken, 3,000 Rp.*
TR: *Wow, that's very cheap.*
IN: *Yes, that's about £1 in English money.*

di sebelah selatan	to the south side of	**kereta api**	train (*lit.*: fire coach)
lama	long (time)	**karcis**	ticket
kali	times	**salah**	wrong
murah sekali	very cheap	**uang**	money

Grammar 2

Berapa + adjective (how long, how far . . . etc.)

Berapa lama kalau naik mobil?	How long will it take by car?
Berapa lama perjalanan itu?	How long is the journey?
Berapa jauh Bogor dari sini?	How far is Bogor from here?
Berapa sukar ujian itu?	How difficult is the exam?
Berapa tinggi gunung itu?	How tall is the mountain?
Berapa rendah kapal terbang itu?	How low is the aeroplane?
Berapa panjang jembatan itu?	How long is the bridge?

Sekali

Sekali, meaning 'very' comes after the adjective

Rp 3,200! Wah, murah sekali.	3,200 Rp. That's very cheap!
Rumah itu besar sekali	The house is very big
Orang itu tinggi sekali	That person is very tall
London jauh sekali	London is very far

Situation 3

Maukah engkau keluar dengan aku?

Udin wants to see a new film, so he asks his friend, Amir to come with him. Unfortunately the film is not for children under 15

U: **Maukah engkau** keluar dengan aku?
A: Ke mana?
U: Ke bioskop, lihat film *Batman Returns.*
A: Film itu untuk orang dewasa. **Bolehkah kita** masuk?
U: Memang film itu untuk lima belas tahun ke atas. Berapa umurmu?
A: Umurku lima belas tahun kurang satu hari. Besok ulang tahunku!
U: Ah, tidak apa. Kita boleh masuk.
A: **Sudahkah engkau** mengajak Tono?

u: Sudah. Dia besar tapi umurnya baru dua belas.
a: Kalau begitu, mari kita berdua saja pergi!

a: *Would you like to go out with me?*
b: *Where to?*
a: *To the cinema, to see* 'Batman Returns'.
b: *But that film is for adults. Can we get in?*
a: *Indeed, that film is for people over 15. How old are you?*
b: *I'm one day short of 15. Tomorrow is my birthday.*
a: *It doesn't matter, we'll get in.*
b: *Have you asked Tono to join us?*
a: *I have. He's big, but he's just 12.*
b: *In that case, we two will just go!*

engkau	you (informal)	**dewasa**	adult
umur	age	**mengajak**	to invite/ask
ulang tahun	birthday	**Ayo!**	come on!
	(*lit.*: repeat of	**berdua**	both of us; the
	the year)		two of us

Grammar 3

'Yes–No' questions by inversion

In Lesson 2 we learned that we need only to add **apa** to a statement in order to change it into a 'Yes–No' question. **Apa** serves as a question marker. An alternative to making a 'Yes–No' type of question is to reverse the position of the subject and the predicate and simultaneously add **kah** to the latter.

(statement)	You would like to go out	**Kamu mau keluar**
(question)	Would you like to go out?	**Maukah kamu keluar**?
(statement)	We may come in	**Kita boleh masuk**
(question)	May we come in?	**Bolehkah kita masuk**?

Situation 4

Bapak dan Ibu mau makan apa?

Mr and Mrs Hanafi were hungry when they left the theatre, so they went into a Chinese restaurant. The waiter welcomed them

w: Selamat malam pak, selamat malam bu.

BP H: Selamat malam.

w: Di sebelah sini ada tempat untuk dua orang. Bapak suka? (*Sesudah duduk*) Bapak dan Ibu mau **makan apa?** Kami ada bakso, sate, bakmi goreng dan lain-lain.

NY H: Saya mau bakmi goreng saja.

BP H: Saya mau sate.

w: Bapak dan ibu mau **minum apa?**

NY H: Saya mau air jeruk.

BP H: Saya mau es kelapa muda dengan sirup.

w: **Apa** Ibu mau makan bakmi dengan sumpit?

NY H: Tidak, dengan sendok dan garpu saja.
(*Tak lama kemudian, ketika sedang makan*)

BP H: Wah, satenya enak sekali. **Apa** enak bakmi gorengmu?

NY H: Tidak begitu enak. Kurang pedas. Bang, saya minta cabe merah!

w: *Good evening, Sir and Madam.*

MR H: *Good evening.*

w: *We have a table for two over here. Would you like it?* (After taking their seats) *What would you like to eat, Sir and Madam? There is meatball soup, satay, fried noodles, and so on.*

MRS H: *I'll have fried noodles.*

MR H: *I'll have satay.*

w: *Now, for a drink. What would you like to have?*

MRS H: *I'll have orange juice.*

MR H: *I'll have young coconut, with syrup and ice.*

w: *Madam, would you like chopsticks to eat your noodles with?*

MRS H: *No, I prefer a spoon and fork.*
(After a while, they are eating.)

MR H: *The satay is very delicious. Are your noodles delicious too?*

MRS H: *Not spicy enough. Waiter, can I have red chillies, please?*

bakso	meatball soup	**bakmi goreng**	fried noodles
sate	satay/kebab	**air jeruk**	orange juice
sendok	spoon	**kelapa muda**	young coconut
garpu	fork	**sumpit**	chopsticks
kurang	less/not so	**pedas**	spicy hot
minta	give me (*lit.*: to ask)	**cabe merah**	red chillies
bang	brother (friendly call)	**sirup**	syrup

Grammar 4

The positions of apa

Compare the positions of **apa** in these four questions:

1 Tuan mau makan *apa*?   What would you like to eat, Sir?
2 Nyonya mau minum *apa*?   What would you like to drink, Madam?
3 *Apa* nyonya mau sumpit untuk makan bakmi?   Would you like chopsticks to eat your noodles with?
4 *Apa* tuan mau minum kopi panas?   Would you like to drink hot coffee?

Apa in sentences 1 and 2 functions as an object of the transitive verbs – **makan** and **minum**. **Apa** should be considered as an integral part of these verbs. *It is inseparable and must not be moved to the beginning of the sentence.* In English 'what' (**apa**) is always placed at the beginning (*see* translations on the right).

    Apa in Indonesian sentences 3 and 4 functions as a question marker (*see* Lesson 2). It is always placed at the beginning of the sentence.

    Note the difference in meaning of these sentences:

Tuan minum apa?   What did you drink? (*object*)
Apa tuan minum?   Did you drink? (*question marker*)

Nyonya makan apa?   What did you eat? (*object*)
Apa nyonya makan?   Did you eat? (*question marker*)

Exercises

1 Change the following statements into questions asking about the words printed in bold italics. Use the substitute words **kapan**, **di/ke/dari mana**, **siapa**, **apa** or **mengapa**:

(a) Pak Suryo pergi ke Surabaya *minggu yang lalu*
(b) Pak Suryo pergi ke *Surabaya* minggu yang lalu
(c) *Pak Suryo* pergi ke Surabaya minggu yang lalu
(d) Hasan makan *nasi goreng* di rumah setiap hari
(e) *Hasan* makan nasi goreng di rumah setiap hari
(f) Hasan makan nasi goreng *di rumah* setiap hari
(g) Pendidikannya *universitas*
(h) Orang laki-laki itu *paman saya*
(i) Amir tidak masuk sekolah *karena sakit*

pendidikan	education	minggu yang lalu	last week
laki-laki	male	setiap hari	every day
sakit	ill		

2a John has just bought a new house. It has some good and some bad points. Translate them into Indonesian:

(a) The yard in front is small
(b) The garden at the back is large
(c) The windows are white
(d) The garage is not small
(e) The kitchen is nice
(f) The lounge (*lit.*: guest room) is long
(g) The walls are strong
(h) The front door is old

| nice | **bagus** | wall | **dinding** |
| strong | **kuat** | old | **tua** |

2b John and Bill are both sports enthusiasts. Sitting in a café, they are talking about a woman athlete they both admire. How would they say the following in Indonesian?

(a) She runs quickly (*lit.*: Her running is fast)
(b) She doesn't eat much but what she does eat is full of vitamins (*lit.*: Her eating is not much, but full of vitamins)
(c) She only drinks pure water (*lit.*: Her drinking is only pure water)
(d) She sleeps 7 hours a day. (*lit.*: Her sleeping is 7 hours a day)
(e) Her height is 1 metre 75 cm
(f) She weighs (*lit.*: her weight) 55 kgs

| full of | **penuh dengan** | pure water | **air putih** |
| heavy | **berat** | high | **tinggi** |

3 Make questions about the words printed in italics in complete sentences:

(a) Umur saya **42 tahun**
(b) Harga jeruk itu **1,000 rupiah** per kilo
(c) Kami tinggal di **Jakarta** selama 5 tahun
(d) **Pak Hasan** pergi ke Inggeris tahun lalu
(e) **Tahun 1990** kami belajar di Universitas London

4 Change the following to 'Yes–No' questions. Give two answers for each question, first using the interrogative **apa** and second making use of inversion:

(a) Dia boleh datang ke rumahku
(b) Pak Amir sakit
(c) Saudara pergi ke Jakarta besok
(d) Pak Amir guru
(e) Anda harus bekerja setiap hari
(f) Dia tidur jam 9.00 malam
(g) Udin naik sepeda ke sekolah
(h) Saya bangun jam 6.00 pagi
(i) Kemarin dia minum dua cangkir kopi
(j) Mobil itu cepat

5 Translate the following dialogue into Indonesian:

A: Where is Bali island?
B: To the east of Java. (Use **di sebelah**)
A: How far is it from here?

B: About 500 km.
A: How big is the island?
B: About 145 km wide and 180 km long.
A: What is the weather like there? (*lit.*: How is?)
B: It's hot.
A: What people live there?
B: Hindu Balinese people.

| to the east of | **di sebelah timur** | about | **tentang** |
| wide | **lebar** | island | **pulau** |

6 As a British tourist who has visited Indonesia several times, you are impressed to find the following qualities. How would you say them in Indonesian?

(a) Indonesian people are friendly
(b) The cars on the roads in Jakarta are good
(c) The food, especially in the food stalls is cheap
(d) The clothes are of good quality and very cheap as well
(e) Hotels, except in Jakarta, are cheap
(f) Going by public transport such as bus and **bajai** is also cheap
(g) Things are cheap when you have dollars or pounds

things	**barang-barang**	friendly	**ramah**
especially	**khususnya**	except	**kecuali**
food stall	**warung**	public transport	**kendaraan umum**
such as	**seperti**	good quality	**kwalitas baik**

7 Translate the following sentences into Indonesian using **sekali**:

(a) In London the weather is very cold, in Jakarta it is very hot
(b) Food and drink are very cheap in Indonesia. Cars, however, are very expensive
(c) Some people are very nice, others are very unpleasant (**Ada orang yang, . . . ada orang yang . . .**)
(d) Some people are very tall, others are very short
(e) She likes tomatoes very much (*lit.*: She likes very much tomatoes)

cold	**dingin**	nice	**baik**
tall	**tinggi**	hot	**panas**
however	**tetapi**	short	**pendek**
unpleasant	**buruk**	tomatoes	**tomat**

8 While in Indonesia, as a tourist, you plan to visit the island of Komodo. You make some enquiries at a travel agent. How would say the following in Indonesian?

(a) Where in Indonesia is Komodo island?
(b) How large is the island?
(c) How far is it from Jakarta?
(d) How long does it take to go by plane from Jakarta?
     (**Berapa lama kalau pergi dengan . . .**)
(e) How long does it take to go by boat from Bali?
(f) Do you want to see the giant lizard?

plane	**kapal terbang**	can	**bisa**
to see	**melihat**	giant lizard	**kadal raksasa**
boat	**kapal**	island	**pulau**

9 Give the Indonesian equivalents to the following, using either **apa** as an interrogative or **apa** or **siapa** as the object of a transitive verb:

(a) What did you drink?
(b) Did you drink?
(c) Do you know John?
(d) Whom do you know?
(e) What did they drink?
(f) Did they drink?
(g) What did she ride?
(h) Did she ride a bike?
(i) Does your German friend eat chillies?
(j) What does your German friend eat?

to know	**tahu**	German	**Jerman**
to ride	**naik**		

10 John Miller is going to Indonesia in three months' time for an assignment. As this will be completely new for him, he is writing a letter to his colleague in Jakarta for information. He is sending the following list of questions. Translate them into English:

(a) Di mana saya akan tinggal, di hotel atau di rumah keluarga?
(b) Dengan siapa saya akan tinggal? Sendiri atau dengan pegawai lain?
(c) Berapa lama saya akan tinggal di tempat ini?
(d) Kapan saya bisa punya rumah sendiri? Saya perlu ini karena isteri saya yang di Inggeris ingin ikut saya
(e) Apa saya perlu punya mobil sendiri?
(f) Kalau tidak perlu mobil, kendaraan umum apa yang baik? Bis, taxi atau jenis lain? Mana yang paling aman?
(g) Sekarang tentang makanan. Kalau saya tidak makan di rumah, di mana ada rumah makan yang bersih, enak, dan tidak mahal yang tidak jauh dari rumah saya? Apa nama rumah makan itu?
(h) Sekarang tentang air. Apa air ledeng di Jakarta cukup baik? Apa kita bisa langsung minum air itu?
(i) Tentang kantor. Kalau kita bekerja di kantor, apakah perlu pakai dasi? Bagaimana dengan jas dan jaket?
(j) Jam berapa kantor mulai dan jam berapa selesai?
(k) Apa orang juga bekerja pada hari Saptu?
(l) Di pesta-pesta, bolehkah kita minum minuman keras?
(m) Perlukah saya uang *pound sterling* di Jakarta?
(n) Berapa nilai tukar pound dengan rupiah sekarang ini?
(o) Berapa persen dari gaji saya akan habis untuk makanan dan berapa persen untuk sewa rumah?
(p) Akhirnya berapa lama perjalanan lewat pos sebuah surat dari Jakarta ke London?

sendiri	self/alone	**pesta**	party
punya	to have	**nilai tukar**	exchange rate
aman	safe	**perjalanan**	trip
langsung	direct	**ikut**	to join
jas	coat	**umum**	public
persen	percent	**tentang**	about
sewa	rent	**dasi**	tie
ingin	to wish	**perlu**	to need
kendaraan	vehicle	**gaji**	salary
paling	the most	**akhirnya**	at last
air ledeng	tap water	**lewat**	by

6 Apa anda suka berjalan?

Do you like walking?

In this lesson you will learn about:

- Verbs with the prefix **ber**
- Adding **ber** to nouns
- The phrase **Mari kita**

Study the dialogue in Situation 1 below, noting particularly the words in bold.

Situation 1 (Audio 1: 30)

Anda suka bermain apa?

Hartono and Hartini are new friends. They are talking about the sports they like to play at weekends

HO: Apa saudara suka **berjalan**?
HI: Ya, di pagi hari. Udara segar sekali.
HO: Saya tidak suka **berjalan**. Berjalan bukan olah raga.
HI: Kalau begitu saudara suka apa?
HO: **Bermain** badminton. Setiap hari Minggu.
HI: Saya sudah **berhenti bermain** badminton. Rasanya cape, harus **berlari-lari**.
HO: Sekarang, mari kita **berenang** saja!
HI: **Berenang**? Saya belum bisa berenang.
HO: Saudara bisa **belajar**.

HO: *Do you like walking?*
HI: *Yes, in the mornings. The air is very fresh.*

HO: *I don't like walking. Walking is not a sport.*
HI: *If so, what do you like then?*
HO: *I like playing badminton, I play every Sunday.*
HI: *I have stopped playing badminton. It's very tiring. You have to run about.*
HO: *Let's go swimming now!*
HI: *Swimming? I can't swim.*
HO: *You can learn.*

berjalan	to walk	**kalau begitu**	then (*lit.*: if so)
udara	air	**berhenti**	to stop
segar	fresh	**cape**	tired
sekali	very	**rasanya**	the feeling is
olah raga	sport	**berenang**	to swim
belum	not yet	**belajar**	to learn

Grammar 1

Verbs with the ber prefix

In Lesson 4 we learned about independent verbs – base-verbs (infinitives) that can be used straight away in sentences without any affixation. The majority of these are intransitive (i.e. they do not take objects). There is a second group of base-verbs to which the prefix **ber** is normally added before they are used in sentences (such as the ones in the dialogue above). Base-verbs with the prefix **ber** number 18 and *most of them are also intransitive*; in fact this is their main characteristic. Like independent verbs, these **ber** + base-verbs have to be memorized individually.

base-verb	*ber + base-verb*	
angkat	**berangkat**	to leave for
jalan	**berjalan**	to walk
gerak	**bergerak**	to move
kumpul	**berkumpul**	to assemble
kunjung	**berkunjung**	to pay a visit
kerja	*bekerja**	to work
kelahi	**berkelahi**	to fight
main	**bermain**	to play

base-verb	ber + base-verb	
ajar	*bel*ajar*	to learn
lari	**berlari**	to run
henti	**berhenti**	to stop
diri	**berdiri**	to stand
tanya	**bertanya**	to query
bicara	**berbicara**	to speak/talk
cakap	**bercakap**	to converse
renang	**berenang**	to swim
pikir	**berpikir**	to think
temu	**bertemu**	to meet with

*This slightly different form is due to sound assimilation.

The following is a reading passage showing the use of some of these verbs.

Pada jam 7.00 pagi sudah banyak anak **berkumpul** di halaman seko-lah. Mereka **bermain, berlari-lari.** Tidak lama kemudian lonceng sekolah berbunyi. Anak-anak **berkumpul dan bersiap** untuk masuk ke kelas. Mereka berbaris di muka kelas dan guru **berdiri** di dekat pintu. Anak-anak kemudian masuk ke kelas. Mereka duduk di bangku masing-masing dan **belajar.** Semua diam dan tidak ada orang yang **berbicara.**

At 7.00 in the morning lots of children have already gathered *in the school yard. They are* playing and running about. *Soon the school bell* rings. *The children* assemble *and are* ready *to go into the class-room. They line up in front of the classroom and the teacher* stands *near the door. Then the children enter the room. They sit on their respective benches and* learn. *All is quiet and nobody* speaks.

Mari(lah) kita 'Let us'

Mari is used when the speaker asks someone to join him or her in an activity. It is also a good reminder of the use of the personal pronoun **kita** which includes the person spoken to. **Kami** is another word for 'we' or 'us' but excludes the person spoken to. (*See* Lesson 1, Grammar 1.) **Lah** is an optional particle used to soften the invitation.

Mari kita berenang!	Let's swim!
Mari kita bernyanyi!	Let's sing!
Mari(lah) kita makan!	Let's eat!

Situation 2

Siapa tetangga sebelah?

Asmara has just moved to a new neighbourhood. She asks her friend, Aminah, who has lived there for many years, questions about her next-door neighbour

AS: Apa Bu Amir sudah **bersuami**?
AM: Sudah. Dan sudah **beranak** juga.
AS: Berapa anaknya?
AM: Dua.
AS: Apakah Bu Amir bekerja di kantor?
AM: Ya, dia manajer bank. **Dia bergaji besar.**
AS: Tak heran. **Dia berumah besar dan bagus.**
AM: Dan **bermobil Mercedes** juga.
AS: Dia berbahagia!
AM: Ya. Suaminya **bekerja** juga. Jadi mereka banyak uang.

AS: *Is Mrs Amir (already) married?*
AM: *Yes, she is. And she has children, too.*
AS: *How many children?*
AM: *Two.*
AS: *Does Mrs Amir work in an office?*
AM: *Yes, she is a bank manager. She has a large salary.*
AS: *No wonder she has a big and beautiful house.*
AM: *And she has a Mercedes, too.*
AS: *She is happy!*
AM: *Yes, her husband works too. So they have lots of money.*

bagus	good (appearance)	**heran**	to wonder
bahagia	happy		

Grammar 2

Ber + noun

When **ber** is attached to a noun such as in the dialogue above it indicates either 'having', 'using' or 'wearing' the noun.

Bu Amir punya suami	(*lit.*) Mrs Amir has a husband
Bu Amir bersuami	Mrs Amir is married
Dia punya rumah dua	(*lit.*) She has two houses
Dia berumah dua	She owns two houses
Dia tidak memakai sepeda ke kantor	(*lit.*) She doesn't use a bike to go to the office
Dia tidak bersepeda ke kantor	She doesn't ride a bike to go to the office
Sri memakai kacamata hitam	(*lit.*) Sri wears dark glasses
Sri berkacamata hitam	Sri has dark glasses on
Mobil berpintu empat	– a four-door car
Gedung bertingkat delapan	– an eight-storey building

Situation 3

Ada apa di Trafalgar Square?

Suradi, an Indonesian student new to Britain, is somewhat surprised to see lots of people making a noise in Trafalgar Square. He asks his Indonesian friend Warsito who has lived in London for many years what they are doing

s: Mengapa ramai sekali di Trafalgar Square? Ada apa?
w: Orang-orang **berdemonstrasi**. Mereka marah pada pemerintah.
s: Apa soalnya?
w: Perdana menteri pernah **berkata** bahwa harga-harga akan turun tahun ini. Tetapi nyatanya malah naik. Sekarang inflasi.
s: Tapi pemerintah sudah **berusaha** keras. Hanya belum **berhasil**.
w: Orang-orang demonstran **berpendapat** itu **berarti** pemerintah tidak pecus.
s: Ah, belum tentu! Sekarang dunia sedang resesi. Ekonomi tidak **berkembang**. Kita harus sabar!

s: *Why is it so noisy in Trafalgar Square? What's going on?*
w: *People are demonstrating. They're angry with the government.*
s: *What exactly is the problem?*
w: *The prime minister said that prices would go down this year. But what's happened is that they've gone up. Now we have inflation.*

s: *But the government has made tremendous efforts. They just haven't succeeded yet.*

w: *Those demonstrators think that means the government is incompetent.*

s: *No, they can't say that! The world is in recesssion. The economy isn't developing. We've got to be patient.*

soal	problem	pendapat	opinion
tentu	sure	pecus	capable
malah	even	sabar	to be patient

Grammar 3

The extended function of ber

In the dialogue above, the application of **ber** to a noun gives an extended meaning, beyond owning, using or wearing. The function of **ber** is to transform a noun into an intransitive verb. In other words **ber** is an *intransitive verb-maker*.

demonstrasi (*n.*)   – demonstration
berdemonstrasi (*v.i.*)   – to demonstrate (*lit.*: to have a demonstration)
Kemarin *banyak orang berdemonstrasi* **di lapangan Trafalgar**
Yesterday lots of people demonstrated in Trafalgar Square

usaha (*n.*)   – effort
berusaha (*v.i.*)   – to try/to attempt (*lit.*: to have an effort)
Pemerintah sudah *berusaha* **keras, tapi harga-harga tetap naik**
The government has made serious efforts, but prices continue to rise

hasil (*n.*)   – result
berhasil (*v.i.*)   – to succeed in (*lit.*: to have a result)
Sebegitu jauh pemerintah belum *berhasil*
So far the government hasn't been successful

kata (*n.*)   – word
berkata (*v.i.*)   – to say (*lit.*: to have a word)
Banyak orang *berkata* **pemerintah sudah bekerja keras**
Many people say the government has worked hard

janji (*n.*)   – a promise
berjanji (*v.i.*)   – to promise
Perdana menteri *berjanji* **bahwa tahun ini harga-harga akan turun**
The prime minister has promised that prices will go down this year

pendapat (*n.*)   – opinion
berpendapat (*v.i.*)   – to be of the opinion
Orang-orang demonstran *berpendapat* **bahwa pemerintah tidak pecus**
The demonstrators are of the opinion that the government is incompetent

kembang (*n.*)   – flower
berkembang (*v.i.*)   – to grow
Dunia sedang resesi, ekonomi tidak *berkembang*
The world is in recession, the economy is not growing

Exercises

1 Give the correct forms of the verbs in parentheses:

(a) Dia hanya (tidur) saja, dia tidak mau (kerja)
(b) Setiap malam Hasan (ajar); dia jarang (pergi) keluar
(c) Anak-anak suka (main) sepak bola di lapangan
(d) Mobil itu (henti) karena mesinnya rusak
(e) Ibu guru (diri) di muka pintu dan murid-murid (masuk) ke kelas
(f) Orang tidak boleh (bicara) keras-keras di perpustakaan
(g) Amir (lari) selama 2 jam; sekarang dia cape
(h) Saya (tinggal) di rumah paman saya di Bogor
(i) Dia (tanya) jam berapa sekarang
(j) Saya (bangun) jam 6.00, (mandi) jam 7.00 dan (pergi) ke kantor jam 7.30

hanya	only	**jarang**	seldom
rusak	broken	**selama**	during/for
cape	tired	**keras**	loud
muka	front	**boleh**	may
lapangan	field	**sepak bola**	football
perpustakaan	library	**paman**	uncle

2 Translate the given verbs on the right and insert them in the sentences on the left:

(a) Pak Ali _____ Jakarta (work in) (go to) (go home to)
(b) Saya _____ pergi sekarang (will) (can) (don't want)
(c) Mereka _____ Indonesia (enter to) (go to) (come from)
(d) Kami _____ Bandung (don't know where) (live in)
(e) Anak-anak _____ di halaman (play) (assemble) (talk)
(f) Sri _____ kamar (sleep in) (out from) (eat in)
(g) Ayah _____ kantor (work in) (leave for) (be in)
(h) John _____ Indonesia (visited) (fly to) (don't like)
(i) She _____ Indonesian (speak) (doesn't know) (learn)

visit	berkunjung (ke)	assemble	berkumpul
know	tahu	to fly	terbang
leave for	berangkat	to talk	berbicara

3 Answer these questions with the given words. Say the full answers and be careful of the prepositions:

(a) Anda bekerja di mana? (house) (hotel) (room) (office)
(b) Saudara pergi ke mana? (post office) (bank) (home)
(c) Hasan tinggal di mana? (Jakarta) (his brother's house)
(d) Anak-anak sedang apa? (learn) (play) (talk) (drink)
(e) Siapa orang itu? (my friend) (John's father)
(f) Mengapa mobil itu berhenti? (the engine is broken)
(g) Mengapa Hasan tidak masuk? (ill) (lazy) (I don't know)

| ill | sakit | lazy | malas |
| broken | rusak | engine | mesin |

4 How would you say the following in Indonesian?

(a) He walked to his office, went in and sat down
(b) She got up at 6.00, took a bath and got dressed
(c) For breakfast, we eat fried rice and drink orange juice
(d) My wife works from 9 to 5 but I just stay at home
(e) His son never wants to study. He always watches television
(f) The car stopped in front of the house. The engine was broken

(g) The children ran here and there. It was very noisy
(h) I like swimming but my brother does not
(i) Partono is married and he has three children
(j) My car is small and only has three doors
(k) They said they were successful in the examination

just	**hanya**	son	**anak laki-laki**
watch	**lihat**	orange juice	**air jeruk**
exam	**ujian**	here and there	**ke sana sini**
stay	**tinggal**	get dressed	**berpakaian**

5 How would you say the following in Indonesian? You invite a friend to:

(a) go walking with you
(b) eat fried rice with you
(c) drink beer with you
(d) have breakfast with you
(e) go shopping with you
(f) play tennis with you
(g) work with you

| to have breakfast | **makan pagi** | to shop | **berbelanja** |

6 How would you use **ber** in the following story?

Jimmy is married and his wife is called Jane. They have two children, one is a boy of four years and the other is a girl of two years. Jimmy's house is large and the garden is large too. He has a four-door saloon car. He does not work in an office but he has a good job. He plays football.

4 years old	**berumur 4 tahun**	saloon	**salon**
job	**pekerjaan**	girl	**gadis**
garden	**kebun**	football	**sepak bola**

Language in use

*Study the following dialogue between a girl and her mother. Note the words with **ber** in bold. Can you understand the story?*

Ada tamu, Bu

I: Siapa (yang) **bercakap-cakap** dengan Bapakmu di kamar duduk itu, Mir?
A: Ada tamu, Bu. Dua orang, laki-laki dan perempuan.
I: Apa kamu kenal (dengan) mereka?
A: Tidak, Bu. Mungkin mereka kenal Ibu. Tadi bapak **bertanya** kepada saya di mana Ibu. Tapi Ibu tidak ada.
I: Aku sedang **berbelanja** ke pasar. Baiklah, aku **bertemu** saja dengan mereka sekarang.

kenal	to know personally	**mungkin**	perhaps
belanja/ber	to shop	**bertemu dengan**	to meet with

*Study the following conversation between Amin and his English friend John. Note the use of **ber**.*

Ke Lombok

J: Aku dengar pulau Lombok itu indah.
A: Ya, betul. Banyak turis asing **berkunjung ke** sana.
J: Orang **berkata** bahwa apa-apa murah di sana.
A: Betul, banyak orang **berbelanja**!
J: Kalau begitu, aku mau pergi bulan Juni tahun depan.
A: Ya, kau bisa **berlibur** di sana.

pulau	island	**kunjung/ber**	to visit
asing	foreign	**kalau begitu**	in that case (*lit.*: if so)
apa-apa	things	**indah**	beautiful
depan	next	**murah**	cheap
dengar	to hear	**libur/ber**	holiday

Reading passage

Study the text below. Note particularly the uses of the prefix **ber**: **ber** + base-verbs, **ber** + nouns, and independent verbs. Answer the comprehension questions at the end of the story.

Tamu Pak Suryo. . . . .

Pak Suryo pegawai. Dia **bekerja** di kantor Kotapraja. Kantor itu tidak jauh dari rumahnya, kira-kira satu kilometer. Setiap hari pak Suryo **berjalan** (kaki) ke kantor. Mobilnya ada di garasi.
Kantor itu buka jam 09.00 pagi. Tiba di kantor pak Suryo duduk di mejanya. Sekretarisnya Aminah juga sudah datang. Aminah **berkata** bahwa hari itu akan ada tamu, Tuan Johnson dari Inggeris. Dia akan **bertemu** dengan Pak Suryo jam 11.00. Pak Suryo ingat bahwa dia memang ada janji dengan Tuan Johnson.
Pak Suryo menunggu. Sudah jam 11.00 tapi tamu itu belum juga datang. Pak Suryo **berpikir** mungkin Tuan Johnson lupa; mungkin di jalan tidak ada bis, mungkin Tuan Johnson tidak **bermobil**. Kira-kira jam 1130 datanglah sebuah taxi, **berhenti** di depan kantor. Dari dalam keluar Tuan Johnson. Dia **berbaju** hitam, **berdasi** putih dan **bercelana** abu-abu.
'Selamat datang, pak Johnson', sambut pak Suryo. 'Selamat siang pak Suryo. Maaf saya terlambat', jawab Tuan Johnson. 'Tidak apa-apa', kata pak Suryo. Sesudah **berjabat tangan**, kedua orang itu masuk ke kamar tamu, dan duduk di sana. Tidak lama kemudian Aminah datang dengan dua cangkir kopi panas.
Kedua orang itu **bercakap-cakap** sampai jam 12.00. Tuan Johnson **berkata**: 'Saya harus pulang sekarang. Terima kasih pak Suryo!' 'Terima kasih kembali,' jawab pak Suryo. 'Sampai **bertemu** lagi.'
Tuan Johnson pergi dengan taxi.

kota praja	municipal	**baju**	shirt/clothes
kira-kira	about	**dasi**	tie
buka	open	**celana**	trousers
berkata	to say	**abu-abu**	grey
tamu	guest	**terlambat**	late
bertemu	to meet	**jabat tangan**	handshake
ingat	to remember	**kedua**	both
memang	indeed	**cangkir**	cup
janji	a promise	**panas**	hot

menunggu	to wait	**bercakap**	to talk
berpikir	to think	**sampai**	until
mungkin	possibly	**pulang**	to go home
kemudian	later on	**sambut**	to welcome

Note: In paragraph 4 the words **sambut**, **jawab** and **kata** remain in the infinitive and do not take any prefix because the sentences are in direct speech.

Can you identify which verbs are independent verb, **ber** + base-verb, and **ber** + noun in the passage above?

Pertanyaan

(a) Pak Suryo bekerja di mana?
(b) Berapa jauh kantor itu dari rumahnya?
(c) Bagaimana Pak Suryo pergi ke kantor setiap hari?
(d) Jam berapa kantor itu buka?
(e) Siapa nama sekretaris pak Suryo?
(f) Siapa nama tamu yang akan datang? Dari mana?
(g) Apakah dia datang terlambat? Jam berapa?
(h) Dia mana mereka duduk?
(i) Sampai jam berapa mereka bercakap-cakap?
(j) Sambil bercakap-cakap mereka minum apa?
(k) Tuan Johnson pulang dengan apa?
(l) What is meant by: Sampai bertemu lagi?

7 Tanggal berapa hari ini?

What's today's date?

In this lesson you will learn about:

- Days of the week
- Dates
- Telling the time
- Colours

Study the dialogue below, noting particularly the words printed in bold.

Situation 1 (Audio 1: 31)

Tanggal berapa hari ini?

Sri and Amara Budiman are always busy. They are vaguely aware that two invitations had been extended to them during the week but they have forgotten the exact times and dates

s: Bu, undangan untuk makan malam dari Tuan dan Nyonya Chapman itu. Untuk kapan?

A: Aku lihat dulu catatanku. **Tanggal 26 September**. Tolong, lihat di kalender **hari apa** itu!

s: Tanggal 26 September . . . **hari Jum'at**. Tapi jam berapa, bu?

A: Jam 6.00 sore.

s: Lalu, undangan yang satunya lagi? Kalau tidak salah untuk minggu depan?

A: Minggu depan sudah **bulan Oktober** . . . Undangan yang kedua itu untuk malam Kesenian Sulawesi, di Gedung Kesenian. **Hari Saptu, tanggal 1 Oktober**.

s: Pagi atau malam hari?
a: Jam 7.30 malam.
s: Kita datang ya? Saya bosan tinggal di rumah!
a: Ayolah!

s: *Dear, we've got an invitation from Mr and Mrs Chapman to dinner, haven't we? When's it for?*
a: *Let me look at my notes. That's for the 26th of September. Please look at the calendar for that day.*
s: *The 26th of September . . . that's Friday. But at what time?*
a: *At 6.00 p.m.*
s: *There's another invitation, I think. It's for next week.*
a: *Next week will be October. That second invitation is for the Sulawesi music night, at the Arts Centre. That will be Saturday, the first of October.*
s: *In the morning or evening?*
a: *7.30 in the evening.*
s: *Shall we go? I'm bored with staying at home!*
a: *Alright!*

catatan	notes	**bosan**	to be bored
Kesenian	arts/music	**tolong**	please

Stating the days, months and years

To state names of days, months, years, centuries, or dates, Indonesians normally precede the proper names with the corresponding words for day, month, year or century. The reason is obviously for clarity. In subsequent references, however, these words may be omitted.

hari – day

hari Senin	Monday	**hari Jum'at**	Friday
hari Selasa	Tuesday	**hari Saptu**	Saturday
hari Rabu	Wednesday	**hari Minggu**	Sunday
hari Kamis	Thursday		

bulan – month

bulan Januari	January	**bulan Juli**	July
bulan Februari	February	**bulan Agustus**	August

bulan Maret	March	bulan September	September
bulan April	April	bulan Oktober	October
bulan Mei	May	bulan Nopember	November
bulan Juni	June	bulan Desember	December

tahun – year

| tahun 1993 | 1993 | tahun 1994 | 1994 |
| tahun 1874 | 1874 | tahun 1742 | 1742 |

abad – century

| abad ke 14 | 14th century | abad ke 12 | 12th century |
| abad ke 20 | 20th century | abad ke 17 | 17th century |

tanggal – date

| tanggal 7 Oktober 1991 | 7th October 1991 |
| tanggal 10 Desember 1851 | 10th December 1851 |

jam means 'o'clock', but it is also used for time plus or minus minutes. For more on this, *see* the next section.

jam 7.00	7 o'clock	jam 6.15	6.15
jam 5.00	5 o'clock	jam 2.40	2.40
jam 1.00	1 o'clock	jam 11.10	11.10

Useful sentences

Hari apa hari ini?	What day is today?
Hari apa kemarin?	What day was yesterday?
Hari apa besok?	What day is tomorrow?
Hari apa lusa?	What day is the day after tomorrow?

Situation 2

Jam berapa sekarang?

In Indonesia a bank employee is considered to be more fortunate than a civil servant for the simple reason that the former earns much more than the latter

PB – Bank employee PN – Civil servant

PN: Jam berapa anda berangkat ke kantor pada pagi hari?
PB: Saya berangkat dari rumah jam 7.15 (**tujuh lewat seperempat**).

Sampai di kantor jam 7.45 (**delapan kurang seperempat**) dan mulai bekerja **jam 8.00** (delapan). Saudara berangkat jam berapa?

PN: Saya berangkat agak siang. Kira-kira jam 8.45 (**sembilan kurang seperempat**). Sampai di kantor jam 9.15 (**sembilan lewat seperempat**) dan mulai bekerja jam 9.30 (**setengah sepuluh**).

PB: Jam berapa saudara selesai bekerja dan pulang?

PN: Saya pulang **jam 2.00** siang. Kadang-kadang **jam 1.30** (**setengah dua**).

PB: Wah, cepat sekali. Saudara hanya bekerja sebentar di kantor, ya? Saya bekerja keras sampai **jam 4.30 sore** (**setengah lima sore**). Sampai di rumah **jam 5.30** (**setengah enam**). Saya betul-betul cape!

PN: Apa saudara tidak tahu. Gaji pegawai negeri, seperti saya ini, sepertiga gaji pegawai bank.

PB: Masak? Saya tak tahu. . . .

PN: *What time do you leave for work in the morning?*

PB: *I leave home at a quarter past seven (7.15) and arrive at the office at a quarter to eight (7.45). I start work at eight o'clock (8.00). What time do you leave for work?*

PN: *I leave a bit later. About a quarter to nine (8.45). I arrive at the office at a quarter past nine (9.15) and start work at half past nine (9.30).*

PB: *What time do you finish work and go home?*

PN: *I go home at two o'clock (2.00). Sometimes at half past one (1.30).*

PB: *Wow, so early! Your day is very short. I work until four thirty in the afternoon and I don't arrive home until half past five (5.30). I am very tired.*

PN: *Did you know that a civil servant's salary is one-third of the salary of a bank employee?*

PB: *Really? I didn't know that.*

berangkat	to leave for	**seperempat**	a quarter
setengah	a half	**masak?**	really?
sepertiga	one third		

Telling the time

There are several ways of telling the time in Indonesian. They all, however, always start with the hour, then follow with the minutes. For 'to' and 'past' the hour, Indonesian uses **kurang** and **lewat** respectively. Here are some examples.

Jam berapa sekarang? What time is it?
Sekarang jam . . . It is . . .

Time with hours only:

8.00 o'clock	**jam delapan**	11.00 o'clock	**jam sebelas**
9.00 o'clock	**jam sembilan**	12.00 o'clock	**jam dua belas**

For times with minutes, use **kurang** or **lewat**

8.10	**jam delapan lewat sepuluh menit**
9.20	**jam sembilan lewat dua puluh menit**
7.50	**jam delapan kurang sepuluh menit**
8.45	**jam sembilan kurang seperempat**
4.15	**jam empat lewat seperempat/lima belas menit**
5.45	**jam enam kurang seperempat**

seperempat a quarter, **setengah** a half. In using **setengah**, however, Indonesians seem to think forward rather than backward.

9.30	**jam setengah sepuluh** (not **jam sembilan lewat setengah**)
10.30	**jam setengah sebelas**
1.30	**jam setengah dua**
12.30	**jam setengah satu**

Note: a.m. – **pagi** and p.m. – **sore** can be added to all the times above provided the number of the hour is less than 12.

Another way of telling the time is by using the 24-hour clock. Only the numbers are read; **kurang** (to) and **lewat** (past) are not used.

17.30	**jam tujuh belas tiga puluh**	1.15	**jam satu lima belas**
04.30	**jam empat tiga puluh**	2.55	**jam dua lima lima**
22.10	**jam dua puluh dua sepuluh**	3.14	**jam tiga empat belas**

Situation 3

Warna itu tak cocok!

Tuti and Janie are good friends. They always speak frankly to each other. Janie seems to be more stylish than Tuti

J: Mau ke mana Tuti?

T: Mau ke pesta, Janie.

J: Maaf, ya pakaianmu kurang menarik. **Blus merah** tidak cocok dengan **rok hijau**, dan **sepatu putih**!

T: Bagaimana kombinasi yang baik?

J: Kalau **blus merah, rok bawah harus hitam**. Sepatu bisa **hitam atau coklat tua**.

T: Kalau kamu punya ... bisakah aku pinjam untuk malam ini saja?

J: Bolehlah!

J: *Where are you going Tuti?*

T: *To a party, Janie.*

J: *Excuse me, but your clothes aren't right. A red blouse doesn't go with a green skirt and white shoes!*

T: *What's a good combination then?*

J: *If the blouse is red, the skirt should be black and the shoes can be black or dark brown.*

T: *If you have ... Can I borrow them just for tonight?*

J: *Alright!*

rok	skirt	**kuning**	yellow
merah	red	**cocok**	to match
blus	blouse	**coklat tua**	dark brown

Colours

Indonesian words for colours are straightforward. They are as follows.

merah	red (e.g. **permadani merah**	a red carpet)
kuning	yellow (e.g. **sungai Kuning**	Yellow river)
hijau	green (e.g. **rumput hijau**	green grass)
biru	blue (e.g. **laut biru**	blue sea)
coklat	brown (e.g. **tas coklat**	a brown bag)

hitam	black (e.g. **kucing hitam**	a black cat)
putih	white (e.g. **gedung putih**	a white house)
ungu	violet (e.g. **kembang ungu**	a violet flower)

Exercises

1 Complete the sentences with the appropriate names of days:

(a) Hari ini hari Selasa. Besok hari _____, lusa hari _____
(b) Hari ini hari Kamis. Besok _____, lusa _____
(c) Sekarang hari Jum'at. Besok _____, lusa _____
(d) Sekarang hari Minggu. Besok _____, lusa _____
(e) Besok hari Minggu. Sekarang _____, kemarin _____
(f) Besok hari Jum'at. Sekarang _____, kemarin _____
(g) Kemarin hari Saptu. Besok _____, hari ini _____
(h) Kemarin hari Rabu. Hari ini _____, besok. _____
(i) Lusa hari Senin. Besok _____, sekarang _____

2 Fill in the blanks with the suitable words:

(a) Dalam satu tahun ada _____ bulan
(b) Dalam _____ ada 30 hari
(c) Dalam satu hari ada _____ jam
(d) Dalam _____ ada 60 menit
(e) Dalam satu menit ada _____ detik
(f) Dalam _____ ada tujuh hari
(g) Dalam _____ empat puluh delapan jam
(h) Dalam _____ duapuluh empat bulan
(i) Dalam _____ dua puluh satu hari
(j) Dalam _____ lima puluh dua minggu

3 Complete the sentences:

(a) Sekarang bulan Oktober. Bulan yang akan datang _____
(b) Bulan yang lalu bulan Mei. Bulan ini _____
(c) Bulan yang akan datang bulan Juni. Bulan yang lalu bulan _____
(d) Sekarang bulan Maret. Bulan _____ bulan April
(e) Bulan ini bulan Maret. Bulan _____ bulan Februari
(f) Bulan yang lalu Agustus. Bulan ini _____ Bulan yang akan datang _____

4 Answer the questions with the correct dates:

(a) Hari ini tanggal 2 Januari. Tanggal berapa kemarin?
(b) Kemarin tanggal 15 September. Tanggal berapa hari ini?
(c) Hari ini tanggal 7 Desember. Tanggal berapa besok?
(d) Tanggal berapa hari Natal?
(e) Tanggal berapa hari Kemerdekaan Amerika?
(f) Tanggal berapa Tahun Baru?
(g) Tanggal berapa hari Kemerdekaan Indonesia?
(h) Tanggal berapa anda lahir?

5 Give the following dates in Indonesian. Follow the examples:

24 Mei 1974 – **tanggal 24 Mei tahun sembilan belas tujuh pulih empat**
3 July 1953 – **tanggal 3 Juli tahun sembilan belas lima puluh tiga**

28 June 1985, 1 February 1990, 22 April 1948, 14 May 1967,
31 January 1843, 29 August 1865, 16 July 1991, 7 December 1942
18 March 1939, 20 October 1946, 21 September 1001

6 Translate the following sentences into Indonesian:

(a) In Indonesia I get up at 6.00 in the morning
(b) I take a shower at 6.15
(c) I get dressed at 6.30
(d) I have breakfast at 7.00
(e) I leave for work at 7.20
(f) I arrive at the office at 7.55
(g) I start work at 8.00
(h) I finish work at 2.30 in the afternoon
(i) I leave the office and arrive home at 3.10
(j) I wash my hands and face at 3.15
(k) I have a big dinner at 3.30
(l) I take a nap for about one hour
(m) I get up and take a shower again at 4.35
(n) I get dressed, go and sit in the garden at 5.00
(o) I relax, chat with my wife, or read a newspaper until 6.00

to get dressed	**berpakaian**	to leave	**meninggalkan**
to take a shower	**mandi**	to wash	**mencuci**
to relax	**bersantai**	to chat	**ngobrol**

7 Answer the following questions, using the cue words provided:

(a) Jam berapa saudara pergi?   (7.20), (5.30), (2.45)
(b) Pukul berapa saudara mandi?   (5.30 pagi), (6.00), (7.10)
(c) Jam berapa sekarang?   (4.12), (12.30), (16.20)

pukul	same as 'jam'

8 Answer in a complete sentence the following questions, using the Indonesian translation of the cue words given:

(a) Apa warna kemejamu?   (red, white, blue)
(b) Apa warna celanamu?   (black, grey, brown)
(c) Apa warna mobilmu?   (light blue, dark red)
(d) Apa warna cat rumahmu?   (light green, dark grey)
(e) Apa warna bendera Indonesia? (red and white)
(f) Apa warna bendera Belanda?   (red, white and blue)
(g) Apa warna bendera Komunis?   (red)
(h) Apa warna kaos kakimu?   (light grey, black, brown)

Language in use

A Norwegian and an Indonesian happen to sit next to each other on an aeroplane. They are comparing the climates of their countries

Mana yang lebih enak?

ON: Sekarang **bulan Oktober**. Di Indonesia sedang musim apa?
OI: Sedang **musim hujan. Hujan sering turun**. Bisa sekali seming-gu, dua kali seminggu atau setiap hari.
ON: Jadi, kita tak boleh lupa bawa payung?
OI: Ya, payung, jas hujan atau sepatu lumpur.
ON: Bagaimana dengan **musim panas?**
OI: Oh, **panas sekali**. Di mana-mana panas kecuali di gunung-gunung; di sana hawanya sejuk. Saya kira lebih enak tinggal di Eropa.
ON: Di Eropa? **Musim panas hanya sebentar**, paling lama tiga bulan. Yang sembilan bulan dingin. Orang banyak tinggal di rumah atau di kantor . . . membosankan!

payung	umbrella	**enak**	comfortable
sepatu lumpur	Wellington boots	**sebentar**	short/for a while
paling lama	the longest	**membosankan**	to be boring
jas hujan	raincoat	**kecuali**	except

Reading passage

Study the text. Note especially the words/phrases for days, and months. Also the uses of **ber** and independent verbs. Answer the comprehension questions at the end.

Musim di Indonesia

Indonesia (ber)ada di daerah tropis. Karena itu di Indonesia hanya ada dua musim. **Musim hujan** dan **musim kemarau** yang masing-masing lamanya enam bulan. Musim hujan mulai pada **bulan Oktober** dan berakhir pada **bulan Maret**. Musim kemarau atau musim kering mulai **bulan April** dan berakhir **bulan September**.

Di musim hujan, banyak hujan turun. Sekali atau dua kali seminggu. Kadang-kadang **hujan itu tidak berhenti** selama beberapa hari. Kalau begini banjir bisa timbul. Di mana-mana **basah dan berlumpur**. Rumah-rumah bisa **hanyut** dan sungai-sungai **penuh dengan air**.

Walaupun namanya musim hujan, tidak berarti bahwa tidak ada **sinar matahari**. Kadang-kadang panas juga. Dua faktor, yaitu air dan sinar matahari ini baik sekali untuk tanaman dan pohon-pohon. Karena itu orang berkata tanah di Indonesia, khususnya Jawa, sangat subur. Pohon buah dan sayuran ada di mana-mana.

Pada musim panas, **udara panas sekali**, apalagi di daerah-daerah yang tanahnya datar, seperti jakarta. **Udara juga lembab** karena **banyak uap air**. Itulah sebabnya di Indonesia orang tidak **berpakaian tebal** seperti di Eropa. Pakaian orang Indonesia tipis-tipis, biasanya dari sutera atau katun. Orang laki-laki yang bekerja di kantor hanya **berkemeja** dan celana, tidak **berjas** atau **berdasi**.

Kalau uadara panas, banyak orang yang pergi ke gunung-gunung. Di sana **hawanya sejuk** dan nyaman dan **pemandangannya juga indah**. Pada hari-hari libur, Saptu dan Minggu banyak pegawai dari Jakarta pergi ke suatu tempat bernama 'Puncak', daerah pegunungan yang sejuk di selatan. Di sini mereka **beristirahat** sesudah cape bekerja.

daerah	region	subur	fertile
Musim kemarau	dry season	tanaman	plant
kemarau	drought	pohon	tree
akhir/ber	to end	tebal	thick
banjir	flood	tipis	thin
timbul	to emerge	kemeja	shirt
lumpur/ber	muddy	sutera	silk
sungai	river	katun	cotton
penuh	full of	sejuk	cool
arti/ber	to mean	pemandangan	scenery
sinar	light	pegunungan	mountain range
tanah	soil	istirahat/ber	to rest

Pertanyaan

(a) Ada berapa musim di Indonesia? Apa namanya?

(b) Berapa lama musim kemarau. Dari bulan apa sampai ke bulan apa?

(c) Bagaimana banjir timbul di Indonesia?

(d) Kalau banjir, bagaimana keadaannya?

(e) Mengapa tanaman dan pohon-pohon subur di Indonesia?

(f) Mengapa di Indonesia orang tidak berpakaian tebal seperti di Eropa?

(g) Apakah pegawai-pegawai kantor berjas dan berdasi?

(h) Di mana Puncak, dan mengapa banyak orang pergi ke sana?

8 Saudara menunggu siapa?

Who are you waiting for?

In this lesson you will learn about:

- Prefixes **me** and **me_____kan** as transitive verb-makers
- Assimilation of sounds resulting from the use of **me**
- The word **pernah**

Study the dialogue in Situation 1, noting particularly the words printed in bold.

Situation 1 (Audio 1: 38)

Menunggu siapa?

Udin wants to go out with a college girlfriend. He's broke, so he asks his mother for money

MO: Udin, kamu **menunggu siapa**?

UD: Menunggu Mariam. Kami mau **(me)nonton tari Ramayana**.

MO: Apa kamu belum pernah **(me)nonton tari** itu?

UD: Belum pernah. Kebetulan Mariam **mengajak saya**.

MO: Kalau mau keluar malam, harus **memakai pakaian** yang baik. Jangan pakai celana jean.

UD: Baik, bu.

MO: Sudah ada uang atau belum?

UD: Belum, bu. Minta Rp 20,000 untuk **(mem)beli karcis** dan minuman dan naik taxi.

MO: Apa Mariam tidak **membayar sendiri**?

UD: Kali ini saya yang **membayar semua**. Lain kali dia yang membayar.

MO: *Udin, who are you waiting for?*
UD: *I'm waiting for Mariam. We're going to see the Ramayana dance.*
MO: *Haven't you seen it* (lit.: *that dance*) *before?*
UD: *No. Incidentally, Mariam has invited me.*
MO: *If you want to go out, please put on your good clothes. Don't wear jeans* (lit.: *jean trousers*).
UD: *Alright, Mum.*
MO: *Have you got any money or not?*
UD: *No, Mum. Please, can you give me Rp 20,000 to buy the tickets, food and drink, and for a taxi.*
MO: *Doesn't Mariam pay for herself?*
UD: *No, Mum. This time I'll pay for everything. Next time she'll pay for everything.*

menunggu	to wait for	**jangan**	don't
menonton	to see	**membeli**	to buy
tari	dance (*n.*)	**membayar**	to pay
kebetulan	incidentally	**sendiri**	one's self
memakai	to wear	**kali ini**	this time

Grammar 1

Using me as a prefix

So far we have looked at two verb types: independent verbs and **ber** + infinitives. We now come to a third type – those that take the **me** prefix. **Me** can be applied to infinitives, adjectives and nouns.

A word with the **me** prefix suggests that the sentence in which the word is used is in the active voice. When **me** is attached to a noun or an adjective, it changes them into verbs. Attached to infinitives (verbal roots), **me** normally confirms their transitive nature.

Me + the infinitive

This construction produces many transitive verbs and is the area where **me** is mostly used.

    me + tunggu – menunggu
    Udin menunggu temannya   Udin is waiting for his friend

me + ajak – mengajak
Mariam mengajak Udin ke teater   Mariam asked Udin to go the theatre

me + beli – membeli
Udin tak bisa membeli karcis   Udin can't afford the tickets

me + beri – memberi
Ayah memberi saya uang   Father gave me some money

me + pakai – memakai
Udin tidak memakai celana jean   Udin doesn't wear jeans

me + dengar – mendengar
Saya mendengar kabar buruk   I heard bad news

me + sewa – menyewa
Dia menyewa sebuah kamar kecil   He rents a small room

me + pinjam – meminjam
Mereka meminjam Rp 5,000 hari ini   They borrowed Rp 5,000 today

Note: The full form as shown above (**mem**, **men**, **meng**, etc.) is used both in written and spoken Indonesian. In spoken Indonesian, however, they are often partially dropped for practical reasons. So apart from saying **mengambil**, Indonesian speakers also say **ngambil**. Apart from **menunggu**, they say **nunggu**. The reduced form (e.g. **ngambil** and **nunggu**) still shows the function of **me**, namely that the subject is active; it does the work as suggested by the root.

Me + adjective

Adding **me** to an adjective changes it into a verb. Thus, adjective **kecil** (small) is changed to the verb **mengecil** (to become smaller). The subject turns into the state indicated by the adjective. The resulting verbs, however, are intransitive.

me + besar – membesar
Api itu makin membesar   The fire is getting bigger

me + kecil – mengecil
Balon itu mengecil karena gasnya habis   The balloon shrank because the gas had escaped (*lit*: finished)

me + merah – memerah
Matanya memerah karena   His eyes became red because he
  dia kurang tidur   hadn't slept (*lit.*: lacked sleep)

Me + noun

As above, adding **me** changes certain nouns into verbs. Here the subject does the work indicated by the noun. The resulting verbs are intransitive.

me + darat – mendarat
Pesawat terbang Garuda   The Garuda aircraft has landed
  sudah mendarat

me + udara – mengudara
Radio BBC mengudara jam 5 BBC radio goes on the air at 5.00

Sound assimilation

Assimilation of sounds occurs as **me** bumps into the initial sounds of the joining words. For Indonesian speakers, these voluntary changes are meant for convenience in pronunciation. Foreign learners, however, might find some of them are not convenient at all. Hence some practice is required. Here are the basic rules. When **me** confronts **b**, **m** must be inserted in between:

b	me + beli	me*m*beli	to buy
b	me + bayar	me*m*bayar	to pay

Me converts the initial sound **p** into **m**:

p	me + *p*akai	me*m*akai	to wear
p	me + *p*ukul	me*m*ukul	to strike

Ng should be inserted when **me** confronts a vowel:

u	me + uji	me*ng*uji	to examine
e	me + ekor	me*ng*ekor	to follow unreservedly
o	me + obrol	me*ng*obrol	to chat

Table of assimilation

Initial sound		Root	Prefix	Ass. form	Meaning
1	l	lihat	me-	melihat	to see
	m	masak		memasak	to cook
	n	nikah		menikah	to marry
	ny	nyala		menyala	to glow
	r	rusak		merusak	to damage
	y	yakin		meyakinkan	to convince
	w	waris		mewarisi	to inherit
2	b	buka		membuka	to open
	f	fitnah	mem-	memfitnah	to slander
	p	pukul		memukul	to strike
3	d	didik		mendidik	to educate
	j	jual	men-	menjual	to sell
	c	cari		mencari	to search
	t	tari		menari	to dance
4	a	ajak		mengajak	to invite
	e	ejek		mengejek	to ridicule
	i	ingat		mengingat	to recall
	o	obrol		mengobrol	to chat
	u	ukur	meng-	mengukur	to measure
	g	ganti		mengganti	to replace
	h	hapus		menghapus	to wipe off
	k	kirim		mengirim	to send
5	s	sewa	meny-	menyewa	to rent

The word pernah

Pernah means 'to have the experience of doing something'. The nearest translations would be: 'ever' *or* 'once'.

Kami pernah menonton tari itu	We once saw that dance
Apa Saudara pernah ke Amerika?	Have you ever been to America?
Dia tidak pernah mandi	She never takes a bath
Saya pernah bertemu dengan orang itu	I have met that man before

Situation 2

Saudara mengerjakan apa?

Amir is manager of an import/export company. Having been out of the office for the morning, he does not know what has been going on. He asks his secretary about the morning's activities

A: Pak Suyatno **mengerjakan apa** tadi pagi?
S: Dia **mengerjakan laporan**. Laporan harus selesai hari ini.
A: Pak direktur **membicarakan apa** dalam rapat?
S: Dia **membicarakan kerja-sama** antara Amerika dan Indonesia.
A: Telex dari Jakarta **mengatakan** apa?
S: Mengatakan bahwa mereka akan **mengapalkan barang**-barang minggu yang akan datang.
A: Sokur, semuanya berjalan baik.

A: *What has Mr Suyatno been doing this morning?*
S: *He has done the report. It had to be finished by today.*
A: *What did the director discuss at the meeting?*
S: *He discussed cooperation between the United States and Indonesia.*
A: *What does the telex from Jakarta say?*
S: *It says that they will ship the goods next week.*
A: *Thank God. Things are running well.*

laporan	report	**antara**	between
selesai	to finish	**kapal/me____kan**	to ship sth.
kerjasama	cooperation	**sokur**	thank God

Grammar 2

Irregular me____kan **transitive verbs**

There are about 16 roots (8 verbs and 8 nouns) which require the treatment of **me____kan** (instead of **me** only) in order to become transitive verbs. They have to be memorized.

Roots	Newly formed transitive verbs	
Verbs		
anjur	menganjurkan	to recommend sth.
beri	memberikan	to give sth. to sb.
bicara	membicarakan	to discuss sth.
dengar	mendengarkan	to listen to sth.*
kirim	mengirimkan	to send sth. to sb.
pikir	memikirkan	to think of sth.)
pinjam	meminjamkan	to lend sth.*
terjemah	menterjemahkan	to translate sth.
Nouns		
sewa	menyewakan	to rent out sth.*
kerja	mengerjakan	to do sth.
cerita	menceritakan	to describe sth.
kapal	mengapalkan	to ship sth.
janji	menjanjikan	to promise sth.
kata	mengatakan	to say sth.
kabar	mengabarkan	to report sth.
ucap	mengucapkan	to pronounce/say sth.

*Compare with the virtually opposite meanings of **mendengar**, **meminjam** and **menyewa** in Grammar 1 above (the **me** only prefix).

Examples

kerja (*v.*) – **bekerja** (*vi.*) – **mengerjakan** (*vt.*)

Suyatno *bekerja* **di kantor**	Suyatno worked in the office
Suyatno *mengerjakan* ***laporan* itu**	Suyatno wrote the report

kata (*n.*) – **berkata** (*vi.*) – **mengatakan** (*vt.*)

Dia *berkata bahwa* **ayahnya sakit**	He said that his father was ill
Dia *mengatakan hal itu* **kemarin**	He mentioned that issue yesterday

bicara (*v.*) – **berbicara** (*vi.*) – **membicarakan** (*vt.*)

Mereka *berbicara tentang* **agama**	They talked about religion
Mereka *membicarakan agama*	They discussed religion

cerita (*n.*) – **bercerita** (*vi.*) – **menceritakan** (*vt.*)

Ibu itu *bercerita tentang* **pengalamannya**	The mother talked about her experience

Ibu itu *menceritakan* **pengalamannya**	The mother described her experience

janji (*n.*) – **berjanji** (*vi.*) – **menjanjikan** (*vt.*)

Dia *berjanji bahwa* **akan datang jam 5 sore**	She promised that she would come at 5.00
Dia *menjanjikan hadiah* **satu juta rupiah**	She promised an award of one million rupiahs

Note: Used in a sentence, an intransitive verb with **ber** normally requires a preposition (e.g. **tentang** ('about'), kepada ('to') whereas a **me____kan** verb is always transitive. It is followed by an object/noun.

Exercises

1 Using 'Pak Amir' as the subject of the sentence give the verbs in parentheses their proper forms:

(a) (baca) buku di kamar (Pak Amir membaca buku di kamar)
(b) (kirim) uang ke ibunya
(c) (ambil) sepeda dari garasi
(d) (gali) lubang di kebun
(e) (masak) nasi goreng di dapur
(f) (salin) pelajaran di kelas
(g) (coba) mobil baru
(h) (pakai) kemeja baru
(i) (tunggu) temannya
(j) (beli) jacket baru
(k) (jual) rumahnya
(l) (cuci) pakaiannya yang kotor
(m) (obrol) dengan temannya

2 Find the roots of the verbs in the following sentences:

(a) Pak Hardy mengundang teman-temannya ke pesta
(b) Ayah selalu menjaga ibu
(c) Pencuri itu menghilang di tengah malam
(d) Jangan suka mengeluh!
(e) Jangan melanggar aturan!
(f) Hasan memelihara kucing di rumah
(g) Apa dia merasa sakit?

(h) Siapa yang pandai menyelam?
(i) Kalau berbelanja di Indonesia, harus bisa menawar
(j) Dia menembak burung itu dua kali
(k) Mereka menaruh barang-barang di sini
(l) Kami sudah mengukur panjang kamar ini
(m) Bayi itu menangis dari pagi sampai sore
(n) Polisi mengusir orang-orang yang berdemonstrasi
(o) Pak guru menghapus tulisan di papan tulis

3 Translate the following sentences into Indonesian, and also provide the infinitive of the verb:

(a) She wrote a letter
(b) He took a pen from the drawer
(c) I saw him coming out of the office
(d) The man opens the shop at 9.00
(e) People buy and sell things in the market
(f) Amir is looking for a job
(g) Mrs Suryo tried on her new dress
(h) The servant made two cups of coffee
(i) Mr Sutanto teaches Indonesian
(j) She invited us to go to the cinema
(k) I received your letter three days ago
(l) My friend sent a letter from Jakarta
(m) She became a teacher in 1965
(n) Udin drew a house in his drawing book
(o) Don't copy the answer from your friend

4 Mixed verbs (independent verbs, and verbs with **ber** or **me**). *See* Lessons 4, 6 and 8 for a reminder. Substitute the word or phrase given, transforming its verb into the appropriate form. (You should be able to work out the answers on your own.)

1 Pak Suryo membaca buku

(a) surat kabar (Pak Suyro membaca surat kabar)
(b) (main) piano   (Pak Suryo bermain piano)
(c) di kamar tamu
(d) (istirahat)
(e) (tidur)
(f) (ajar) bahasa Inggeris
(g) (tulis) surat

(h) di kantor
(i) (kerja)
(j) (bicara) dengan pegawai-pegawai lain
(k) (pulang) jam 2.00 siang dari kantor

2 Ibu Suryo berbelanja

(a) (beli) sayur   (Ibu Suryo membeli sayur)
(b) daging   (Ibu Suryo membeli daging)
(c) (bayar) harga   (Ibu Suryo membayar harga daging)
(d) (beri) uang kertas Rp 20,000
(e) (terima) uang kembali
(f) (bawa) banyak barang
(g) (rasa) capai
(h) (minum) es di warung
(i) (pulang)
(j) (panggil) becak
(k) (naik) becak
(l) (bayar) tukang becak
(m) (masuk ke) rumah.
(n) (duduk) di dapur dan (istirahat)

3 Amir menelpon Mary

(a) (ajak) Mary ke bioskop (Amir mengajak Mary ke bioskop)
(b) (pergi) dengan Mary   (Amir pergi dengan Mary ke bioskop)
(c) ke bar
(d) (minum bir) di bar
(e) (makan)
(f) (bicara)
(g) (obrol)
(h) (keluar) dari
(i) (cari) taxi
(j) (naik)
(k) (turun) dari
(l) (bayar) sopir taxi
(m) (masuk) ke rumah

5 A British tourist wishes to visit Indonesia. There are a number of things he needs to do for the trip. How would he say the following in Indonesian?

(a) I need to apply for a visa at the Indonesian embassy in London (**minta**)
(b) I need to get some Indonesian money from the bank (**beli**)
(c) I must go to the doctor for some vaccinations (**dapat**)
(d) I need to book for an air ticket to Jakarta (**pesan**)
(e) I need a teacher who can teach me Indonesian (**ajar**)
(f) I must carry enough money with me (**bawa**)
(g) I need to look for a map and information about Indonesia at the bookshop (**cari**)
(h) I need to write a letter to an Indonesian friend in Jakarta (**tulis**)

money	**uang**	map	**peta**
embassy	**kedutaan**	visa	**izin tinggal**
air ticket	**karcis kapal terbang**	vaccination	**vaksinasi**
about	**tentang**	enough	**cukup**
need	**perlu**	information	**keterangan**

6 Mr Johnson is a bank manager. He works very hard. The following are some of his activities. Translate them into Indonesian:

(a) He starts working at 9.30 (**mulai/kerja**)
(b) He goes around the office and says good morning to everybody (**keliling/ucap**)
(c) He reads the incoming letters (**baca**)
(d) He replies to the letters (**jawab**)
(e) He asks his secretary to type the replies and send them off that day (**minta/ketik/kirim**)
(f) He receives several clients and talks to them (**terima/bicara**)
(g) He has a break at 12.30 (**istirahat**)
(h) He goes out and has lunch with a friend (**keluar/makan**)
(i) He comes back to the office at 2.00 and works again (**kembali/kerja**)
(j) He calls his staff to a meeting (**undang**)
(k) He discusses several problems with them (**bicara**)
(l) He ends the meeting and thanks them (**tutup/terima kasih**)
(m) He goes home at 5.30

everybody	**setiap orang**	incoming letters	**surat masuk**
client	**pelanggan**	staff	**pegawai**

7 Give the Indonesian equivalents to the following, using **pernah**:

(a) Have you ever seen a yellow cat?
(b) I have been to Bali several times
(c) I have never met that woman before
(d) I once saw a snake swallow a chicken
(e) She never gives me any money
(f) Has she ever been here?

yellow	**kuning**	chicken	**ayam**
to swallow	**telan/me**	times	**kali**
cat	**kucing**	meet	**temu/ber**

Language in use

Observe the varied verb forms in this conversation between a son and his mother (independent verbs, verbs with **ber**, and **me**):

Berbelanja

A: Ibu mau **pergi** ke mana?
B: Mau ke pasar.
A: Apa ibu mau **berbelanja**?
B: Ya, **membeli sayur**, daging dan lain-lain.
A: Dengan apa ibu ke pasar?
B: **Naik** mobil
A: Apa mudah **memarkir mobil** di pasar?
B: Tidak mudah, tapi ada tempat parkir di sana. Dan ada juga orang yang **menjaganya**.
A: Apa saya boleh **ikut** bu?
B: Boleh saja. Asal tidak **meminta apa-apa**.

sayur	vegetables	**ikut**	to join
jaga/me	to guard	**lain-lain**	others
daging	meat	**asal**	provided

Note the varied verb forms in the following conversation between two friends (independent verbs, verbs with **ber**, with **me** and **me____kan**).

Menterjemahkan

A: Anda sedang **mengerjakan apa?**
B: **Menterjemahkan buku cerita**, dari bahasa Indonesia ke bahasa Inggeris.
A: Apa mudah?
B: Tidak mudah. Kita harus **mengerti betul-betul kedua bahasa itu.**
A: Ya, kita harus banyak **membuka kamus** untuk mencari arti dari kata-kata sukar.
B: Ya, harus rajin, sabar dan banyak **berpikir.**
A: Mereka **membayar anda** berapa?
B: Itu rahasia. Saya tak bisa **mengatakannya.**
A: Apa anda harus **mengetiknya sendiri?**
B: Ya, tentu saja. **Mengetik, memeriksa dan mengirimkannya** lewat pos.

terjemah/		rajin	diligent
me____kan	to translate	cerita	story
arti/me	to understand	mudah	easy
betul-betul	really (*lit.*: correctly)	kedua	both
sabar	patient	periksa/me	to check
tentu saja	certainly	lewat	through

Note the varied verb forms in the following conversation between a foreign learner and an Indonesian adult (independent verbs, verbs with **ber**, **me**, and **me____kan**).

Sudah berkeluarga?

FL: Maaf, Pak Basuki. Apa saya boleh **bertanya?**
PB: Boleh saja, silahkan!
FL: Apa bapak sudah **berkeluarga?**
PB: Sudah. Anak saya ada empat.
FL: Wah, banyak sekali. Apa isteri Pak Basuki tidak **ikut** keluarga berencana?
PB: Ya, ikut. Kalau tidak ikut, anak saya bisa sembilan.
FL: Apa pak Basuki suka bekerja menolong ibu di rumah?
PB: Ya, saya **menolong** tetapi hanya sedikit. Saya harus **pergi** ke kantor, **bekerja mencari uang.**

berencana	planned (*lit.*:	cari/me	to look for
	with plan)	keluarga	family
tolong/me	to help	sibuk	busy

Reading passage

Study the text, note the the uses of **me** and **me____kan** and answer the comprehension questions at the end of the story.

Bertugas ke Indonesia

Janie Miller **mengantarkan** John, suaminya ke bandar udara kemarin. Dua bulan yang lalu suaminya, seorang ahli tanaman, **menerima** sebuah surat khusus. Isinya **mengatakan** bahwa kantornya, Departemen Pertanian, akan **menugaskan** John ke Indonesia selama empat tahun. Dia akan bekerja di sebuah perkebunan di Jawa Timur di mana banyak tanaman kopi dan teh tumbuh. Mereka senang sekali **menerima** surat itu.

Janie dan suaminya tiba di bandar udara dua jam sebelum pesawat terbang berangkat. Mereka **meninggalkan** rumah pagi-pagi sekali karena rumah mereka jauh dari bandar udara. Di bandar udara, John **melapor** ke bagian 'Check in' yang **memeriksa** karcis dan visa di dalam pasportnya, **menerima** dan **menimbang** kopor-kopornya. John **meminta** tempat duduk yang baik di dalam pesawat, di bagian orang-orang yang tidak **merokok**. Dia mau duduk di kursi yang dekat jendela supaya bisa **melihat** pemandangan di luar.

Sesudah 'check in', John dan Janie masih ada waktu untuk minum kopi di sebuah cafetaria. Mereka **membicarakan** hal-hal yang berkaitan dengan rencana Janie untuk **menyusul** John tiga bulan kemudian. Rencananya John akan **mencari** rumah yang baik dulu di Indonesia sebelum Janie datang.

Waktu berangkat sudah tiba! Sekarang John harus pergi ke bagian Imigrasi. Dia **mencium** Janie di bibirnya dan **mengucapkan** selamat tinggal. 'Sampai bertemu lagi di Jakarta', katanya. Janie **menangis**, air matanya **menetes**. 'Baik-baik, John. Tuhan selalu beserta kamu', jawabnya.

Di bagian Imigrasi seorang pegawai **memeriksa** paspor John. Dia berpaspor Inggeris, jadi pegawai itu tidak banyak bertanya. John kemudian berjalan ke ruang tunggu. Sesudah kira-kira 15 menit

menunggu, pegawai penerbangan **memberitahu** penumpang-penumpang untuk masuk ke pesawat terbang – Garuda Indonesian Airways. Besok sore, sesudah 16 jam terbang John Miller akan tiba di ujung dunia yang lain.

antar/me____kan	to accompany	**periksa/me**	to inspect
bandar	port	**karcis**	ticket
bandar udara	airport	**timbang/me**	to weigh
khusus	special	**bagian**	department
pertanian	agriculture (from **tani/ bertani** – to farm)	**pemandangan**	scenery (from **pandang/ me** – to gaze)
tugas/me____kan	to assign	**kaitan/ber**	be connected
selama	for (as long as)	**rencana**	plan
susul/me	to follow	**perkebunan**	plantation (from **kebun/ berkebun** – to garden)
tumbuh	grow		
tiba	to arrive		
berangkat	to leave for		
meninggalkan	to leave (from: **tinggal/ me____kan**)	**beserta**	to be with
		cium/me	to kiss
tangis/me	to cry	**ucap/ me____kan**	to say
ruang	space	**lapor/me**	to report
penumpang	passenger	**dunia**	world
pesawat terbang	aircraft	**ujung**	end

Pertanyaan

(a) Apa pekerjaan John di Inggeris?

(b) Mengapa Janie mengantarkan dia ke bandar udara?

(c) Dia akan bekerja di mana di Indonesia? Berapa lama?

(d) Apa mereka datang terlambat di bandar udara?

(e) Di bandar udara, John melapor ke mana?

(f) Apa pekerjaan pegawai di bagian 'Check in'?

(g) Apa John suka merokok?

(h) Dia meminta tempat duduk di mana? Apa alasannya yang lain?

(i) Dari bagian 'Check in', mereka terus ke mana? Untuk apa?

(j) Mengapa Janie tidak pergi ke Indonesia dengan John sekarang?

(k) Kapan Janie akan menyusul?

(l) Kapan John mencium Janie?

(m) Apa kata John kepada Janie, dan apa jawab Janie?

(n) Mengapa pegawai imigrasi tidak banyak bertanya kepada John?

(o) Berapa lama perjalanan itu?

(p) Apa maksudnya 'ujung dunia yang lain'?

9 Johnny member-sihkan kamar tidurnya

Johnny cleans his bedroom

In this lesson you will learn about:

- Further uses of **me_____kan** and **memper_____kan** meaning 'to make' or 'to cause'
- **Me_____kan**, meaning 'to do things for others'

Study the text in Situation 1, noting particularly the words in bold.

∩ Situation 1 (Audio 2: 1)

Kembali ke kuliah

Today is the 7th of January. Christmas and New Year holidays have ended. Johnny has to go back to college

Johnny bangun pagi-pagi dan terus **membersihkan kamar-tidurnya**. Sesudah mandi dan makan pagi, dia **menyiapkan buku-buku** dan alat-alat tulisnya, **memasukkannya** ke dalam tas. Dia juga **mendengarkan radio**, ingin tahu ada berita apa.

Kemudian dia mengunci kamarnya dan keluar. Dia pergi ke belakang rumah untuk **mengeluarkan sepedanya dari garasi**. Dia bersepeda ke universitas. Di jalan Menur, dia berhenti sebentar untuk **mengembalikan sebuah buku** ke rumah temannya. Johnny meminjam buku itu sejak hari Minggu yang lalu.

Sesudah bersepeda kira-kira 20 menit, dia tiba di Universitas. Dia **merantaikan sepedanya** ke tiang listrik yang ada di muka gedung universitas. Dia masuk ke kelas di mana teman-temannya sedang menunggu.

*Johnny gets up early in the morning and cleans his bedroom straight away. After a bath and breakfast, he gathers up (*lit: prepares*) his books and pens and papers, and puts them in his bag. He also listens to the radio, eager to know what the news is.*

Then, he locks his room and goes out. He goes outside to take his bike out of the garage. He rides the bike to the university. On the way, he returns a book to his friend's house. He has had the book on loan since last Sunday.

After having ridden his bike for about 20 minutes he arrives at the university. He chains his bike to a lamp post in front of the university building. He goes to the classroom where his friends are waiting.

libur/liburan	holiday	**kunci/mengunci**	to lock
Natal	Christmas	**keluar/me____kan**	to take
Tahun baru	New year		sth. out
kuliah	college	**sebentar**	for a while
akhir/berakhir	to end	**kembali/me____kan**	to return
bersih/me____kan	to clean	**gedung**	building
siap/me____kan	to prepare	**tiba**	to arrive
alat tulis	stationery	**tiang**	pole
berita	news	**rantai/me____kan**	to chain

Grammar 1

Causative verbs

In Lesson 8, Grammar 2, we saw how **me____kan** can be applied to a small number of nouns allowing the speaker to change them into transitive verbs. In the dialogue above, the significance of applying **me____kan** to adjectives and intransitive verbs is that not only the verbs produced are transitive but also causative, meaning that *it causes/makes the object do the work or to be in a state indicated by the root*. Here are some examples:

bersih (*adj.*) – **membersihkan** (*vt.*)
Rumah itu bersih   The house is clean
Johnny *membersihkan*   Johnny cleans his bedroom (*lit.*: he
** *kamar tidurnya*.**   made his bedroom to be clean)

siap (*adj.*) – **menyiapkan** (*vt.*)

Jam 7.00 pagi Johnny sudah siap	At 7.00 Johnny is ready
Dia *menyiapkan buku-bukunya*	He prepared his books (*lit.*: he made his books to be in a state of readiness)

masuk ke (*vi.*)	**memasukkan** (*vt.*)
Johnny masuk ke kuliah	Johnny goes to college
Jonny *memasukkan buku* itu ke tasnya	Johnny put the book in his bag (*lit.*: Johnny made/caused the book to go into his bag)

keluar dari (*vi.*) – **mengeluarkan** (*vt.*)

Dia keluar dari kamarnya	He went out of his room
Dia *mengeluarkan sepeda* dari garasi	He took the bike out of the garage (*lit.*: He made/caused the bike to come out of the garage)

duduk di (*vi.*) – **mendudukkan** (*vt.*)

Anak itu duduk di atas meja	The child sat on the table
Ibu *mendudukkan anak* itu di kursi kecil	Mother sat the child on the small chair

tidur (*vi.*) – **menidurkan** (*vt.*)

Saudara akan tidur di mana?	Where are you going to sleep?
Ibu *menidurkan* adik di mana?	Where did mother put the little baby to sleep?

Situation 2

Ada apa di universitas?

From the rostrum of the auditorium where students are gathering, a lecturer announces some of the academic events scheduled to take place at the university in the next term

Saudara-saudara mahasiswa,

   Tanggal 12 Oktober akan berlangsung suatu ceramah berjudul 'Bahasa Indonesia dan Revolusi Kemerdekaan'. Pembicara untuk topik ini ialah Dr. Santi Soejono. Dia akan membahas taktik para pemimpin Indonesia di akhir 1920–an yang **mempergunakan** bahasa sebagai alat politik. Dengan bahasa mereka **mempersatukan** rakyat untuk tujuan kemerdekaan.

Tanggal 2 November Rabu siang akan berlangsung 'Pameran buku Malaysia' di bangsal utama. Penulis-penulis Malaysia akan **mempertunjukkan** buku-buku sastra Malaysia, terbitan terbaru. Mereka ingin **memperkenalkan** lebih lanjut kebudayaan Malaysia kepada dunia Barat.

'Malam Gamelan' pada tanggal 15 November. Kelompok pemain gamelan akan **memperdengarkan** suara instrumen gamelan yang khusus didatangkan dari Jawa. Saya kira ini menarik untuk para mahasiswa jurusan seni dan musik.

Tanggal 3 Desember Dr Joni Siregar akan memutar sebuah film tentang suku Asmat yang hidup di daerah pantai Casuarina, Irian Jaya. Film ini **mempertunjukkan** tarian tradisional suku Asmat. Dr Siregar juga akan **memperlihatkan** ukiran-ukiran kayu dan perhiasan, buatan suku Asmat.

Tanggal 7 Desember akan ada seminar berjudul 'Antara Barat dan Timur'. Dr Panggabean akan **mempersoalkan** sampai seberapa jauh wanita Timur perlu meniru wanita Barat. Saya kira banyak di antara kita yang setuju dan tidak setuju. Ada kesempatan untuk berdebat untuk **mempertahankan** pendirian masing-masing.

Sekian pengumuman dari saya, selamat belajar!

Students,

On the 12th of October there will be a lecture entitled 'The Indonesian language and Independence Revolution'. The presenter for this topic will be Dr Santi Sujono. She will discuss the strategy of Indonesian leaders in the 1920s in using language as a political tool. It was with language that they united the people to win independence.

On Wednesday afternoon, the 2nd of November, there will be a Malaysian book exhibition in the auditorium. Malaysian authors will show recent editions of books on Malay literature. They would like the West to know more about Malaysian culture.

On the 15th of November, there will be a 'Gamelan Night'. A group of musicians will play the Gamelan instruments which have been brought in especially from Java. This should be interesting for students of arts and music.

On the 3rd of December Dr Joni Siregar will show a film on the Asmat people who live in the coastal region of Casuarina, in Irian Jaya. The film will show the traditional dance of the Asmat people. Dr Siregar will also display the beautiful wood carvings and orna-ments produced by the Asmat people.

On the 7th of December there will be a seminar entitled 'Between East and West'. Dr Panggabean will discuss (lit.: question) how far Oriental women should copy their Western counterparts. I think there are many of us who agree and disagree. There will be an opportunity for a debate to defend respective arguments.
That's all from me. All the best with your studies!

ceramah	lecture	**kebudayaan**	culture
judul/ber	to be entitled (to)	**Timur**	East
kemerdekaan	freedom	**pemain**	player
bahas/me	to discuss	**suara**	sound
alat	tool	**jurusan**	section
pemimpin	leader	**putar/me**	to show
pameran	exhibition	**suku**	people
sastra	literature	**peranan**	role
terbitan	edition	**Barat**	West

Grammar 2

The double prefix memper_____kan

Memper looks like a double prefix but actually it is not. Generally **memper_____kan** verbs are derived from intransitive verbs with **ber**. The main function of **memper_____kan** is basically the same as that of **me_____kan**, namely 'to make' or 'to cause'. The verbs produced by **memper_____kan**, however, can have meanings that are significantly or slightly different from those produced by **me_____kan**. Verbs with **memper_____kan** are widely used in written as well as spoken Indonesian.

> **bersatu** (*vi.*) – to unite (on its own accord)
> **mempersatukan** (*vt.*) – to unite people/things
> **Bahasa Indonesia memper-** The Indonesian language unites
> **satukan seluruh rakyat** the entire nation of Indonesia
> **Indonesia**

Compare with **menyatukan** (*vt.*) which has the same meaning but is less frequently used.

> **berjuang** (*vi.*) – to struggle
> **memperjuangkan** (*vt.*) – to struggle

Rakyat memperjuangkan kemerdekaan dan mereka berhasil — The people struggled for independence and they succeeded

Compare with **menjuangkan** (which is not recognized in Indonesian).

bertahan (*vi.*) – to resist
mempertahankan (*vt.*) – to keep/defend
Mereka mempertahankan hak-hak wanita — They are defending the rights of women

Compare with **menahankan** (which is not recognized in Indonesian).

bersoal (*vi.*) – to argue
mempersoalkan (*vt.*) – to make sth. into an issue
Mereka mempersoalkan hal-hal yang kelihatannya tidak masuk akal — They make into issues things that look illogical

Compare with **menyoalkan** (*vt.*) which has the same meaning but is less frequently used.

berhati (*n.*) – (*lit.*: to have interest in sth.)
memperhatikan (*vt.*) – to pay attention to
Pemerintah perlu memperhatikan kepentingan nasional — The government needs to pay attention to national interest

Compare with **menghatikan** (which is not recognized in Indonesian).

berguna (*adj.*) _ to be useful
mempergunakan (*vt.*) – to take advantage of/make use of
Mereka mempergunakan bahasa sebagai alat politik — They used language as a political ploy

Compare with **menggunakan** (*vt.*) – this has the same meaning and is frequently used

berhenti (*vi.*) — to stop
memberhentikan (*vt.*) — to stop sth.
Umpire memberhentikan permainan — The umpire stopped the game

Compare with **menghentikan**, which has the same meaning but is rarely used.

Situation 3a

Mengapa sepedamu kencang?

s: Sepedamu kok kencang sekali jalannya?
j: Rem-nya tidak ada.
s: Bagaimana cara **memperlambatnya**?
j: Kedua kakiku menginjak tanah.
s: Pantes, sepatumu lekas habis.

s: *Why is your bike going so fast?*
j: *It has no brakes.*
s: *How do you slow it down?*
j: *I put both my feet on the ground.*
s: *No wonder your shoes wear out quickly.*

rem	brake	**tanah**	ground
kencang	fast	**injak/me**	to step on
cara	the way	**lekas**	soon

Situation 3b

Aku harus buru-buru!

j: Aku harus mengejar kereta api jam 7.04.
s: Waktunya tinggal 10 menit lagi. Tak mungkin!
j: Aku bisa lari.
s: Masih tak mungkin. Stasiun itu jauh.
j: Untuk **mempercepat** aku memakai sepatu roda.
s: **Ah, kamu ini seperti anak kecil**.

j: *I must catch the 7.04 train.*
s: *Only 10 minutes to go. It's impossible.*
j: *I can run.*
s: *Still impossible. The station is far.*
j: *To speed up, I'll use roller-skates.*
s: *Oh, dear. You behave like a child.*

buru-buru	to hurry	**sepatu roda**	roller-skates

Grammar 3

Memper **as an adjective intensifier**

Johnny *memperlambat* jalan sepedanya	Johnny slows down his speeding bike
Susan *mempercepat* jalannya dengan naik roda luncur	Susan speeds up her walking by using roller-skates
Pak Umar mau *memperbesar* rumahnya	Mr Umar wants to enlarge his house
Polisi *memperkuat* penjagaan di sekitar rumah pak Menteri	The police tighten security around the minister's home

Note 1: When **memper** is applied to an adjective, the **kan** must be dropped.

Note 2: The function of **memper** in the situation above is as *an intensifier*, meaning for example to make something which is already big or small, bigger or smaller. But this is a subjective judgement based on feeling or taste. Consequently one often says for example **memperbesar** when one actually means to make something small big (**membesarkan**) rather than to make something big bigger.

Exceptions: The following adjectives never take **memper____kan** nor **me____kan**. They always take **memper____i**:

memper-baik-i	to improve/repair
memper-baru-i	to renew

Situation 4

Pak Amat, pelayan yang baik

Pak Amat bekerja sebagai pelayan di sebuah rumah makan. Tugasnya bermacam-macam. Kalau ada tamu datang, pak Amat buru-buru **membukakan** pintu.

'Selamat sore, pak. Selamat sore bu', sambut pak Amat. 'Ada tempat duduk untuk tiga orang?' tanya tamu itu. 'Ada, bu,' jawab pak Amat. Dia segera **mencarikan** mereka tempat duduk.

Setelah memberikan tempat yang baik, pak Amat **mengambilkan** mereka daftar makanan. Tamu membaca daftar itu dan kemudian memesan makanan. Pernah ada seorang tamu yang malas. Dia minta pak Amat **membacakan** daftar itu. Sebagai pelayan pak Amat tidak bisa menolak. Pesanan dia sampaikan kepada juru masak di dapur yang kemudian **menyiapkan** makanan itu.

Sering ada tamu yang bertanya kepada pak Amat: 'Pak, di mana kamar kecil?' Pak Amat **menunjukkannya**. Sering ada tamu yang meminta pak Amat untuk **membayarkan** rekeningnya di kasir. Kebanyakan tamu-tamu itu baik hati. Mereka sering memberikan uang persenan kepada pak Amat ketika pergi. Segera pak Amat membersihkan meja dan kursi karena tahu akan ada tamu yang datang lagi.

Walaupun pekerjaan pak Amat melelahkan, tetapi dia senang mengerjakannya. Penghasilannya lumayan. Mungkin ini karena pak Amat selalu sopan dan menyenangkan orang.

Mr Amat works as a waiter in a restaurant. He has quite a number of tasks to do. When a customer comes, he hurriedly goes to the door to open it for him.

'Good evening, Sir. Good evening Madam,' says Mr Amat, meeting them. 'Have you got a table for three people?' asks the guest. 'Yes, Sir,' answers Mr Amat. He soon finds them seats.

Having given them a table, Mr Amat takes the menu to them. They read it and then order. A lazy customer once asked Mr Amat to read the menu for him. As a waiter he could not refuse. Mr Amat usually passes the order to the cook in the kitchen who immediately prepares the meals for the customers.

Often there are customers who ask Mr Amat: 'Where's the toilet?' He shows them the way. Sometimes they ask Mr Amat to pay their bills for them at the counter. Most of Mr Amat's customers are generous; they give Mr Amat tips when they leave. As soon as a guest leaves, Mr Amat cleans the table because he knows that more customers are to come.

Although the job is tiring, Mr Amat enjoys doing it. His income is not bad, anyway. Perhaps this is because Mr Amat is always polite and pleasant to everybody.

tugas	task	**kebanyakan**	most/majority
bermacam-macam	various kinds	**baik hati**	kind hearted
cari/me	to look for	**lelah/me-kan**	tiring
tempat duduk	a place to sit	**penghasilan**	income
rekening	bill	**senang/me-kan**	pleasant
kasir	cashier	**lumayan**	not bad

Grammar 4

Beneficent verbs

When **me____kan**, is applied to *transitive verbs*, it carries a new meaning. This new meaning implies *beneficence*, namely that somebody benefits from the action indicated by the base-verb. Note the following comparison:

> *buat* (*root*) – *membuat* (*vt.*) – *membuatkan* (*benef. vt.*)

Juru masak *membuat* **makanan**	The cook made food
Juru masak *membuat* *makanan* **untuk tamu**	The cook made food for the guests
Juru masak *membuatkan* **tamu makanan**	The cook made food for theguests

> *beli* (*root*) – *membeli* (*vt.*) – *membelikan* (*benef. vt.*)

Pak Amat *membeli* **mainan**	Mr Amat bought a toy
Pak Amat *membeli* **mainan untuk anaknya**	Mr Amat bought a toy for his son
Pak Amat *membelikan* **anaknya mainan**	Mr Amat bought his son a toy

> *buka* (*root*) – *membuka* (*vt.*) – *membukakan* (*benef. vt.*)

Dia *membuka* **pintu**	He opens the door
Dia *membuka* **pintu** *untuk* **tamu**	He opens the door for the guests
Dia *membukakan tamu pintu*	He opens the door for the guests

Exercises

1 Identify whether the verbs in the following sentences are transitive/causative (*tr./c.*), transitive/beneficent (*tr./b.*), just simple transitive (*vt.*) or intransitive (*vi.*):

(a) Pak Hasan **menjual** rumahnya
(b) Ibu Amir **bekerja** di kantor pajak
(c) Agen itu **menjualkan** rumah saya
(d) Perusahaan itu **menghentikan** banyak pegawai

(e) Susan **memakai** baju batik
(f) Anak-anak **bermain** di halaman sekolah
(g) Amir **membelikan** ayahnya rokok
(h) Sekarang masa resesi. Toko-toko **menurunkan** harga
(i) Dia **mengatakan** hal itu kemarin
(j) Anak-anak **mengotorkan** baju mereka
(k) Pegawai-pegawai **berkumpul** di kantin
(l) Orang Amerika itu **memberi** saya uang dollar
(m) Pak Amir **mencarikan** saya kerjaan
(n) Minah **membersihkan** rumah setiap hari

agen	agent	**rokok**	cigarette
masa	period	**baju batik**	batik dress
perusahaan	company	**setiap hari**	every day

2 Fill in the blanks with the answers given:

(a) (naik, menaikkan)
Dia _____ sepeda ke sekolah
Sopir _____ banyak penumpang
(b) (berhenti, menghentikan)
Mobil itu _____ karena mesinnya rusak
Pak Suryo _____ dari pekerjaannya
Polisi _____ sopir truk yang mabuk
(c) (membeli, membelikan)
Ayah _____ Suzan sebuah sepeda baru
Banyak orang _____ mobil Jerman karena kwalitasnya baik
(d) (kerja, bekerja, mengerjakan)
Siapa yang _____ laporan itu?
Perlu ada _____ sama yang baik antara Indonesia dan Australia
Setiap orang harus _____
(e) (berkata, mengatakan)
Siapa _____ bahwa saya tidak bisa bernyanyi?
Dia _____ apa?
(f) (masuk, memasukkan)
Dia _____ uang itu ke dalam kantongnya
Dia tidak _____ (ke) kantor hari ini. Dia sakit
(g) (keluar, mengeluarkan)
Dia tidak ada di sini. Dia sedang _____
Kepala sekolah _____ anak yang nakal itu

(h) (ada, berada, mengadakan)
Mereka _____ pesta di rumah pak Suryo tadi malam
_____ kabar apa?
Adikmu _____ di mana?
(i) (meminjam, meminjamkan)
Pak Sastro _____ uang dari bank
Bank _____ uang kepada pak Sastro

penumpang	passenger	**tadi malam**	last night
mabuk	drunk	**rusak**	broken
nakal	naughty	**kantong**	pocket
truk	truck	**mendapat**	to get
laporan	report		

3 Give the Indonesian equivalents for the following putting the proper affixation to each base verb in brackets:

(a) The mother sat the child on the little chair (**duduk**)
(b) The child put the toy in the box (**masuk**)
(c) The driver took the car out of the garage (**keluar**)
(d) My wife made me a new shirt (**buat**)
(e) I got some money from the bank (**ambil**)
(f) The students organized a party after the exam (**ada**)
(g) Don't stop. (**henti**) There is a policeman here (**ada**)
(h) Can you stop that car? (**henti**)
(i) Old people say that money is not everything (**kata**)
(j) Can she do this job? (**kerja**)
(k) I heard that there was a war in Bosnia (**dengar**)
(l) She doesn't like watching television (**lihat**); she likes listening to the radio (**dengar**)
(m) In Europe one doesn't like to talk about one's family (**bicara**), but in the East one discusses family problems every day (**bicara**)
(n) I am selling my house. (**jual**) I asked the estate agent to sell it for me (**jual**)

some money	**uang**	family	**keluarga**
after	**sesudah**	everything	**semuanya**

East	**timur**	Europe	**Eropa**
party	**pesta**	problem	**soal**
war	**perang**	estate agent	**makelar rumah**

4 Mixed affixation (independent verbs, verbs with **ber, me** and **me____kan**). Put the verbs in brackets into their appropriate forms:

(a) Kalau anda pergi, jangan lupa (**mati**) lampu itu
(b) Jangan suka (**pinjam**) uang. Nanti anda tidak bisa (**bayar**)
(c) Ayah (**buka**) tamu pintu dan tamu itu (**masuk**)
(d) Orang itu tuli. Dia tidak bisa (**dengar**)
(e) Saya belum pernah (**temu**) dengan orang itu
(f) Lantai ini sudah (**bersih**). Anda jangan (**kotor**)nya lagi
(g) Dia tidak bisa (**diri**). Kakinya sakit
(h) Pemerintah mau (**diri**) rumah sakit di daerah ini
(i) Saya tidak bisa (**beli**) rumah. Saya mau (**sewa**) saja
(j) Pak Amir (**isteri**) dua dan (**anak**) delapan
(k) Polisi (**henti**) mobil itu. Jalannya terlalu cepat
(l) Guru tidak mau (**lulus**) anak yang malas belajar
(m) Ayah selalu (**baca**) adik sebuah cerita sebelum tidur
(n) Mereka (**kata**) akan (**datang**) ke rumah saya besok
(o) Udin (**duduk**) di mana? Saya kok tidak (**lihat**)nya
(p) Ayah mau (**sekolah**) adik ke sekolah swasta
(q) Dia (**angkat**) kemarin dan (**pulang**) hari ini
(r) Apa saudara bisa (**terjemah**) dari bahasa Inggeris ke bahasa Indonesia?
(s) Dia guru. Dia (**ajar**) banyak murid. Dia (**ajar**) sejarah
(t) Dia sudah pandai. Apa dia masih perlu (**ajar**)?

mati	dead (*lit.*)	**angkat/ber**	to leave
terlalu	too	**tuli**	deaf
swasta	private	**cepat**	fast
rumah sakit	hospital	**pandai**	clever
sejarah	history	**pemerintah**	government

5 Mixed affixation. Johnny and Susan are in the classroom. The following are their activities. Using the cue words given, how would you say them in Indonesian?

(a) They listen to the lecture. (**dengar**)

(b) They note down the teacher's explanation. (**catat**)
(c) They do exercises. (**kerja**)
(d) They have a break, have lunch and a drink. (**istirahat, makan, minum**)
(e) They return to the classroom. (**kembali**)
(f) There is a seminar. They discuss a topic. (**bicara**)
(g) They leave the class at 4.00. (**tinggal**)

6 Mixed affixation. Johnny goes home by himself. The following are his activities starting from his arrival in front of the house. How would you say them in Indonesian?

(a) He puts his bike in the garage. (**masuk**)
(b) removes his bag from the bike. (**turun**)
(c) opens the front door with a key. (**buka**)
(d) switches on the lights. (**hidup**)
(e) takes his books out of the bag. (**keluar**)
(f) puts his books back on the shelf. (**kembali**)
(g) goes to the bathroom. (**pergi**)
(h) washes his hands and cleans his face. (**cuci, bersih**)
(i) goes to the kitchen. (**pergi**)
(j) warms up the rice and the vegetables. (**panas**)
(k) fries an egg. (**goreng**)
(l) has dinner. (**makan**)
(m) rests for an hour. (**istirahat**)

key	**kunci**	face	**muka**
feet	**kaki**	shelf	**rak**
lights	**lampu**	vegetables	**sayur**

7 Mixed affixation. In the evening Johnny does the following activities. How would you say them in Indonesian?

(a) After dinner, he studies. (**ajar**)
(b) he does his Indonesian homework. (**kerja**)
(c) finishes reading a novel. (**selesai**)
(d) translates about 20 Indonesian words into English. (**terjemah**)
(e) writes an essay of about one and a half pages. (**karang**)
(f) goes upstairs to the bedroom. (**pergi**)
(g) switches off the lights. (**mati**)
(h) sleeps. (**tidur**)

Language in use

🎧 Sudah Mengerjakan Apa? (Audio 2: 4)

Today is Sunday. There are many activities going on in Pak Umar's house where his large family lives. He asks his wife, Ibu Umar, whether everybody, including Minah the housemaid, has been doing his or her share of work

PU: Bu, Minah sudah **mencuci pakaian** atau belum?

IBU: Sudah, dengan mesin cuci.

PU: Apa Taufik sudah **merapikan tempat tidurnya**?

IBU: Saya kira **dia lupa**. Begitu bangun dia terus **menonton televisi**.

PU: Hardi sudah **membersihkan kamar mandi** atau belum?

IBU: Saya kira sudah. Dia **memakai sikat** dan disinfektan.

PU: Tuti sudah **mematikan lampu** di depan atau belum?

IBU: Belum. Saya lihat lampunya masih menyala.

PU: Yanti sudah **memasukkan surat** ke kotak pos atau belum?

IBU: Sudah, di kotak pos seberang jalan.

PU: Wah, sialan. Alamat surat itu salah dan belum ada perangkonya.

IBU: Ya, moga-moga orang yang menerima mau **membayar perangkonya**.

menyala	to glow	**perangko**	stamp
alamat	address	**sialan**	bad luck
seberang	across	**moga-moga**	hopefully

Siapa yang menang?

Jono and Sri are badminton enthusiasts. They talk about the match at Wembley last night

J: Sri, aku lupa tidak nonton pertandingan bulu tangkis di stadion Wembley semalam. Kata orang seru sekali.

S: Saya nonton, tapi hanya di televisi-tournamen untuk **memperebutkan** piala Sudirman 1993, kan?

J: Ya, betul. Siapa yang **mempertahankan** piala dalam pertandingan semalam itu?

S: Korea Selatan, sebab dua tahun yang lalu mereka yang menjadi juara. Dalam pertandingan semalam, Sri Susanti, pemain Indonesia berhasil mengalahkan Korea Selatan. Jadi Susanti juara untuk tahun 1993. Demikian juga Adiwinata, dia menjadi juara tunggal putera setelah mengalahkan pemain-pemain Denmark dan Korea Selatan.

J: Ya, saya dengar Susi main baik sekali. Dia bisa **mempermainkan** lawannya dengan mudah.

S: Ya, Susi tidak hanya gesit, tetapi juga teliti dalam **memperhatikan** gerak-gerik lawan.

J: Sayang Indonesia kalah dalam permainan ganda pria, ganda wanita dan ganda campuran. Jadi Korea mendapat tiga angka, Indonesia hanya dua. Untuk tahun 1993 Korea Selatan tetap memegang piala Sudirman.

tonton/me	to watch	kalah/me____kan	to beat
tanding/per____an	match	tunggal	single
rebut/memper____kan	to grab	ganda	double
piala	cup	campur/an	mixed
tahan/memper____kan	to defend	hati/memper____kan	to notice
cabang	branch	gerak-gerik	movement
juara/ke____an	champion (ship)	gesit	agile
pegang/me	to hold	seluruh	entire

Reading passage

Study the text. Note particularly the words printed in bold which have the **me____kan** or **memper____kan** affixation. Answer the comprehension questions at the end of the story.

Berlibur ke Indonesia

Peter Sullivan, seorang mahasiswa Kanada belajar di Universitas Ottawa. Dia ingin mendapat gelar dan untuk ini dia memilih mata kuliah politik Asia Tenggara dan Bahasa Indonesia – sebuah bahasa yang penting di Asia. Dia sudah banyak membaca buku politik dan bisa sedikit berbicara bahasa Indonesia. Sekarang dia mau berkunjung ke Indonesia.

Peter **memerlukan** banyak uang untuk kunjungannya itu. Musim panas yang lalu, selama liburan sekolah, dia bekerja di sebuah toko makanan. Dia akan **menggunakan** uang dari hasil kerjanya ini untuk ongkos hidup di Indonesia. Dan orang tua Peter akan **membelikannya** karcis kapal terbang.

Peter **merencanakan** akan berangkat bulan Juli tahun depan dan tinggal di Indonesia selama liburan panjang. Rencananya dia akan tinggal dengan keluarga Indonesia supaya dia bisa memakai bahasa itu setiap hari. Memang, lebih baik tinggal dengan keluarga daripada tinggal di hotel kalau kita berada di luar negeri. Kita akan lebih mengenal bangsa-bangsa lain.

Selain Jakarta, Peter akan juga berkunjung ke daerah-daerah Indonesia yang lain seperti Bandung, di Jawa Barat yang berhawa sejuk, Yogyakarta di Jawa Tengah yang **menghasilkan** kain batik, dan pulau Bali yang terkenal sebagai pulau dewa-dewa. Dia ingin membawa pulang banyak barang-barang yang menarik seperti patung, ukiran, lukisan, wayang kulit dan lain-lain. Dia akan membuat banyak foto kenangan.

Menurut teman-teman Peter yang sudah pernah ke Indonesia, banyak keluarga Indonesia yang mau menerima tamu yang baik dari luar negeri. Peter sudah menulis surat kepada temannya di Indonesia. Dalam surat itu Peter minta supaya dia **mencarikannya** keluarga Indonesia yang baik dan ramah.

mendapat	to get	**daripada**	than
mata kuliah	subject	**daerah**	area
gelar	degree	**luar negeri**	abroad
pilih/me	to choose	**hawa**	weather
sedikit	a little	**sejuk**	cool
perlu/me____kan	to need	**terkenal**	famous
musim	season	**hasil/me____kan**	to produce
libur/an	holiday	**seperti**	such as
guna/me____kan	to use	**wayang kulit**	leather puppet
ongkos hidup	living cost	**patung**	statue
karcis	ticket	**ukir/an**	carvings
rencana/me____kan	to plan	**lukis/an**	painting
supaya	in order to	**kenang/an**	remembrance
ada/ber	to be/exist	**menurut**	according to
tinggal	to stay	**ramah**	friendly

Pertanyaan

(a)   Untuk apa Peter belajar di Universitas?
(b)   Dia mengambil mata kuliah apa?
(c)   Di mana dia bekerja selama musim panas yang lalu?
(d)   Siapa yang membelikannya karcis kapal terbang?
(e)   Kapan dia akan berangkat ke Indonesia?
(f)   Kira-kira berapa bulan dia akan tinggal di sana?
(g)   Rencananya dia akan tinggal dengan siapa?
(h)   Mengapa lebih baik tinggal dengan keluarga daripada tinggal di hotel? Mana yang lebih murah?
(i)   Selain Jakarta, dia akan berkunjung ke daerah-daerah mana?
(j)   Apa yang membuat Yogyakarta dan Bali terkenal?
(k)   Kalau Peter pulang, dia mau membawa apa?
(l)   Siapa yang mengatakan bahwa keluarga Indonesia senang menerima tamu asing yang baik?
(m) Bagaimana Peter mencari keluarga yang baik di Indonesia?
(n)   Keluarga seperti apa yang baik untuk Peter?
(o)   Apa saudara pernah berkunjung ke Indonesia?

10 Perjalanan ke Indonesia

Flying to Indonesia

In this lesson you will learn about:

- **per____an, pen/pem____an** as verbal noun-makers
- **ke____an** as an abstract noun-maker
- **pe** + verb as a performer of action
- Verb + **an** as a concrete-noun maker

Study the dialogue in Situation 1, noting particularly the words in bold.

🎧 Situation 1 (Audio 2: 7)

Terbang ke Indonesia

John Miller is flying to Indonesia with Garuda (Indonesian airline). He is on the plane and is wondering how good the airline is. He has a chat with an Indonesian gentleman sitting next to him

J: Wah, **pemandangan** di bawah itu bagus ya, Pak?

M: Ya, Saudara beruntung. Bisa duduk dekat jendela.

J: Berapa lama **perjalanan** ini Pak?

M: Kira-kira 16 jam.

J: Apa pesawatnya sering datang terlambat?

M: Tidak sering. Kadang-kadang ada **penundaan**.

J: Bagaimana **pelayanannya?** Apa baik?

M: Cepat, sopan dan ramah. Mereka **memberikan perhatian** penuh kepada penumpang.

J: Apa makanannya enak?

M: Ya, enak. Ada makanan Indonesia dan makanan Eropa. Ada

nasi goreng, sate dan gado-gado. Minumannya juga bermacam macam. Ada air-jeruk, air tomat, bir, dan anggur.

J: Apa ada **penjualan** barang-barang bebas pajak?

M: Ya, ada. Biasanya rokok dan minyak wangi.

J: Selama **perjalanan** ada hiburan apa saja?

M: Ada **pertunjukan** film. Biasanya sebelum kita tidur. Mereka juga menyediakan bacaan seperti surat kabar dan majalah. Ada juga mainan untuk anak-anak supaya mereka tidak rewel.

J: Kita sampai di Jakarta jam berapa besok?

M: Menurut jadwal jam 4.00 sore, tetapi tadi ada **pengumuman** yang mengatakan bahwa pesawat akan terlambat 30 menit.

J: **Pendaratannya** biasanya bagaimana?

M: Wah, mulus sekali. Pilot-pilot Garuda berpengalaman.

J: Apa Bapak sering naik Garuda?

M: Ya, saya pegawai Garuda.

J: *The scenery down there is beautiful, isn't it?*

M: *Yes, you're lucky. You've got a seat near the window.*

J: *How long is this journey?*

M: *About 16 hours.*

J: *Does the plane often arrive late?*

M: *Not often. Sometimes there is a delay.*

J: *What is the service like? Is it good?*

M: *Yes. It's quick, polite and friendly. They pay close attention to the passengers.*

J: *Is the food good?*

M: *Yes. There are Indonesian and European dishes. They have fried rice and gado-gado. They also have various kinds of drinks. Orange juice, tomato juice, beer and wines.*

J: *Are there any tax-free goods for sale?*

M: *Yes, usually perfume and cigarettes.*

J: *During the journey, what kind of entertainment do they have?*

M: *There is a film. Usually before the evening meal. They also provide us with reading material such as newspapers and magazines. As for children, they give them toys to prevent them from being troublesome.*

J: *What time will we arrive tomorrow?*

M: *According to schedule at 4 o'clock, but just now there was an announcement that the plane will be 30 minutes late.*

J: *What is the landing usually like?*

M: *Very smooth. Garuda pilots are experienced.*

J: *Do you often fly with Garuda?*

M: *Yes, I work for the airline.*

pandang/pem____an	scenery	**minyak wangi**	perfume
beruntung	lucky	**anggur**	wine
jalan/per____an	journey	**bebas pajak**	tax free
tunda/pen____an	a delay	**hiburan**	entertainment
hati/per____an	attention	**rewel**	troublesome
tumpang/pen____an	passenger	**umum/pe____an**	announcement
mulus	smooth		

Grammar 1

Per____an **and** pen/pem____an **as verbal noun-makers**

Many verbs with the prefix **ber** or **me** can be transformed into nouns by converting **ber** into **per**, or **me** into **pen/pem** and adding **an** to the end of the root. For example:

Roots	Verbs	Nouns
jalan	**berjalan**	**perjalanan** (journey)
main	**bermain**	**permainan** (game)
buat	**berbuat**	**perbuatan** (behaviour)
kata	**berkata**	**perkataan** (words)
cakap	**bercakap**	**percakapan** (conversation)
kelahi	**berkelahi**	**perkelahian** (fight)
jual	**menjual**	**penjualan** (sale)
pandang	**memandang**	**pemandangan** (scenery)
layan	**melayani**	**pelayanan** (service)
tunjuk	**menunjuk**	**penunjukan** (appointment)
tunjuk	—	**pertunjukan** (show)
umum	**mengumumkan**	**pengumuman** (announcement)
darat	**mendarat**	**pendaratan** (landing)
beri	**memberi(kan)**	**pemberian** (contribution)

In the affixation above, the roots of both the **ber** verbs and **me** verbs can be seen as being treated with **per/pem/pen____an**. Hence we can call **per____an, pen/pem____an** verbal noun-makers.

   Per____an can also be applied to a number of nouns to extend meanings:

rumah (house)	**perumahan** (housing/accommodation)
hotel (hotel)	**perhotelan** (about hotels)
kantor (office)	**perkantoran** (about offices)
industri (industry)	**perindustrian** (about industry)
surat kabar (newspaper)	**persurat-kabaran** (about the press)
kapal (ship)	**perkapalan** (about shipping)

Situation 2

Keluarga Sunarto

Adie and Budi have not seen each other for many years. They are talking about old friends at school, one of whom is Sunarto

A: Di mana Sunarto sekarang?

B: Dia bekerja di Kantor Pajak. Dia **pengawas** keuangan.

A: Isterinya?

B: Dia bukan **pekerja** kantor. Dia **pengajar** tari Jawa.

A: Sunarto bekerja. Isterinya juga bekerja. Siapa yang mengatur rumah tangga?

B: Di rumah ada tiga **pembantu**. Satu orang untuk berbelanja ke pasar dan memasak; satu orang untuk mengasuh anak dan seorang lagi untuk merawat kebun dan menjaga rumah.

A: Jadi di rumah ada **pemasak, pengasuh anak, dan penjaga rumah**. Apa Sunarto bisa membayar mereka?

B: Itu bukan soal. Sunarto **pejabat tinggi**. Gajinya besar.

A: Apa semua anaknya masih kecil-kecil?

B: Tidak. Dari empat anak, ada satu yang sudah selesai kuliah dan bekerja. Baru- baru ini dia kawin dengan seorang **penyanyi**. Dia sendiri seorang **penari**.

A: *Where is Sunarto now?*

B: *He works in the Tax office. He is a financial controller.*

A: *What about his wife?*

B: *She is not an office worker. She teaches Javanese dancing.*

A: *Sunarto works. His wife also works. Who then is in charge of their household?*

B: *They have three helpers. One to go shopping in the market and cook, another to look after their youngest child and a third to guard the house and look after the garden.*

A: *So, in the house there are a cook, a child minder and a security* guard (lit.: *guard for the house*). *How can Sunarto afford to pay for them?*

B: *That is no problem. Sunarto is a high-ranking official. He earns (lit.: has) a big salary.*

A: *Are all his children still small?*

B: *No. Of his 4 children, one has finished his studies and is working. Recently he married a singer; he himself is a dancer.*

awas/pe	supervisor	**rawat/me**	to care
ajar/pe	instructor	**jabat/pe**	official
asuh/me	to look after	**paling**	the most
rumah tangga	household	**nyanyi/pe**	singer

Grammar 2

Pe + verb, performer of action

The prefix **pe** + verb in Indonesian is similar to verb + 'er' in English. Its function is to form a noun, which in this case is the performer of the action.

mengawasi (to supervise)   **pengawas** (supervisor)
bekerja (to work)   **pekerja/pengerja** (worker)
mengajar (to teach)   **pengajar** (teacher)
membantu (to help)   **pembantu** (helper)
memasak (to cook)   **pemasak** (cook)
mengasuh (to look after)   **pengasuh** (minder)
menjaga (to guard)   **penjaga** (guard)
menjabat (to hold an office)   **pejabat** (official)
menari (to dance)   **penari** (dancer)
menyanyi (to sing)   **penyanyi** (singer)

Situation 3

Kesehatan nomor Satu!

As good friends, Cindy and Daryadi feel free to talk frankly and openly to each other

c: Saya merasa iri melihat kamu!
d: Mengapa?
c: Kamu selalu sehat!
d: Memang, untuk saya **kesehatan nomor 1**. Untuk itu saya selalu **menjaga kebersihan**.
c: Ya, saya lihat rumahmu bersih dan rapi. Kalau begitu kamu juga orang yang rajin.
d: Ada pepatah yang mengatakan bersih pangkal sehat, rajin dan hemat pangkal kaya.
c: Kalau begitu kamu orang kaya?
d: Saya tidak kaya tetapi juga tidak miskin. **Kekayaan penting** tetapi tidak mutlak.
c: Saya tahu maksudmu . . .
d: **Kejujuran, keberanian dan keluwesan** . . . juga penting.
c: Ya semua yang ke_____an, ke_____an. . . . itu!

c: *I feel jealous every time I see you!*
d: *Why?*
c: *You're always healthy.*
d: *Well, for me health is number one, so I've always kept everything clean.*
c: *Yes, I notice your house is always tidy and neat. That means (lit.: I guess) you're also a diligent person.*
d: *There's a proverb which says that 'cleanliness is the basis for health while diligence and economy are the basis for wealth'.*
c: *You should be rich, then (lit.: so you are a rich person then)?*
d: *I'm not rich but I'm not poor either. For me wealth is important, but it's not everything (lit.: absolute).*
c: *Yes, I know what you mean . . .*
d: *Honesty, integrity and flexibility are important factors too.*
c: *Yes, everything that ends with ity . . . ity and ity!*

rasa/me	to feel	**mutlak**	absolute
iri	jealous	**jujur/ke_____an**	honesty
pangkal	basis	**berani/ke_____an**	courage
penting	important	**luwes/ke_____an**	flexibility

Grammar 3

Ke_____an, the abstract noun-maker

As you saw in the dialogue, adjectives can be transformed into abstract nouns by applying **ke_____an** to them.

sehat (healthy)	**kesehatan** (health)
bersih (clean)	**kebersihan** (cleanliness)
rajin (diligent)	**kerajinan** (diligence)
kaya (rich)	**kekayaan** (wealth)
miskin (poor)	**kemiskinan** (poverty)
berani (brave)	**keberanian** (courage)
jujur (honest)	**kejujuran** (honesty)

Ke_____an applied to nouns, produces further nouns extending their meaning.

presiden (president)	**kepresidenan** (the president's palace)
menteri (minister)	**kementerian** (the ministry)
duta (ambassador)	**kedutaan** (the embassy)
lurah (village head)	**kelurahan** (the jurisdiction of Lurah)
raja (king)	**kerajaan** (kingdom)

Situation 4

Saya lapar

A: Saya lapar. Saya mau makan, tapi tak ada **makanan** di meja.

B: Itu di kulkas ada **masakan**. Ibu yang memasak kemarin.

A: Saya tak bisa makan **masakan** Ibu. Terlalu pedas.

B: Kalau tak mau makan **masakan** Ibu, ya minum saja!

A: **Minuman** juga tak ada. Saya mau ke warung saja, cari **jajanan**.

B: Silahkan.

A: *I'm hungry. I want to eat, but there isn't any food on the table.*

B: *There's some food (lit.: cooking) in the fridge. Mum cooked it yesterday.*

A: *I can't eat mum's dish. It's too spicy.*

B: *If you don't like her cooking, just have a drink then.*

A: *There isn't anything to drink either. I'll just go out to the food stall to find a snack.*

B: *Please yourself!*

Grammar 4

Transitive verb + an – a concrete noun-maker

The suffix **an** is a concrete noun-maker when it is added to a transitive verb. The noun is the object of the action indicated by the infinitive.

Examples of words with the suffix **an:**

libur – **liburan** (holiday)   jawab – **jawaban** (reply)
pakai – **pakaian** (clothes)   hibur – **hiburan** (entertainment)
lulus – **lulusan** (graduate)   jual – **jualan** (merchandise)
main – **mainan** (toy)   beli – **belian** (a purchase)
hukum – **hukuman** (punishment) kerja – **kerjaan** (work)

Exercises

1 Mixed affixation: **per____an, ke____an**, verb + **an** and **pe** + verb. Find the derivatives of the emboldened words in the first sentence; then fill them in the blanks in the second sentence:

(a) Indonesia sudah lama **berdagang** dengan Amerika.
_____ itu berjalan lancar
(b) Kami akan **berjalan** kaki ke Puncak
_____ itu memakan waktu tiga jam
(c) Rapat itu **membicarakan** soal uang
_____ itu tentang uang
(d) Guru **menjelaskan** hitungan itu kepada murid-murid
_____ guru baik sekali
(e) Pemerintah **membangun** banyak proyek baru
_____ proyek-proyek baru banyak memakan uang
(f) Manchester United **bertanding** melawan Liverpool kemarin
_____ itu seru sekali
(g) Edy pandai **bermain** tenis
_____ cepat
(h) Mereka akan **bertemu** sore nanti
_____ itu sore nanti

(i) Dulu suku-suku di Indonesia **berbeda sekali**
Sekarang _____ itu kecil sekali

(j) Mobil itu **cepat** sekali
_____ nya 70 km/jam

(k) Orang tua itu **kaya** sekali
_____ 10 milyard rupiah

(l) Bu Sri selalu **sehat**
Dia menjaga _____ nya dengan baik

(m) **Mungkin** dia akan berangkat hari Minggu
Ada _____ dia akan berangkat hari Minggu

(n) Kami mengharap semua penumpang **selamat**
_____ penumpang adalah harapan kami

(o) Dalam perang Yugoslavia banyak orang yang **mati**
_____ itu menyedihkan sekali

(p) Pak Amir suka **minum**
Dia _____

(q) Boris Becker pandai **bermain** tenis
Dia _____ tenis yang baik

(r) Orang itu **mencuri** banyak uang dari bank
Dia _____ yang pandai

(s) Minah **membantu** Ibu Sunarto di rumah
Dia _____ yang rajin

(t) Saya suka **jajan** di warung itu
_____ di warung itu enak

(u) Amir suka **membaca** buku di perpustakaan
Di sana buku _____ nya baik-baik

dagang/ber	to trade	**bangun/me**	to build
lancar	smooth	**seru**	tense
hitung/an	sum	**beda/ber**	to differ
warung	food stall	**jajan/an**	snack

2 Mixed affixation (**ber, me, me____kan, per____an, pen/pem____an, an, pe** + verb, and **ke____an**). Remember that verbs with **ber** are generally intransitive, while verbs with **me____kan** can be simple transitive, transitive beneficent or transitive/causative. Indonesian root words are given on the left below. Translate into Indonesian the English words on the right:

(a) **satu**   to unite (*vi.*) *and* unity
(b) **main**   to play, a game, a toy, *and* to play a role
(c) **jelas**   clarity, clear, to explain sth.
(d) **minum**   to drink, a drink, *and* a drinker
(e) **kerja**   to work, a job, a worker, *and* to do sth.
(f) **jual**   to sell, a sale, merchandise, *and* a salesperson
(g) **jalan**   to walk, a journey, a pedestrian, *and* to run sth.
(h) **beli**   to buy, a purchase, to buy sth. for sb. *and* a buyer
(i) **tari**   to dance, a dancer, *and* a dance
(j) **sedih**   to be sad, sadness, to sadden (to cause sb. to be sad)
(k) **ajar**   to learn, a teacher, to teach sb., to teach sth. to sb., a
                 lesson, a student, *and* teaching
(l) **cari**   to search for sth., to search for sth. for sb. *and* a
                 seeker
(m) **sehat**   health, healthy, *and* to make sb. healthy
(o) **bersih**   to be clean, cleanliness, to clean sth. *and* detergent
(p) **adil**   justice, to be just, *and* court
(q) **bahagia** to be happy, happiness, to make sb. happy

3 Choose one word from the brackets that completes the sentence.

(a) (minum, peminum, minuman)
   Sri suka _____ air jeruk
   Air jeruk _____ yang enak
   Henry suka pergi ke club. Dia _____
(b) (bermain, memainkan, permainan, pemain)
   Navratilova _____ tenis terkenal
   Anak-anak _____ di halaman
   Orang Amerika suka _____ sepak bola
   Dia pandai _____ gitar
   Siapa yang _____ piano? (two answers)
(c) (bekerja, pengerja/pekerja, pekerjaan, mengerjakan)
   Apa Saudara suka dengan _____ saudara?
   Ada berapa _____ di pabrik itu
   Mereka sedang _____ apa?
   Sekarang sukar mencari _____
   Pak Amat _____ dari jam 10 pagi sampai jam 5 sore
(d) (menjual, menjualkan, jualan, penjual, penjualan)
   Toko itu _____ apa?
   Apa Saudara bisa _____ rumah saya?
   Di pasar ada _____ sayuran, _____ daging, dan lain-lain
   _____ laris. Banyak orang yang membeli

John Hardy kepala bagian _____

(e) (jalan, berjalan, pejalan kaki, perjalanan, menjalankan)

_____ Jakarta–London memakan waktu 16 jam

Dia tidak bisa _____. Kakinya sakit

Di tengah jalan banyak mobil. Di pinggir banyak _____

_____ di daerah ini bagus. Tidak ada lubang-lubangnya

Apa Saudara bisa _____ mobil itu?

(f) (membeli, pembeli, pembelian, membelikan, belian)

Sudah lama rumah ini tidak laku. Tidak ada _____ nya

Saya manajer _____

Ayah _____ adik saya sepatu baru

Dia mau _____ sepeda Raleigh

_____ Ibu banyak. Dia tak kuat membawanya

(g) (bersih, membersihkan, kebersihan, pembersih)

Saya heran rumah saudara selalu _____

Siapa yang _____ kamar saya?

Kita memang perlu menjaga _____

Saya mau membeli obat _____

(h) (belajar, mengajar, mengajarkan, pelajar, pelajaran,
pengajar, pengajaran)

Bu Sunaryo _____ tari Jawa

Dia guru. Pekerjaannya _____

Ada berapa ratus _____ di sekolah itu?

Sekarang _____ nomor berapa?

Pak Sutanto _____ bahasa Indonesia kepada orang
Inggeris

Anak-anak rajin _____

Siapa nama menteri _____ Inggeris?

(i) (sedih, menyedihkan, kesedihan)

Keadaan pengungsi di Bosnia memang _____

Hatinya _____. Dia tidak lulus ujian

Dia tidak bisa menghilangkan _____ nya

(j) (sehat, menyehatkan, kesehatan, penyehat)

Rokok tidak _____ badan

Apa kabar Saudara? Saya _____ saja. Terima kasih

_____ nomor satu dalam hidup ini

Air jeruk _____ yang baik

terkenal	famous	**rokok**	cigarette
lubang	hole	**air jeruk**	orange juice
sedih	sad	**hidup**	life

4 Give the Indonesian equivalents to the following, using the words given in brackets:

(a) The journey makes me tired (**jalan/lelah**)
(b) His words hurt people (**kata/sakit**)
(c) The conversation is interesting (**cakap/tarik**)
(d) The theory has many weaknesses (**lemah**)
(e) Marriage between Easterners and Westerners is common nowadays (**kawin**)
(f) His work is not satisfactory. He is lazy (**kerja/puas**)
(g) Lots of people came to the meeting (**temu**)
(h) Cats are mouse eaters (**makan**)
(i) The landing was good because the pilot was skilful (**darat**)
(j) The performance of our football team was disappointing (**main/kecewa**)
(k) The flight from London to Jakarta takes 16 hours (**terbang**)
(l) His calculation is wrong (**hitung**)
(m) Nobody wants to live in poverty (**miskin**)
(n) His handwriting is good (**tulis**)
(o) Have you answered his question? (**jawab/tanya**)
(p) I will not forget his kindness (**baik**)
(q) Her cooking is delicious (**masak**)
(r) *lit*: His spending is bigger than his income (**keluar/masuk**)
(s) We must look after our health (**jaga/sehat**)
(t) Don't pay attention to someone else's wickedness (**beri hati/buruk**)

Language in use

Study the dialogue below, and note the function of **an** as a noun-maker.

A: Saya mau membaca tetapi tak ada **bacaan**. Rak buku itu kosong.
B: Anda mencari **bacaan** apa?
A: Bacaan roman.
B: **Tulisan** siapa?
A: Tulisan Teguh Karya. Saya suka **karangannya**.
B: Di **perpustakaan** mungkin ada.

rak	rack/shelf	**perpustakaan**	library
karangan	article	**kosong**	empty

Reading passage

Study the following text, and note particularly the noun derivatives which are in bold. Answer the comprehension questions at the end of the story.

Tiba di Indonesia

Sesudah 16 jam **penerbangan**, pesawat terbang Garuda akhirnya masuk ke wilayah udara Indonesia, berada di atas kota Jakarta. Sebuah **pengumuman** dari kokpit memberitahukan agar semua penumpang berhenti merokok dan mengenakan sabuk pengaman mereka. Ini semua untuk **keselamatan** penumpang.

    Pendaratan berjalan dengan lancar. John dan penumpang-penumpang yang lain turun dari pesawat. Mereka langsung menuju ke bagian **pemeriksaan** paspor. Seorang pejabat imigrasi memerika paspor John dan mengajukan **pertanyaan**: 'Berapa lama Saudara akan tinggal di Indonesia?' John menjawab 'Tiga tahun, pak. Saya bertugas di **Departemen Pertanian**. Pejabat imigrasi kemudian mencap paspor John dan berkata, 'Selamat bekerja di Indonesia!' John menjawab, 'Terima kasih, pak.'

    John kemudian pergi ke **bagian pengambilan barang**. Di sana dia mengambil tas dan kopornya. Dia membawa barang-barang itu ke bagian pabean, di mana dua orang pegawai memeriksa isinya. Karena John tidak membawa barang-barang terlarang, **pemeriksaan** itu tidak lama dan John boleh keluar.

    Keluar dari ruangan pabean, John mendengar **pengumuman** melalui pengeras suara yang berbunyi: 'Mr John Miller . . . Please come to Information. Someone is waiting to collect you' yang dalam bahasa Indonesianya kira-kira begini: 'Tuan Miller. Harap datang ke bagian **penerangan**. Ada orang yang menjemput anda.'

    Di **bagian penerangan**, John melihat seorang laki-laki. Ah, ini pak Amir yang dulu pernah bertemu dengan dia di London.

    Begitu melihat John, pak Amir berkata, 'Selamat datang, pak Miller. Apa anda baik-baik saja **selama perjalanan**?' John menjawab, 'Semua baik, pak Amir. Senang bertemu dengan anda lagi.'

    Dari bandara udara kedua orang itu kemudian naik mobil dan pergi ke hotel di mana John akan tinggal kira-kira dua bulan sebelum isterinya datang.

akhirnya	eventually	periksa/pe____an	inspection
wilayah	territory	aju/me____kan	to put forth
umum/pe____an	announcement	tugas/ber	to have a task
kena/me____kan	to put on	ambil/pe____an	collection
sabuk	belt	pabean	custom
aman/pe	safety	terlarang	forbidden
lancar	smooth	melalui	through
tuju/me	towards	pengeras suara	loudspeaker

Pertanyaan

(a) Berapa lama perjalanan udara dari London ke Jakarta?

(b) Bagaimana pilot mendaratkan pesawat dalam cerita ini?

(c) Siapa yang memeriksa paspor John?

(d) Dia menanyakan apa kepada John?

(e) Di mana John akan bekerja di Indonesia?

(f) Di mana John dapat mengambil barang-barangnya?

(g) Waktu keluar dari pabean, John mendengar apa? Mengatakan apa?

(h) Siapa nama orang yang menjemput John?

(i) Kapan John pertama kali mengenal dia?

(j) John akan tinggal di mana sementara ini?

11 Apa kemejaku sudah dicuci?

Has somebody washed my shirt?

In this lesson you will learn about:

- Passive with 3rd person doer
- Passive with 1st and 2nd person doer
- Passive question with **apa**

Study the dialogue in Situation 1 below, noting particularly the words in bold.

Situation 1 (Audio 2: 10)

Apa kemejaku sudah dicuci?

Pak Hidayat is a very busy man. After getting up early in the morning, he usually has a shower, gets dressed, has breakfast and goes off to work. All the housework is done by the house-maid, Minah, and his grown-up children under the supervision of Ibu Hidayat

PH: Bu, di mana kemeja saya yang biru?

MH: Ada di lemari. (Kemeja itu) sudah **dicuci** dan **diseterika** Minah kemarin.

PH: Sepatu saya yang hitam ada di mana?

MH: Ada di atas rak. (Sepatu itu) sudah **digosok** oleh Budi tadi malam.

PH: Minah, saya mau makan pagi sekarang.

M: Silahkan pak, makanan sudah **disiapkan** di meja.

PH: Bu, mobilnya sudah siap atau belum?

MH: Bannya sedang **dipompa** pak Amat; tadi tankinya sudah **diisi** bensin dan mesinnya sudah **dihidupkan**.

PH: Baik, saya berangkat sekarang. Tolong ambilkan tas saya, Minah.

MH: Ini, pak. Selamat bekerja! Nanti (bapak) **dimasakkan** apa?

PH: Sayur bayem saja. Saya sudah bosen makan daging.

PH: *Darling, where is my blue shirt?*

MH: *In the wardrobe. It was washed and ironed by Minah yesterday.*

PH: *Where are my black shoes?*

MH: *On the shelf. They were polished by Budi last night.*

PH: *Minah, I'd like to have breakfast now.*

M: *No problem, Sir. It's already (served) on the table.*

PH: *Darling, Is the car ready?*

MH: *The tyres are being pumped by pak Amat. The tank has just been filled with petrol, and the engine has been started.*

PH: *Thanks. I'm going now. Can you pass me my briefcase, please, Minah?*

MH: *Here you are! Have a good day. What shall I cook for your dinner?*

PH: *Just spinach soup. I'm tired of eating meat.*

kemeja	shirt	**ban**	tyre
biru	blue	**tanki**	tank
setrika	iron	**hidup/me____kan**	to start
rak	shelf	**bensin**	petrol
gosok/me	to rub/polish	**bayem**	spinach
siap/me____kan	to prepare	**bosen**	bored

Grammar 1

Changing active to passive

The type of sentence structure that we learned in the last two lessons was always in the active voice. It started with the subject, was followed by a transitive verb (verbal predicate) and then an object. The same message can be said in a different way, namely in the passive voice. It starts with the object, is followed by a different form of verbal predicate and then the doer.

Active	*Passive*
Minah *mencuci* baju itu	**Baju itu *dicuci* (oleh) Minah**
(Minah washed the clothes)	(The clothes were washed by Minah)

Budi *menggosok* **sepatu tadi malam**
(Budi polished the shoes last night)

Sepatu *digosok* **(oleh) Budi tadi malam**
(The shoes were polished by Budi last night)

(Orang) *menyiapkan* **makanan di atas meja**
(Somebody put the food on the the table)

Makanan *disiapkan* **di atas meja**

(The food was put on the table)

Pak Amat *memompa* **ban**
(Mr Amat pumped the tyre)

Ban *dipompa* **Pak Amat**
(The tyre was pumped by Mr Amat)

(Seseorang) *mengisi* **tanki dengan minyak**
(Someone filled the tank with petrol)

Tanki *diisi* **dengan minyak**
(The tank was filled with petrol)

Rule 1: In the passive voice, when the doer is a third person, singular or plural (he/she/they) or when it is not mentioned, the form of the verbal predicate is **di** + infinitive + suffix (if there is one).

Object	*Predicate*	*Doer*
Baju biru	dicuci (oleh)	**nya/dia** (3rd person)
Sepatu	digosok	**mereka** (3rd person)
Ban	dipompa	**Pak Amat** (3rd person)
Tanki	diisi minyak	(not mentioned)
Makanan	sudah disiapkan di meja	(not mentioned)
Mesin	sudah dihidupkan	(not mentioned)

Situation 2

Apa sepatumu sudah kamu bersihkan?

Budi is Mr and Mrs Hidayat's youngest son. He is being encouraged at an early age to help others and to do things on his own

MD: Budi, **sepatumu yang kotor sudah kamu bersihkan** atau belum?

BD: Sudah, bu. Tadi **(sepatu itu) aku bersihkan** dengan sikat.

MD: Kakakmu, **Tuti, sudah kamu belikan obat** di apotik atau belum?
BD: Sudah, bu. **Obatnya sudah saya berikan** kepadanya.
MD: **Pekerjaan rumahmu (PR) sudah kamu kerjakan** atau belum?
BD: Belum ada waktu, bu. Nanti malam **PR itu aku kerjakan.**
MD: Budi, kamu anak yang baik dan bertanggung jawab. Mulai minggu ini **uang sakumu Ibu naikkan** menjadi Rp 2,000.
BD: Terima kasih, bu.

sikat	toothbrush	**apotik**	chemist
PR (short for		**obat**	medicine
pekerjaan rumah)	homework	**saku**	pocket
kakak	older brother/	**bertanggung jawab**	responsible
	sister	**waktu**	time
mulai	as of	**jadi/men**	to become

Note: The literal translation is given below merely to point out the passive construction in Indonesian. An elegant translation requires the active construction which will not illustrate the point.

HD: *Budi, have your dirty shoes been cleaned by you or not?*
BD: *It's been done, mum. The shoes have been cleaned by me with a brush.*
HD: *Have you bought your elder sister Tuti's medicine at the chemist's?*
BD: *It's been done, mum. The medicine has been given to her by me.*
HD: *Has your homework been done by you or not?*
BD: *I haven't had time. It will be done by me tonight.*
HD: *You are a good and responsible boy, Budi. Your pocket money will be increased by me to Rp 2,000 as of this week.*
BD: *Thank you, mum.*

Grammar 2

Passive with 1st and 2nd person doer

When the subject of an active sentence or the doer of a passive sentence is 'I' ('me') or 'you' ('you') and 'we' ('us'), a different rule applies. Note the following examples in the table below:

Active	Passive
Saya membersihkan sepatu kotor (I cleaned the dirty shoes)	**Sepatu kotor** *saya bersihkan* (*lit.*: The dirty shoes were cleaned by me)
Kamu membelikan Tuti obat (You bought Tuti the medicine)	**Tuti** *kamu belikan* **obat** (*lit.*: The medicine was bought by you for Tuti)
Saya sudah mengerjakan PR. (I have done the homework)	**PR sudah** *saya kerjakan* (*lit.*: The homework has been done by me)

Rule 2: In the passive construction, when the doer is a first or second person, *the predicate is made up of the infinitive + suffix* (if there is one).

Object	Doer	Predicate	Literal translation
Sepatu	**saya**	**bersihkan**	The shoes were cleaned by me
PR	**saya**	**kerjakan**	Homework was done by me
Buku itu	**saudara**	**baca**	The book was read by you
Surat itu	**kami**	**tulis**	The letter was written by us
Nasi itu	**kita**	**makan**	The rice was eaten by us

Note: The passive form is more common in Indonesian than in English. The passive Indonesian sentences on the left, which in English would generally be in the active form, are considered to be correct and appropriate in Indonesian.

Special case for dia *and* mereka

The third person doers **dia** and **mereka** which should abide by Rule 1 surprisingly often follow Rule 2. This is possibly because many Indonesian speakers get used to saying: **buku itu saya baca, surat itu saya tulis, nasi itu saya makan**, etc. (Rule 2), and they unconsciously say **buku itu dia/mereka baca, surat itu dia/mereka tulis, nasi itu dia/mereka makan**, etc.

In conclusion Rule 2 applies to all doers (first, second and third person) for the passive construction with the objects placed at the beginning of the sentence; recent findings by the author, however, shows that they can alternatively be placed at the end of the sentence. Both styles are widely used in written as well as in spoken Indonesian.

Passive/object in front	Passive/object at end	Best English equivalents (active voice)
Sepatu itu saya bersihkan	**Saya bersihkan** *sepatu itu*	I clean the shoes
PR itu kami kerjakan	**Kami kerjakan** *PR itu*	We did the homework
Buku itu kita baca	**Kita baca** *buku itu*	We read the book
Ban mobil itu anda pompa	**Anda pompa** *ban mobil itu*	You pumped the tyre
Nasi itu kita makan	**Kita makan** *nasi itu*	We ate that rice
Surat itu mereka tulis	**Mereka tulis** *surat itu*	They wrote the letter

Situation 3

Apa yang bisa saya makan?

J, a Belgian tourist flying to Australia, is to make a stopover in Bali for a couple of days. As he is not sure what to do, he asks an Indonesian gentleman on the plane some questions

J: Maaf, pak. Apa saya boleh bertanya?

I: Ya, silahkan.

J: Tapi pertanyaan saya agak bodoh.

I: Tidak apa.

J: **Apa yang bisa saya makan di Indonesia**? Saya tidak suka makanan pedas.

I: Semua makanan yang tidak pakai cabe. Anda berkata saja: Tidak pakai cabe, Bu! Tidak pedas, pak!

J: **Apa yang bisa saya minum**? Saya suka minuman keras.

I: Anda tidak perlu minuman keras. Hawa di Indonesia cukup panas.

J: **Siapa yang harus saya ajak bicara?**

i: Dengan siapa saja, dengan tetangga kalau anda tinggal di kampung. Orang Indonesia ramah.

j: **Bahasa apa yang harus saya pakai?** Bahasa Indonesia atau bahasa Inggeris?

i: Saudara sudah bisa berbahasa Indonesia dengan saya. Terus pakai itu saja! Banyak orang Indonesia tidak mengerti bahasa Inggeris.

j: Wah, saya harus terus-menerus membuka kamus.

j: *Excuse me, may I ask you a few questions?*

i: *Yes, you may.*

j: *You may think they are silly questions.*

i: *It doesn't matter.*

j: *What food can I eat in Indonesia? I don't like hot spicy food.*

i: *There are all sorts of food without chillis. Just say: without chilli or not hot, please!*

j: *What can I drink? I like to drink something strong.*

i: *You don't need strong drinks. The weather in Indonesia is too hot.*

j: *Can I talk to anyone? (lit: To whom can I talk?)*

i: *Anybody, for example to neighbours if you live in the Kampong. Indonesians are friendly.*

j: *What language should I use? Indonesian or English?*

i: *You are already speaking Indonesian with me. Go on using it. Many Indonesians don't understand English.*

j: *Well, I'll have to look up words in the dictionary again and again.*

bodoh	stupid	**ajak/me**	to invite
pedas	spicy hot	**tetangga**	neighbour
cabe	chilli	**ramah**	friendly
pakai/me	to use	**terus**	go on
cukup	sufficient	**arti/me**	to understand
keras	strong	**mudah**	easy

Grammar 3

Passive question using apa/siapa

Note the position of **apa/siapa** (as the object of a transitive verb) in the sentences below.

AS = Active statement   AQ = Active question   PQ = Passive question

(AS)	**Ningsih makan** *nasi goreng*	Ningsih ate fried rice
(AQ)	**Ningsih makan** *apa*?	What did Ningsih eat?
(PQ)	*Apa yang* **dimakan Ningsih**?	What was eaten by Ningsih?
(AS)	**Kamu melihat** *orang itu*	You saw that person
(AQ)	**Kamu melihat** *siapa*?	Whom did you see?
(PQ)	*Siapa yang* **kamu lihat**?	Who was seen by you?

Rule 3: Yang should be inserted when making passive questions with **apa** or **siapa** (as the object of transitive verbs).

Compare:

(PQ)   **Apa yang kamu lihat**?   (*lit.*: What is seen by you?)

Here, **apa** is something (i.e. the object of a transitive verb).

(AQ)   **Apa engkau melihat itu**?   Do you see it?

Here, **apa** is not important, it is only a question marker.

Exercises

1 Identify whether the sentences below are active or passive or neither (the verb is intransitive):

(a) Ibu memasak nasi di dapur
(b) Ibu memasak di dapur
(c) Surat kabar 'Merdeka' dibaca ayah tadi malam
(d) Hasan sudah beristeri
(e) Surat itu belum saya kirim
(f) Udin membeli sebuah lampu di toko
(g) Hutang itu sudah mereka bayar/dibayar mereka
(h) Rumah itu belum kita sewa
(i) Saya tidak tahu
(j) Minah mencuci pakaian setiap pagi
(k) Minah pergi ke pasar setiap hari
(l) Apa yang saudara tulis?
(m) Kapan saudara akan mengambil buku itu?
(n) Pencuri itu dikejar polisi
(o) Anda sedang mengerjakan apa?
(p) Apa yang anda sedang kerjakan?
(q) Mereka mengharapkan kedatangan saya

(r) Ujian itu sudah lama disiapkan
(s) Banyak orang melihat film itu

2 Try to change the following to the passive voice:

(a) Sri boleh membaca surat saya
(b) Saya menyimpan sejuta rupiah di bank
(c) Anak berumur di bawah 17 tahun tidak boleh melihat film itu
(d) Ibu memberi saya Rp 5,000 minggu yang lalu
(e) Dia menarik tali itu hingga putus
(f) Dari mana dia mengirim surat itu?
(g) Apa anda sudah membeli komputer baru?
(h) (Orang) sudah menjual rumah itu
(i) Dia mendengarkan apa?
(j) Saya tidak ingat kapan saya menerima surat itu
(k) Ada orang menutup jendela itu
(l) Siapa membuka jendela kamar mandi?
(m) Tadi pagi anda membaca apa?
(n) Saudara mengirimkan apa ke Indonesia
(o) Saudara memanggil siapa?
(p) Anak itu menunggu apa?

3 The following may be active, passive or intransitive. Give the Indonesian equivalents:

(a) She saw me open the door
(b) She sat on her chair and began to write
(c) The car hasn't been sold yet
(d) He likes to help people
(e) Why were we not given any cake?
(f) Can you read me a story?
(g) What's the difference between to give and to be given?
(h) Bill likes drinking and smoking
(i) The money has been stolen from his pocket
(j) Three glasses of beer were drunk by me last night
(k) These trousers have been worn by him many times
(l) What are you going to wear today?
(m) Robin Hood took the money from the rich and gave it to the poor
(n) Who made the 'Super Gun'? It was made by Britain
(o) The big cake that was on the table was eaten by the cat
(p) She has not eaten anything (**apa-apa**) since this morning
(q) What did you see last night?
(r) Who did you see in the dining room?

4 Can you understand the following stories?

Pak Sumarjo beruntung baru-baru ini. Di kantor **pangkatnya dinaikkan**. Dia sekarang menjadi direktur jenderal Pariwisata. **Gajinya ditambah**. Keluarganya **diberi** rumah yang lebih besar dan mobilnya yang Morris **diganti** dengan Mercedes. Dia sering **ditugaskan** ke luar negeri. Sebagian pengeluarannya **ditanggung** oleh negara. Namanya dimasukkan dalam daftar orang-orang penting dan rumahnya **dijaga** oleh petugas keamanan.

untung/ber	lucky	sebagian	a part of
pangkat	rank	pengeluaran	spending
pariwisata	tourism	tanggung/di	to be taken
gaji	salary	negara	state
ganti/di	to be replaced	petugas	officer

Pak Kadit sebaliknya sungguh-sungguh malang. Pada tahun 1966 dia **diketahui** menjadi anggota partai terlarang. Dia **ditahan, dipecat** dari pekerjaannya dan gajinya **diberhentikan**. Beberapa tahun kemudian dia **dibawa** ke pengadilan. Dia **dinyatakan** bersalah dan **dimasukkan** ke penjara. Sepuluh tahun kemudian dia **dibebaskan**. Beberapa kali dia melamar pekerjaan tetapi **tidak diterima**.

sebaliknya	on the contrary	adil/pe_____an	court
anggota	member	nyata/me_____kan	to declare
terlarang	forbidden	penjara	prison
tahan/me	to arrest	bebas	free
pecat/me	to sack	lamar/me	to apply

Language in use

Study the dialogues and note the passive forms using 1st, 2nd and 3rd person doers.

Siapa makan kue lapisku?

A: Din, siapa makan kue lapisku?
U: Kue lapis? Kapan kamu membeli kue lapis?
A: Kemarin. **Kue itu aku taruh** di lemari makan.

u: Tak tahu. Mungkin **kue itu dimakan Hasan**, adikmu.
a: Tidak mungkin. Hasan tak suka mengambil makanan orang lain.
u: Mungkin, **kuemu dimakan tikus.**
a: Tidak mungkin. Di rumah ini ada kucing.
u: Tapi aku tahu kucingmu tidak mau makan tikus.
   Dia lebih suka makan kue lapis.

ku (from **aku**)	my (*possesssive, informal*)	**mu** (from **kamu**)	your (*possessive, informal*)
kue lapis	layer cake	**lebih suka**	to prefer
tikus	mouse	**taruh/me**	to place

Mobilku mogok

a: Din, mau (pergi) ke mana? Mengapa kamu jalan kaki?
b: Mobilku mogok.
a: Di mana sekarang mobilmu?
b: **(Mobilku) aku tinggalkan** di Jalan Sudirman, tidak jauh dari sini.
a: Apa **pintunya sudah kamu kunci?**
b: Ada orang yang menunggu mobil itu, adikku laki-laki.
a: Apanya yang rusak?
b: Aku tidak tahu. Mungkin baterai-nya.
a: Apa **mesinnya tidak bisa dihidupkan?**
b: Tidak bisa.
a: Kalau begitu **(mobil itu) kita dorong** saja. Ayo, **(kamu) saya bantu.**

mogok	to stall	**dorong/me**	to push
tinggal/me_____kan	to abandon	**hidup/me_____kan**	to start
kunci/me	to lock	**baterai**	battery

Hallo, . . . dari siapa ini?

Mr Wayan is head of a private company in Jakarta and is scheduled to leave for Tokyo for a business deal. The day before his departure he telephones his office from another town to see that things have been well prepared for his trip the next day
   (The phone in the office rings and an employee answers it)
pri: Hallo, bisa bicara dengan pak Buntaran?

BAW: (*Recognizing the caller's voice*) Ini dari pak Wayan? Tunggu sebentar ya pak. Saya lihat dulu di ruangannya.
(*Mr Buntaran comes in and takes over the phone*)
BUN: Hallo, pak Wayan?
PRI: Ya, ini Wayan. Apa semuanya sudah beres?
BUN: Sudah, pak. **Telex sudah kami kirim** ke Tokyo tadi pagi dan **jawabannya baru saja kami terima**. Mereka siap ... **bapak akan dijemput** di bandar udara.
PRI: Apa semua **dokumen sudah dimasukkan** ke koper?
BUN: Sudah pak. Juga hadiah-hadiah untuk mereka. **Bapak juga sudah kami belikan karcis** kelas satu. Besok pagi **bapak kami jemput** di rumah dan **kami antarkan** ke bandar udara.
PRI: Terima kasih, pak Buntaran. Sampai besok ya!

dulu	first	**hadiah**	gift
bandar udara	airport	**beres**	sorted out
koper	suitcase	**jemput/me**	to pick up
ruangan	room	**antar/me____kan**	to take

Reading passage

Study the text. Note the passive forms and the doers, and answer the comprehension questions at the end of the story.

Keluarga Sibuk

Pak Hidayat berkeluarga besar. Anaknya ada lima. Karena itu rumahnya juga besar, berkamar lima. Pembantunya hanya seorang, Minah namanya yang bekerja dari pagi sampai sore. Setiap hari semua orang dalam keluarga itu sibuk.

Pak Hidayat yang menjadi kepala rumah tangga, tetapi bu Hidayat yang berkuasa dan mengatur semua kegiatan di rumah itu. 'Minah,' tanya Ibu kepada pembantu perempuannya **'nasinya sudah digoreng** atau belum?' Minah menjawab: 'Sudah bu. Telurnya juga. Nasi goreng sudah siap.' Ibu kemudian memanggil Hasan, anak yang paling besar; 'San, **bajumu sudah kau seterika** atau belum kemarin?' Hasan menjawab: 'Sudah bu. Hasan sudah mandi dan **baju itu sudah saya pakai**.' Kepada Udin, anak yang paling kecil Ibu berkata: 'Din, **lantainya sudah kamu sapu** atau belum?' 'Belum semua bu,' jawab Udin. '**Lantai yang di kamar depan sudah saya**

sapu, tetapi lantai yang kamar belakang belum. Cape, bu!'

Tini, anak perempuan pak Hidayat sementara itu membuat minuman. **Dibuatnya dua cangkir kopi** untuk ayah dan Ibu tiga gelas susu panas untuk adik-adiknya, dan segelas air jeruk untuk dia sendiri. Semua **minuman ini ditaruhnya** di atas meja makan. **Nasi goreng dengan telurnya juga sudah ditaruh** Minah di meja itu.

Pak Hidayat bangun agak siang. Dia keluar ke samping rumah untuk melihat-lihat mobilnya. **Semua diperiksanya**: ban, bateri, bensin, air, minyak mesin dan lain-lain. **Tempat duduk juga diberishkannya. Mesin dihidupkannya** kira-kira sepuluh menit. Sesudah semuanya baik, dia kembali masuk ke rumah untuk mandi. Sesudah berpakaian dia makan pagi dan kemudian naik mobil ke kantor. Anak-anak juga berangkat ke sekolah.

Hanya Ibu dan Minah tinggal di rumah. Semua **pakaian yang kotor dikumpulkan** untuk dicuci. Ibu Hidayat bersiap-siap ke pasar. Besok hari Minggu, hari libur. Dia perlu masak besar untuk seluruh keluarga. **Banyak bahan makanan yang harus dibelinya** untuk besok: daging, sayur, bumbu-bumbu, buah-buahan dan minuman. **Dibuatnya sebuah daftar** supaya tidak ada yang lupa.

rumah tangga	household	**taruh/me**	to place
kuasa/ber	powerful	**telur**	egg
giat/ke____an	activity	**samping**	side
atur/me	to arrange	**hidup/me____kan**	to start
paling	most	**angkat/ber**	to leave for
seterika/me	to iron	**siap/ber**	to prepare
sapu/me	to sweep	**kumpul/ber**	to assemble
cape	tired	**seluruh**	the whole
sementara	meanwhile	**bumbu-bumbu**	spices
buat/me	to make	**daftar**	list

Pertanyaan

(a) Pak Hidayat beranak berapa dan rumahnya berkamar berapa?

(b) Apa bu Hidayat kepala rumah tangga?

(c) Apa yang dimasak Minah pagi itu?

(d) Ibu bertanya apa kepada Hasan?

(e) Siapa Udin? Ibu bertanya apa kepada Udin?

(f) Lantai kamar mana yang belum disapu?

(g) Apa yang dibuat Tini?

(h) Di mana minuman itu ditaruhnya?
(i) Ayah melihat-lihat apa sesudah bangun?
(j) Apa dia membersihkan rumah?
(k) Dengan apa ayah pergi ke kantor?
(l) Siapa yang tinggal di rumah sesudah ayah dan anak-anak pergi?
(m) Untuk apa ibu pergi ke pasar? Mengapa Minah tidak ikut?
(n) Mengapa ibu membuat sebuah daftar-belanja?
(o) Apa keluarga saudara sibuk seperti keluarga pak Hidayat?

12 Tolong, ambilkan saya kertas . . .

Please could you get me . . . some papers

In this lesson you will learn about:

- Basic commands
- Using polite words: **silahkan, tolong, coba** and the particle **lah**
- Using **jangan** (don't) for prohibiting

Study the dialogue in Situation 1 below, noting particularly the words in bold.

Situation 1 (Audio 2: 13)

Tolong ambilkan . . .

Pak Abidin, a business manager, is going out to a conference today. He asks his secretary, Aniek, to do a few things in his absence

ABD: Maaf, Aniek. **Harap berhenti** sebentar! Saya harus keluar. Ada pertemuan di kantor pusat hari ini.

ANI: Ya, pak?

ABD: **Kirim telex ini** kepada PT Jasa Raharja. Kemudian **telepon pak Burhan dan buatkan janji** untuk minggu depan.

ANI: Ada yang lain lagi, pak?

ABD: **Tolong ambilkan dokumen** kontrak dengan PT Kerta Jaya dari lemari dan **taruh** di atas meja saya.

ANI: Mengenai pak Hadi, bagaimana?

ABD: Oh ya, hampir lupa. **Tanyakan** lagi apakah dia sudah menerima uang pembayaran dari kita.

ANI: Bagaimana kalau ada telepon dari rumah?

ABD: Dari isteri saya? **Beritahukan** saja bahwa saya akan pulang terlambat sore ini.

ABD: *Excuse me, Aniek. Can you stop for a moment, please. I have to go out. There's a meeting at Head Office.*
ANI: *Yes, Sir?*
ABD: *Please send this telex to PT Jasa Raharja! Then telephone Mr Burhan and make an appointment for next week.*
ANI: *Is there anything else, Sir?*
ABD: *Please get me the contract with PT Kerta Jaya from the cupboard and put it on my desk.*
ANI: *How about Mr Hadi?*
ABD: *Oh, yes. I almost forgot. Ask him again if he has received the payment from us.*
ANI: *What if there is a call from home?*
ABD: *From my wife? Just tell her that I'll be home late tonight.*

kantor pusat	head office	**bayar/me**	to pay
janji	appointment	**pembayaran**	payment (from:
perjanjian	agreement	**bayar/pe____an)**	

Grammar 1

Giving orders

An order usually involves some kind of action. So in expressing it, *the verb should be the central point.* The speaker needs to express the order in *the shortest possible way.* Therefore an order normally excludes the subject 'you'. Thus, 'Pass the sugar!', 'Come in!', etc.

You should be aware that in Indonesian form and meaning are interdependent. In a command if the verb is an independent verb there is no need for a change. If the verb has the prefix **ber**, the normally intransitive **ber** is optional. But if the verb is transitive with the prefix **me**, the **me** should be dropped. This is because the root of a **me** transitive verb is already a verb (base-verb).

Having chosen the right verb form, the speaker can then use either a *persuasive inflection* to make it acceptable, or a *harsh inflection* to force acceptance on the person being ordered. This is a basic type of imperative which is quite common in spoken Indonesian. We shall call this the basic Indonesian imperative.

An *alternative way* of making a command polite is to *add a polite word or particle* to *the chosen verb form*. There are four colloquial polite words in Indonesian, namely **silahkan, tolong, coba** and **harap** and a particle **lah** – all of which translate into just one word in English – 'please'. (We shall call this the refined Indonesian imperative.)

Basic Indonesian imperative

Various verb forms are given in the commands below which are of the basic Indonesian imperative. 'Please' in brackets is added to the English translation to match the polite connotation in Indonesian, assuming they are said with soft inflection.

Independent verbs

Makan **yang banyak!**	Eat a lot (please)!
Tidur **yang cukup!**	Sleep sufficiently (please)!

Verbs with ber

The prefix **ber** can be dropped if the root is a verb. For example, one can say:

Bermain di sini!	Play here (please)!
or **Main di sini!**	Play here (please)!
Berjalan ke sana!	Walk there (please)!
or **Jalan ke sana!**	Walk there (please)!

Similarly for **bekerja, berkumpul, bertanya** and **berbicara**.
If the root is a noun, however, the **ber** *must be maintained*. This is simply because **ber** is the factor that makes the root a verb.

Berkata **yang benar!**	Speak the truth (please)!
Bersepeda **ke sekolah!**	Go to school by bike (please)!
Berpakaian **yang baik!**	Dress properly (please)!

Verbs with me

If the verb is intransitive, and originates from a noun or an adjective, the prefix **me** is retained because **me** is the element that changes it into a verb.

tari (*n.*) – **menari** (*vi.*)
Menari **yang indah!**   Dance beautifully (please)!

darat (*n.*) – **mendarat** (*vi.*)
Mendarat **di sini saja!**   Just land here (please)!

If the verb is *transitive* (i.e. it has an object), the **me** should be dropped. Obviously this is because the root itself is already a meaningful verb, such as **baca**, **tulis**, etc.

baca (*v.*) – **membaca** (*vt.*)
Baca **surat-kabar itu!**   Read that newsletter (please)!
kirim (*v.*) – **mengirim** (*vt.*)
Kirim **surat ini!**   Send this letter (please)!
taruh (*v.*) – **menaruh** (*vt.*)
Taruh **itu di meja saya!**   Put it on my table (please)!

If the verb is transitive, but the object is not given, the prefix **me** should be retained. Here the speaker places emphasis on the activity.

(membaca) *Membaca* **yang banyak!** Read a lot (please)!
(menyanyi) *Menyanyi* **yang merdu!** Sing beautifully (please)!
(memasak) *Memasak* **yang enak!** Cook deliciously (please)!

Verbs with me_____kan

Verbs with **me_____kan** are always transitive. Hence **me** must be dropped.

tanya – **menanyakan** (*vt.*)
Tanyakan **ke pak Hadi!**   Ask Mr Hadi!

lapor – **melaporkan** (*vt.*)
Laporkan **kejadian itu!**   Report that incident!

kerja – **mengerjakan** (*vt.*)
Kerjakan **laporan itu!**   Write that report!

Refined Indonesian imperative – the polite words

Silahkan – 'as you please', 'we approve of what you do'. It is in the interest of the person spoken to.

Silahkan duduk!   Please sit down! (It's good for you to sit)
Silahkan masak ayam!   Please, cook some chicken! (If it is what you wish)
Silahkan merokok!   Please smoke! (I don't mind if you feel like doing so).

Silahkan is not actually a commanding word. Rather, it is a word used for expressing no objection to whatever the person spoken to wishes to do. It is the opposite of the prohibitive **jangan**. As indicated by the samples above, it does not affect the verb form. So *it can be used with verbs with* **me** *or without* **me**, though the latter is preferred.

Silahkan memasak ayam!	(correct)
Silahkan masak ayam!	(correct preferred)
Silahkan menjawab surat itu!	(correct)
Silahkan jawab surat itu!	(correct and preferred)

Tolong literally means 'help', 'do me a favour', or 'help me'. Hence it is frequently used with verbs with the suffix **kan** (beneficent – in the speaker's interest).

Tolong, masukkan itu ke tas saya!	Please, put it in my bag!
Tolong, beritahu isteri saya bahwa saya akan terlambat!	Please tell my wife that I'll be late!
Tolong, ambilkan dokumen!	Please, get me the documents!

Coba literally means 'to try'. As if the speaker is saying 'Try . . . you can do it. I'm not forcing you can do it. I'm not forcing you . . .' It is normally to do with ability or willingness.

Coba, buatkan saya meja!	Please make me a table!
Coba, hitung berapa 7 kali 2?	Please tell me what is 7 times 2?
Coba, panjat pohon itu!	Please climb that tree!

Harap literally means 'to hope'. The speaker expects that the person spoken to will do his wish. This is frequently used in written communication. **Harap** is not a strong commanding word. Therefore it does not affect the verb form, either with **me** or without **me**.

Harap datang jam 7.00 tepat!	Please, come exactly at 7.00!
Harap menabung uang setiap bulan!	Please, save some money every month!
Harap menutup pintu kalau anda keluar!	Please, close the door when you go out!
Harap tutup pintu kalau keluar!	Please, close the door when you go out!

lah is used to emphasize a word considered to be important in a sentence, not necessarily an imperative, for example:

Disini*lah* saya tinggal!	I live *here*!
Jono*lah* yang mengambil uangmu!	It was *Jono* who took your money!

In the imperative, **lah** is attached to the verb. Its function as stated earlier is to soften, making the order polite. 'Please, do it'.

Tinggallah di sini!	Stay here, please!
Ambillah uangmu!	Get your money, please!
Kirimlah telex ini ke Jakarta!	Send this telex to Jakarta!

Situation 2

Jangan merokok, Pak!

Pak Harjono is having heart problems. He goes to see a doctor in Jakarta and is given the following advice

D: Pak, Harjono, **jangan makan** banyak daging. **Makanlah sayur** dan buah-buahan. Dan **jangan merokok**!

H: Wah, susah dokter. Saya suka makan sate dan tidak biasa makan sayur dan buah-buahan.

D: Makanan yang berlemak tidak baik untuk kesehatan anda.

H: Kalau minum bir, boleh atau tidak?

D: Boleh tapi **jangan (minum)** banyak-banyak! Selain itu, **berolah ragalah yang teratur**! Setiap pagi, **bersenam, berlari atau berenang**!

H: Wah, saya tak biasa berolah raga, apalagi berenang. Saya tak bisa.

D: Ya, apa saja. Berjalan-jalan juga baik. Yang penting badan anda bergerak. **Jangan hanya duduk**!

H: Baik, akan saya coba. Mudah-mudahan saya tidak malas.

D: *Pak Harjono, please don't eat too much meat. Eat vegetables and fruit. And don't smoke, please!*

H: *No, I won't but it's difficult, doctor. I enjoy eating satay and I'm not accustomed to eating vegetables and fruit.*

D: *Fatty food is not good for your health.*

H: *How about drinking beer? Am I allowed to or not?*

D: *Yes you are, but don't drink too much! Apart from that, exercise (lit.: do sports) regularly! Every morning: work out in the gym, go running or swimming.*

H: *Oh, dear. I'm not used to doing any sports, let alone swimming. I don't know how to swim.*

D: *Do anything you are able to! Walking is also good, as long as your body moves. Don't just sit down!*

H: *Alright. I'll try. I hope I won't be lazy.*

daging	meat	**kesehatan**	health
sayur	vegetables	**apalagi**	let alone
buah	fruit	**penting**	important
susah	difficult	**senam/ber**	to work out in a gym
biasa	accustomed	**to teratur**	regular
bisa	can/be able to	**olah raga**	sports
lemak/ber	fatty	**gerak/ber**	to move

Grammar 2

Jangan

Jangan, which is the equivalent of 'don't' in English, is used to express disagreement or prohibition of what the person spoken to is doing/does. Therefore the *form of the verb in this type of imperative follows that in the statement* describing the action of the other person. The prefix **me** in the transitive verb in the statement is maintained in the negative command. The optional **lah** can be added to soften (or to give a polite emphasis to) the disagreement or prohibition expressed. If a strong/forceful order is desired, **lah** should be dropped and a harsh inflection is used.

Examples

The first line describes what the person spoken to does; the second line gives the negative imperative with **jangan** placed in front.

Saudara makan banyak daging   You eat lots of meat
Jangan makan banyak daging!   Don't eat too much meat!

Saudara merokok   You smoke
Jangan merokok!   Don't smoke!

Saudara lupa membayar   You forget to pay
Jangan lupa membayar!   Don't forget to pay!

Saudara menulis di situ	You write on that
Jangan(lah) menulis di situ!	Don't write on that!

Saudara menanyakan nama saya	You ask me my name
Jangan(lah) menanyakan nama saya!	Don't ask me my name!

Saudara berhenti berusaha	You stop trying
Jangan(lah) berhenti berusaha!	Don't stop trying!

Note: Only **lah** is suitable for softening negative imperatives. Do not use **coba, tolong, harap** or **silahkan**.

Situation 3

Mari, tehnya diminum!

John Miller is visiting an Indonesian friend, Sri Hadi, who serves him with a cup of tea and some 'lumpia' – an Indonesian delicacy quite new to him

HOST: Ayo, pak Miller. Jangan malu-malu. **Tehnya diminum!**
JM: Ya, sebentar. Masih panas.
HOST: Lumpia itu enak, pak Miller. **Jangan didiamkan** saja. Mari, **dimakan!**
JM: Ya, terima kasih. Tapi bagaimana cara makannya?
HOST: **Ditaruh di lepek, dicampur dengan sambel dan dimakan.**
JM: Aduh, pedas sekali! Tapi benar-benar enak!

HOST: *Please, Mr Miller. Don't be shy! Drink the tea!*
JM: *One moment. It's still hot.*
HOST: *That lumpia is delicious, Mr Miller. Don't leave it untouched. Eat it!*
JM: *Yes, thank you. But how do I eat it?*
HOST: *Place it on the saucer, mix with the chilli sauce and eat!*
JM: *Wow, very hot. But it tastes really delicious!*

lepek	saucer	**diam**	silent
lumpia	spring roll	**campur/me**	to mix
didiamkan	to be ignored	**sambel**	chilli sauce
cara	way	**pedas**	spicy hot

Grammar 3
Imperative in the passive form

The imperative used in the passive voice is very common in Indonesian. The idea seems to be that rather than directing the order at the person spoken to, it would be less offensive to direct it at the object itself.

Pak, jangan malu-malu Mari *tehnya diminum*!	Don't be shy. Please drink the tea!
Kuenya jangan didiamkan saja! Ayo, *kuenya dimakan*!	(*lit.*: Don't let the cake be idle!) Come on, eat it!
Jangan tulis surat itu!	Don't write that letter!
Surat itu *jangan ditulis*!	(*lit.*: Don't let the letter be written by you!)
Jangan membicarakan soal itu!	Don't discuss that matter!
Soal itu *jangan dibicarakan*!	Don't discuss that matter! (*lit.*: that letter is not to be read!)
Bacalah halaman 10!	Read page 10, please!
Harap *halaman 10 dibaca*!	(*lit.*: Page 10 be read, please!)
Coba, minum obat ini!	Please drink this medicine!
Coba, *obat ini diminum*!	(*lit.*: This medicine be taken, please!)

Summary of the imperative

- Basic imperative   verb + harsh/soft inflection.

- Refined imperative   verb + polite words (**silahkan**, **tolong**, **coba** and **harap** or **lah**).

- Verb form   Independent verbs are not a problem; the prefix **ber** is optional. The **me** in the transitive verb, however, is dropped.

- Negative imperative   **Jangan** negates any prevailing fact. It is the opposite of **silahkan**. The verb form can be with or without **me**.

- In all cases   The subject (you) is not required.

Exercises

1 Which of the following imperatives can be said with harsh inflection, persuasive inflection, or both? Remember a harsh imperative does not have the polite words **coba**, **silahkan**, **tolong**, **harap** or **lah**:

(a) Masuklah!
(b) Jual rumahmu yang tua dan beli yang baru!
(c) Coba, ambil kursi dan duduk!
(d) Lihat orang laki-laki itu. Dia tinggi sekali!
(e) Makanlah! Jangan minum!
(f) Tulislah sebuah surat kepada nenekmu!
(g) Coba, baca lagi buku itu. Isinya menarik
(h) Berbicaralah! Jangan hanya diam!
(i) Jangan hanya bermain! Bekerja!
(j) Jangan merokok. Saya tak suka itu!
(k) Datanglah ke sini. Saya ada kabar baik untukmu!
(l) Pergi! Saya tak perlu kamu lagi
(m) Tinggal di sini dan jangan menangis
(n) Belikan saya segelas air jeruk!
(o) Bacakan saya surat itu. Saya lupa membawa kacamata
(p) Berjalanlah satu kilometer dan berhenti di sana
(q) Ambilkan saya secangkir kopi panas!

lagi	again	**keras**	hard
berbicara	to talk	**perlu** (*v.*)	to need
panik	to panic	**kawatir**	to worry

2 Change the statements below into imperatives, using **silahkan**:

(a) Saudara masuk dan duduk
(b) Saudara makan dan minum di sini
(c) Saudara merokok
(d) Anda mengerjakan apa saja
(e) Anda memasak nasi goreng
(f) Anda menonton televisi
(g) Saudara mendengarkan radio
(h) Saudara pulang jam berapa saja

3 Change the statements below into imperatives, using **tolong**. Note that *most of these things are done for the speaker.*

(a) Saudara mengeluarkan mobil dari garasi
(b) Saudara membawa mobil saya ke bengkel
(c) Saudara menanyakan dia apanya yang rusak
(d) Saudara menanyakan berapa ongkosnya
(e) Saudara membersihkan mobil itu
(f) Saudara menjualkan mobil itu
(g) Saudara memasukkan uangnya ke bank
(h) Saudara memberikan tanda terimanya kepada saya

bengkel	repair garage	**rusak**	damaged
ongkos	costs (*n.*)	**tanda**	sign (*n.*)

4 Change the statements below into imperatives using **coba**. Note that these sentences usually imply ability, willingness or reluctance.

(a) Kamu bekerja delapan jam sehari
(b) Kamu mengerjakan lebih dari satu pekerjaan
(c) Kamu menyimpan sebagian uangmu di bank
(d) Kamu tidur dan makan yang cukup
(e) Kamu berolah raga setiap pagi
(f) Di kantor kamu bersikap ramah kepada teman-teman
(g) Engkau banyak menolong mereka
(h) Engkau banyak bercanda dengan mereka
(i) Engkau berkunjung ke rumah mereka

pekerjaan	work (*n.*)	**olah raga**	sport
lebih dari	more than	**canda/ber**	to make jokes
cukup	adequate	**ramah**	friendly

5 Change the statements below into imperatives, using **lah**. All the subjects in these sentences translate into 'you' in English.

(a) Saudara melihat ke belakang
(b) Kamu masuk ke kantor
(c) Anda berangkat sekarang
(d) Engkau bermain tenis
(e) Tuan datang besok

(f)   Nyonya menanyakan nama jalan itu
(g)   Nona menunggu di sini
(h)   Anda pergi nanti malam
(i)   Tuan mengembalikan uang saya
(j)   Saudara membaca surat kabar 'Abadi'
(k)   Engkau bekerja yang baik
(l)   Kamu memasukkan uang ke kantong

6 Imagine you disagree with the following statements. Using **jangan** or **janganlah** how would you express your disapproval or prohibition in Indonesian? Follow the examples:

(a)   Anda pergi sendirian. Jangan pergi sendirian!
(b)   Anda naik bis umum. Jangan(lah) naik bis umum!
(c)   Anda memakai perhiasan
(d)   Anda membawa banyak uang di tas
(e)   Anda mencium pacar di muka umum
(f)   Anda keluar berjalan-jalan di larut malam
(g)   Anda makan di warung di pinggir jalan
(h)   Anda minum air tawar
(i)   Anda lupa menggosok gigi setiap malam
(j)   Anda lupa meminum obat kalau sakit
(h)   Anda berterima kasih kepada orang itu

sendirian	alone	**air tawar**	fresh water
umum	public	**larut malam**	late night
perhiasan	jewellery	**warung**	food stall
cium/me	to kiss	**pinggir**	side
pacar	boy/girlfriend	**gosok/me**	to rub

7 Cover the right column below with your right hand and change the active imperative on the left to the passive imperative. Remove your hand to check for the correct answers.

(a)   Makan roti itu!   Roti itu dimakan!
(b)   Tolong taruh buku itu di atas meja!   Tolong, buku itu ditaruh di atas meja!
(c)   Jangan memakan nasi mentah!   Nasi mentah jangan dimakan!
(d)   Tolong, beri saya uang!   Tolong, saya diberi uang!

(e) Coba, ambilkan saya sebuah piring!   Coba, saya diambilkan sebuah piring!

(f) Jangan pukul anjing itu!   Anjing itu jangan dipukul!

(g) Jangan suka memaksa orang!   Orang jangan dipaksa!

(h) Masukkan mobil saya ke garasi!   Mobil saya dimasukkan ke garasi!

(i) Keluarkan anak itu dari kamar!   Anak itu dikeluarkan dari kamar!

Language in use

Study the conversations below. Note the varied verb forms in the imperative, here represented in bold.

Aku terus ingat

AMIN: Din, mengapa engkau melamun saja?

UDIN: Saya ingat pacar saya.

AMIN: Oh, si Dewi. **Lupakan dia!**

UDIN: Bagaimana saya bisa lupa. Dia cantik sekali.

AMIN: Yang sudah, sudahlah. **Cari(lah) pacar baru!** Banyak gadis cantik sekarang.

UDIN: Ya, saya tahu. Tapi saya tak bisa.

AMIN: **Jangan(lah) hanya duduk. Bermain(lah) dengan teman-teman! Bercakap-cakap(lah) dengan mereka!**

UDIN: Saya tak suka bermain dan tak suka bercakap-cakap.

AMIN: **Membaca(lah)!**

UDIN: Saya tak suka membaca buku.

AMIN: **Menonton(lah)** televisi!

UDIN: Saya tak suka di rumah. Saya mau keluar, ikut kamu . . .

AMIN: Maaf, tak bisa. Saya ada janji . . . ke teater!

UDIN: Dengan siapa?

AMIN: Dengan . . . D . . . e . . . wi?!

UDIN: Kamu memang nakal!

melamun	to daydream	**ikut**	to come with
pacar	boy/girlfriend	**janji**	promise (*n.*)
cantik	beautiful	**nakal**	naughty
melupakan	to forget sb.	**si** (optional)	article for proper names

Belilah

IBU: Sri **berbelanjalah** ke pasar! **Beli(lah) gula pasir**, beras dan sayur!

SRI: Baik, bu. Di mana uangnya?

IBU: **Ambil(lah) dari dalam tas** ibu. Tas yang hitam, bukan yang coklat. Di kamar atas.

SRI: Ini. bu. Uangnya sudah saya ambil. Uang kertas Rp 20,000

IBU: **Beli(lah) juga satu kilogram daging sapi! Pilih(lah) bagian yang baik!**

SRI: Apa lagi, bu?

IBU: Ini resep dari dokter untuk adikmu. **Bawa(lah) ke apotik dan belikan obat!**

SRI: Masih ada yang lain lagi?

IBU: Sudah cukup. **Ambil(lah) kertas dan catat semua** tadi.

belanja/ber	to shop	**pilih/me**	to choose
gula pasir	granulated sugar	**bagian**	part
sayur	vegetables	**resep**	prescription
daging sapi	beef	**cukup**	adequate
catat/men	to note down	**semua tadi**	all of them

Janganlah!

BAPAK: Din, **datang** ke sini!

ANAK: Ada apa, pak?

BAPAK: Apa kamu sudah makan?

ANAK: Sudah, pak. **Lihat perutku!** Besar, bukan?

BAPAK: Ya, besar. Kamu makan apa tadi?

ANAK: Makan nasi dengan daging sapi.

BAPAK: **Jangan banyak makan daging! Makanlah sayur juga!**

ANAK: Saya tidak suka sayur, pak.

BAPAK: Kamu minum apa tadi?

ANAK: Minum Coca-coca, pak.

BAPAK: **Jangan(lah) minum itu!** Gigimu bisa rusak.

ANAK: Ah, bapak ini rewel. Apa-apa tidak boleh. Jangan begini, jangan begitu!

perut	stomach	rewel	fussy
gigi	tooth/teeth	begini/begitu	like this/that
rusak	damaged	apa-apa	things

Reading passage

Study the text. Note the varied verb forms in the intructions given.
Answer the comprehension questions at the end of the story.

Surat dari Jakarta

Jakarta, 2 Februari 1993

Peter yang baik:

Surat anda datang tadi pagi . . . dengan membawa kabar baik . . .
Anda akan berkunjung ke Indonesia! Memang, sekarang Indonesia
maju. Ekonominya baik dan keadaannya aman.

Saya ada beberapa pesan yang mungkin baik untuk anda:
Pesawat terbang: **Naiklah pesawat Garuda** karena pesawat ini ter-
bang langung dari London ke Jakarta. Layanannya cukup baik dan
karcisnya juga lebih murah.

Mengenai izin tinggal: **Jangan lupa meminta visa** di Kedutaan
Indonesia di London karena menurut surat anda, anda akan tinggal
di Indonesia lebih dari tiga minggu.

Mengenai vaksinasi: **Jangan lupa pergi ke dokter untuk meminta
vaksinasi kholera, disentri dan malaria.** Di beberapa pulau di
Indonesia, masih ada nyamuk malaria.

Mengenai pakaian: **Hanya pakaian yang tipis dan ringan bisa
dibawa. Tinggalkan semua pakaian tebal di London.** Pakaian tebal
tidak berguna di Indonesia karena hawanya panas sekali. Selain itu
industri pakaian sudah maju di Indonesia dan harganya juga
murah.

Mengenai uang: **Pergilah ke bank dan beli travellers cheques.** Ini
lebih aman! **Bawa juga kira-kira 10 atau 20 ribu rupiah uang
Indonesia**, untuk keperluan darurat di bandara udara.

Akhirnya, kalau anda ada waktu dan bisa pergi ke toko, **coba
belikan saya minyak rambut** buatan Inggeris, merk 'Olivia'. **Berapa**

harganya harap dibayar dulu, nanti bila anda sampai di Jakarta saya ganti uang anda.

Tolong beritahu saya tanggal berapa anda berangkat supaya saya bisa menjemput anda di bandara udara Sukarno–Hatta.

Sekian dulu Peter. Sampai bertemu di Indonesia.

Salam, Harjono

memang	indeed	**tipis**	thin
maju	to progress	**ringan**	light
keadaan	situation	**tebal**	thick
beberapa	several	**hawa**	weather
pesan	message	**aman**	safe/secured
pesawat	machine	**keperluan**	necessity
terbang	fly	**bandara udara**	airport
langsung	direct	**darurat**	emergency
layanan	service	**dulu**	first
menurut	according to	**ganti**	to replace
izin	permit	**berangkat**	to leave for
nyamuk	mosquito	**jemput/me**	to collect

Pertanyaan

(a) Siapa yang akan pergi ke Indonesia?
(b) Menurut Harjono bagaimana ekonomi Indonesia sekarang?
(c) Mengapa Harjono menyuruh Peter naik kapal terbang Garuda?
(d) Mengapa dia menyuruh Peter mengambil vaksinasi malaria?
(e) Apa pakaian tebal perlu di Indonesia? Mengapa?
(f) Untuk apa Peter pergi ke bank?
(g) Apa uang Inggeris laku di Indonesia?
(h) Harjono meminta Peter untuk membelikan apa?
(i) Apa Harjono tahu tanggal berapa Peter akan berangkat?
(j) Apa nama bandara udara di Jakarta?

13 Mana yang lebih enak?

Which is more enjoyable?

In this lesson you will learn about:

- Comparative adjectives
- Superlative adjectives
- The phrases 'same as' – **sama dengan** and 'too' – **terlalu**

Study the dialogue in Situation 1 below, noting particularly the words in bold.

 Situation 1 (Audio 2: 18)

Mana yang lebih enak?

Eddy Smith is to go to Indonesia to take up a job as an engineering consultant. By chance he meets an Indonesian in Toronto, so he takes the opportunity to ask him about living conditions in Indonesia

EDDY: Pak Mitro, mana yang **lebih enak**, hidup di Kanada atau di Indonesia?

MITRO: Wah, itu pertanyaan sukar! Yang jelas, hawa di Indonesia **lebih panas daripada** hawa di Kanada.

EDDY: Bagaimana mengenai beaya hidup?

MITRO: Di Kanada beaya hidup **lebih mahal** karena Kanada adalah negara maju.

EDDY: Memang saya dengar dari teman-teman beaya hidup di Indonesia **jauh lebih murah**. Pakaian murah, transport murah; semuanya murah ... Juga **orangnya lebih ramah, lebih banyak bercanda dan suka mengobrol**.

MITRO: Ya, karena hawa yang panas orang suka keluar rumah

untuk bermain atau berkunjung ke rumah teman dan tetangga. Di Kanada udara yang dingin membuat orang segan keluar.

EDDY: Mengenai lalu lintas bagaimana?

MITRO: Dalam hal ini Kanada **lebih baik**. Mobil di jalan-jalan di Kanada **tidak sebanyak** mobil di jalan-jalan di Indonesia. Aturan lalu lintasnya juga **lebih keras**. Dan yang mengherankan lagi harga mobil sedan di Kanada **jauh lebih murah daripada di Indonesia**.

EDDY: Wah, kalau saya bisa jadi 'Superman' saya mau terbang bolak-balik Jakarta–Toronto. Di Indonesia saya bisa berbelanja, makan enak dan berlibur; di Kanada saya bisa menyetir mobil.

EDDY: *Which is better, living in Canada or in Indonesia?*

MITRO: *That's a difficult question. Obviously, the weather in Indonesia is much hotter than the weather in Canada.*

EDDY: *What about the cost of living?*

MITRO: *The cost of living is higher in Canada because it is a developed country.*

EDDY: *Indeed, I heard that the cost of living in Indonesia is much cheaper. Clothes are cheap, transport is cheap; everything is cheap. The people are also more friendly, make more jokes and like to chat.*

MITRO: *Yes, because of the hot weather people enjoy going out to visit neighbours, or children to play with their friends. In Canada the cold weather makes people reluctant to go out.*

EDDY: *What about the traffic?*

MITRO: *In this case Canada is better. There are not as many cars on Canadian roads as on Indonesian roads. The traffic regulations are also more stringent. And what's suprising is that the price of saloon cars in Canada is much cheaper than in Indonesia.*

EDDY: *Well, if I could be a 'Superman', I would fly to and fro between Jakarta and Toronto. In Indonesia I would go shopping, eat good food and have a holiday. In Canada I would drive a nice car.*

enak	comfortable; nice	**canda/ber**	to make jokes
pertanyaan	question	**obrol/me**	to chat
daripada	than	**segan**	reluctant

jelas	obvious	**lalu lintas**	traffic
mengenai	about	**aturan**	regulation
beaya hidup	cost of living	**keras**	stringent
negara maju	developed country	**bolak-balik**	to and fro

Grammar 1

Comparative adjectives

(a) The English comparison with 'as' (adjective) 'as' is expressed by **se** + adjective in Indonesian.

Mobil di jalan-jalan Toronto tidak sebanyak di Jakarta
There are not as many cars on roads in Toronto as in Jakarta
Hasan sepandai Amir
Hasan is as clever as Amir

(b) The English comparison with 'more' + adjective + 'than' or adjective + 'er' than is expressed by **lebih + adjective +** daripada in Indonesian.

Di Indonesia pakaian dan makanan lebih murah daripada di Kanada
In Indonesia clothes and food are cheaper than in Canada
Harga mobil sedan di Indonesia jauh lebih mahal daripada di Kanada
Saloon cars in Indonesia are much dearer than saloon cars in Canada
Orang Indonesia lebih banyak keluar untuk mengobrol dengan tetangganya
Indonesians go out more to chat with their neighbours

Situation 2

Apa yang paling menyenangkan?

Benny and Hasyim are testing each other's general knowledge

BENNY: Siapa nama Presiden Amerika yang **termuda**?

HASYIM: Ah, itu mudah. John F. Kennedy. Negara mana yang **paling berhasil** ekonominya di Asia?

BENNY: Aku tahu! Jepang negara yang **termakmur di Asia**. Sekarang tentang Indonesia. Sebutkan kejadian yang **paling menyedihkan** di akhir tahun 1992!

HASYIM: Gempa bumi di Flores. Lebih dari 2,000 orang meninggal. Sekarang tentang musik. Berikan dua nama penari dan **penyanyi yang paling menarik** anak-anak muda di tahun 1990-an.

BENNY: Michael Jackson! Yang satunya lagi . . . aku lupa!

HASYIM: Madonna! Film apa yang **paling menakutkan anak-anak**?

BENNY: *Frankenstein* atau *Dracula*!

HASYIM: Sekarang yang mudah saja. Apa yang **paling menye-nangkan dalam hidup ini**?

BENNY: Makan, minum, rumah bagus, mobil balap dan pacar yang menggiurkan . . .

HASYIM: Itu untuk anda. Saya lebih suka mancing ikan di sungai. Itu hobi saya!

BENNY: *What's the name of the youngest American president?*

HASYIM: *That's easy. John F. Kennedy. Now, which country is economically the most successful in Asia?*

BENNY: *I know that. Japan is the most prosperous country in Asia. Now about Indonesia. Name the saddest event in 1992 in Indonesia?*

HASYIM: *The earthquake in Flores. More than 2,000 people died. Now about music. Name the two most popular (lit.: appealing) singers and dancers for young people in the 1990s.*

BENNY: *Michael Jackson! The other one . . . I forget!*

HASYIM: *Madonna. What film is the most frightening for children?*

BENNY: Frankenstein *or* Dracula*!*

HASYIM: *Now, here's something easy. What is the most enjoyable thing in life?*

BENNY: *To eat, drink, have a nice house, a racing car, and . . . a sexy girl-friend!*

HASYIM: *That's for you. For me I like to fish in the river. It's my hobby.*

mudah (*adj.*)	easy	**penyanyi**	singer
muda	young	**satunya**	the other one
makmur	prosperous	**takut/me_____kan**	frightening
sebut/me	to mention	**senang/me_____kan**	pleasing
kejadian	event	**balap**	race
akhir (*n.*)	recent/the end	**giur/me_____kan**	sexy
tinggal/me	to die	**pancing/me**	to fish

Grammar 2

Superlative adjectives

The English superlative 'the' + adjective + 'est' (e.g. 'the shortest') or the 'most' + adjective ('the most interesting') is expressed by **ter/paling** + adjective in Indonesian. Note that this applies only to base-adjectives. When the adjectives are the products of **ber** or **me_____kan** affixation, only **paling** should be used. This is understandable because **ter** is already a prefix; adding it to **ber** or **me_____kan** would form excessive prefixes.

Examples (both **ter** and **paling** are used)

Presiden Amerika yang termuda	The youngest American president
Presiden Amerika yang paling muda	The youngest American president
Negara yang termakmur di Asia	The most prosperous country in Asia
Negara yang paling makmur di Asia	The most prosperous country in Asia

Examples (only **paling** can be used)

Bencana alam yang paling menyedihkan	The saddest natural disaster
Penari yang paling menarik	The most interesting dancer
Film yang paling menakutkan	The most frightening film
Hidup yang paling menyenangkan	The most satisfying life

Situation 3

Kakinya tidak sama

Benny has just arrived home after a shopping trip. He asks Hasyim's opinion about the new trousers he has just bought

BENNY: Syim, tolong lihat celanaku yang baru ini. Bagaimana pendapatmu?

HASYIM: Coba berdiri yang lurus! Ha . . . Kaki yang kiri **tidak sama dengan** kaki yang kanan.

BENNY: Berapa bedanya?

HASYIM: Kira-kira 2 centimeter. Yang kanan **lebih panjang**. Pinggangnya bagaimana?

BENNY: **Wah, terlalu ketat**. Saya hampir tak bisa bernafas. Ukuran paha, . . . bagaimana?

HASYIM: **Agak gemuk**. Anda kelihatan pendek.

BENNY: Warnanya bagaimana? Apa kuning warna yang baik?

HASYIM: Saya kira **tidak begitu cocok dengan** bajumu yang merah. Berapa harga celana ini?

BENNY: Hanya Rp 6,000. Saya beli di tempat obral.

HASYIM: Pantes! **Kamu ini seperti kakakmu** . . . suka barang murah.

BENNY: *Syim, please look at my new trousers. What do you think?*

HASYIM: *Let me see . . . Stand straight! Ha, the left leg isn't the same length as the right one!*

BENNY: *What (lit.: how much) is the difference?*

HASYIM: *About 2 centimetres. The right leg is longer. What about the waist?*

BENNY: *It's a bit too tight. I can hardly breathe. What about the hip size?*

HASYIM: *It's a bit baggy. You look short.*

BENNY: *What about the colour? Is yellow a good colour?*

HASYIM: *I don't think it matches with your red shirt. By the way, how much did you pay for these trousers?*

BENNY: *Only 6,000 Rp. I bought them at a sale.*

HASYIM: *No wonder . . . cheap merchandise. You are just like your brother. A bargain hunter!*

pendapat	opinion	ukuran	measurement
lurus	straight	paha	thigh
kaki	leg	kelihatan	to look
beda	difference	gemuk	fat
pinggang	waist	pendek	short
kuning	yellow	pantes	naturally
ketat	tight	cocok	to match
nafas/ber	to breathe	obral	sale

Phrases

(a) **sama dengan** 'the same as'

Kaki yang kiri sama dengan kaki yang kanan	The left leg is the same as the right one
Jakarta tidak sama dengan London	Jakarta isn't the same as London
Tiga kali dua sama dengan enam	Three times two equals six

(b) **terlalu** 'too'

Pinggang celana ini terlalu ketat untuk saya	The waist of these trousers is too tight for me
Hawa di Jakarta terlalu panas di tengah hari	The weather in Jakarta is too hot at noon
Jangan terlalu tamak!	Don't be too greedy!

(c) **agak** 'rather/a little too'

Ukuran pahanya agak besar	The hip size is a little bit too large
Anak itu agak nakal	The boy is rather naughty

(d) **tidak begitu** 'not so'

Untuk saya warna kuning tidak begitu menarik	For me the colour yellow is not so interesting
Dia begitu cinta pada saya sehingga lupa pada ibunya sendiri	She loves me so much that she forgets her own mother

(e) **seperti** '(to be) like'

Kamu itu seperti kakakmu	You are like your brother

Suka membeli barang murah	You like buying cheap things
Benny itu seperti Hasyim.	Benny is like Hasyim. Neither
Mereka tak suka	likes smoking
merokok	
Seperti apa Borobudur itu?	What's Borobudur like?

Note: The derived adjectives in Situation 2 (**menakutkan, menyedihkan, menyenangkan**, etc.) can also be treated as causative verbs without the objects being mentioned (i.e. the result of the **me____kan** application to adjectives. They can be interpreted as causing people to be afraid, sad, happy, etc.

Exercises

1 Compare the two sentences below and make up one or more new ones, using **lebih**. Follow the three examples given:

(a) Hasan pulang jam 4.00 Isterinya pulang jam 5.00 (dulu/lambat)
Hasan pulang lebih dulu dari pada isterinya – Isterinya pulang lebih lambat daripada Hasan

(b) Amir berangkat jam 7.00 Hadi berangkat jam 8.00 (dulu; lambat) – Amir berangkat lebih dulu dari pada Hadi – Hadi berangkat lebih lambat daripada Amir

(c) Budi bekerja 8 jam sehari Turijo bekerja 7 jam sehari (lama/pendek) – Budi bekerja lebih lama daripada Turijo – Turijo bekerja lebih pendek daripada Budi

(d) John berjalan 15 mil
Mary berjalan 12 mil
(jauh/dekat)

(e) Bill berbicara lambat
Jenny berbicara lambat sekali
(*one answer*)

(f) Ibu guru berbicara dengan jelas
Bapak Guru berbicara jelas sekali
(*one answer*)

(g) Judy pandai
Amir pandai sekali
(*one answer*)

(h) Cerita lama itu menarik
Cerita baru ini menarik sekali
(*one answer*)

(i) Hongkong jauh
   Jakarta jauh sekali
   (*one answer*)

(j) Mobil Pak Umar berharga 5 ribu dollar
   Mobil Pak Yudi hanya berharga 3 ribu dollar
   (*one answer*)

2 Give the Indonesian equivalents to the following:

(a) This house costs much more than that house
(b) I prefer living in Canberra to living in Sydney
(c) I like Jakarta but I prefer Bandung
(d) Halimah is more diligent than Sumarti, but Sumarti is more intelligent
(e) Henry is learning Indonesian more quickly than Harry

3 Read the sentences on the left while covering the right column with your right hand. Make up new sentences, using the superlative form of comparison, **ter** or **paling**. Remove your hand to check your answers:

(a) Komputer itu mahal. Lebih
   mahal daripada semua
   komputer ini

   Komputer itu termahal
   Komputer itu paling mahal

(b) Mobil saya tua. Lebih tua
   daripada semua mobil
   di kampung ini

   Mobil saya tertua di
   kampung ini
   Mobil saya paling tua di
   kampung ini

(c) Kota Bandung indah sekali.
   Lebih indah daripada semua
   kota di Jawa Barat

   Bandung kota terindah di
   Jawa Barat
   Bandung kota yang paling
   indah di Jawa Barat

(d) Buku bahasa Indonesia ini
   berguna sekali. Lebih
   berguna daripada buku-
   buku bahasa
   Indonesia lainnya

   Buku bahasa Indonesia ini
   yang paling berguna

   (*one answer only*)

(e) Usaha anda berhasil sekali
   Lebih berhasil daripada
   usaha-usaha anda yang lain

   Ini usaha anda yang paling
   berhasil
   (*one answer only*)

(f) Pulau Bali menarik sekali
Lebih menarik daripada
pulau pulau yang lain di
Indonesia

Pulau Bali (yang) paling
menarik di Indonesia

(*one answer only*)

(g) Lagu itu menyenangkan
Lebih menyenangkan
daripada lagu-lagu yang lain

Lagu itu paling menyenangkan

(h) Jawa banyak sekali
penduduknya. Lebih
banyak daripada di
tempat-tempat lain di
Indonesia

Jawa penduduknya terbanyak
Jawa Penduduknya paling
banyak

4 How would you translate the following into Indonesian? Use
lebih, **ter** or **paling** as appropriate:

(a) Umar and Azis are brothers. Umar is older than Azis, but he is
fatter and shorter. Azis is not only taller, but also stronger and
more handsome. This is because Azis eats and drinks more and
sleeps longer than his elder brother. Umar, on the other hand,
is wiser, more understanding, and has more friends. He also
talks less and spends less money than his younger brother Azis.

(b) Jakarta is the capital of Indonesia. It has the largest population
among the provinces of Indonesia. The weather is the hottest,
sometimes over 37 degrees, because it is located on the equator.
For many business executives, however, life is at its most excit-
ing because they can make lots of money in this city. They can
have chauffeurs to drive their best cars, they can eat the most
delicious food, drink the best drinks and go to see the latest
film. Their houses can have air conditioning with two or three
helpers to do all the housework.

wise	**bijaksana**	understanding	**pengertian**
to spend	**membelanjakan**	less	**kurang**
among	**di antara**	located	**terletak**
exciting	**menyenangkan**	chauffeur	**sopir**
film	**pilm**	helpers	**pembantu**

5 Fill in the blanks with one of the following: **terlalu, agak, sama dengan, lain (dari), tidak begitu** or **seperti**:

(a) Celana itu _____ besar. Saya tidak bisa memakainya
(b) Orang laki-laki itu _____ gila. Dia berbicara sendiri
(c) Komputer saya _____ dari komputer saudara. Punya saya lebih canggih
(d) Orang Amerika tidak _____ orang Inggeris. Orang Amerika biasanya lebih tinggi
(e) Dia _____ ketat dengan uang. Tidak heran kalau dia kaya
(f) Amat _____ adiknya. Keduanya suka membeli barang murah
(g) Rupa orang Pilipina hampir _____ rupa orang Indonesia
(h) Mengapa anda memakai baju biru lagi, apa tidak ada yang _____
(i) Hari ini langit _____ mendung. Jangan lupa membawa payung
(j) Dia tidak _____ kaya, dan juga tidak _____ miskin
(k) Orang Inggeris _____ suka makan nasi. Mereka makan roti
(l) Rumahmu _____ rumahku. Banyak jendelanya

sendiri	(by) himself	**canggih**	sophisticated
rupa	facial appearance	**mendung**	cloudy
ketat	tight	**hampir**	almost

Language in use

Study the following telephone conversation. Note the comparative and superlative forms of the adjectives.

At the Indonesian Tourist Information centre in Jakarta, the phone is ringing; a staff member (IC) picks it up. On the line is a foreign tourist (TR) speaking in Indonesian, asking for information about the best way to travel from Jakarta to Surabaya, a town in East Java about 1,000 km away

IC – Information centre

IC: Hallo, Kantor Penerangan Pariwisata!
TR: Selamat siang, pak. Saya wisatawan dari Scotlandia. Boleh saya bertanya?
IC: Ya, tentu saja.

TR: Kalau saya mau pergi dari Jakarta ke Surabaya, pakai apa yang **terbaik**, pak?

IC: Yang **terbaik** pesawat terbang. **Paling lama** dua jam sudah sampai. Tapi ongkosnya **paling mahal**. Kira-kira Rp 200,000.

TR: Wah, terlalu mahal pak. Soalnya isteri dan anak-anak ikut.

IC: Atau sdr. bisa naik kereta-api yang khusus untuk wisatawan dari stasiun Gambir. Harga karcisnya hanya Rp 30,000. Tapi lama perjalanan kira-kira 20 jam, 10 kali **lebih lambat** daripada pesawat terbang.

TR: Kata orang ada bis malam juga ya, pak?

IC: Ya, bis malam **lebih enak** daripada kereta api. Tempat duduknya nyaman. **Hanya kurang aman** kalau dibanding dengan kereta api karena memakai jalan bersama kendaraan lain.

TR: Terima kasih, pak. Saya pikirnya dulu.

penerangan	information	**kata orang**	people say
pariwisata	tourism	**khusus**	special
kendaraan	vehicle	**aman**	safe

Reading passage

Study the text. Note particularly the comparative and superlative forms of the adjectives. Answer the comprehension questions at the end of the story.

Pulau Bali

Tidak banyak tempat di dunia ini **yang seindah pulau Bali**. Pulau ini kecil, kira-kira **sama dengan pulau Capri** di samudera Pacific selatan, panjangnya 145 km dan lebarnya 80 km. Banyak orang Barat sudah mendengar nama Bali dan mengira letaknya di Asia Tenggara, tetapi tidak tahu bahwa Bali masuk wilayah Indonesia.

Hawa di pulau Bali **tidak terlalu panas**, tetapi juga tidak dingin. Orang menamakan pulau ini pulau dewata, artinya tempat dewa-dewa. Dewa **yang paling tinggi** dalam agama ini ialah Sanghyang Widhi. Memang agama Hindu Bali berasal dari India, kira-kira 3,000 tahun yang lalu, tetapi di Bali agama ini sudah berkembang, punya ciri sendiri, **lain daripada yang di India**.

Di antara tempat-tempat wisata di Indonesia, pulau Bali **yang paling berhasil** dalam menarik wisatawan asing. Sepanjang tahun wisatawan dari berbagai penjuru dunia, dari Jepang, Eropa dan Amerika datang berkunjung ke pulau ini. Mereka ingin melihat tari-tarian, seperti tari Kecak dan Barong, membeli hasil kesenian seperti ukiran dan lukisan, dan melihat dari dekat tempat-tempat ibadah suci seperti pura dan kuil. **Yang paling menarik** ialah upacara pembakaran mayat. Upacara ini memakan banyak beaya. Orang mengatakan **ini upacara yang termahal dan terbesar.**

Satu sebab mengapa banyak wisawatan berkunjung ke Bali ialah orang Bali tidak mau mencuri. Ini ada kaitan dengan larangan dalam agama mereka. Jadi wisatawan-wisatawan merasa aman. Mungkin Bali **tempat turis yang teraman.**

Dari Eropa atau Amerika ke Bali memang jauh, tetapi Bali **tidak yang terjauh.** Banyak wisatawan yang mampir ke Bali karena mereka dalam perjalanan dari Eropa ke Australia. **Ongkosnya juga tidak termahal.** Dengan hanya menambah beberapa puluh dollar saja mereka bisa melihat pulau dewata yang indah ini. Mengapa tidak ke Bali?

dunia	world	**wisatawan**	tourism
indah	beautiful	**sepanjang**	all
dewa/dewata	god	**berbagai**	various
samudera	ocean	**penjuru**	corner
letak	location	**tari-tarian**	dances
tenggara	southeast	**kesenian**	arts
wilayah	territory	**ukiran**	carving
hawa	weather	**tempat ibadah**	place of worship
agama	religion	**pembakaran**	burning of
dewa-dewa	gods	**mayat**	corpse
kembang/ber	to grow	**curi/men**	to steal
larang/an	prohibition	**aman**	secured/safe
mampir	to drop in	**perjalanan**	journey

Pertanyaan

(a) Mana lebih populer di kalangan orang Barat, nama Bali atau Indonesia?

(b) Berapa panjang dan lebar pulau Bali?

(c) Apa nama lain dari pulau ini? Mengapa?

(d) Dari mana asal agama Hindu Bali?

(e) Sebutkan nama dewa yang tertinggi dalam agama Hindu Bali!

(f) Jelaskan hawa di Bali?

(g) Wisatawan asing datang ke Bali untuk apa?
(h) Upacara apa yang paling menarik?
(i) Mengapa wisatawan asing merasa aman di Bali?
(j) Mana yang lebih jauh: dari Eropa ke Australia atau dari Eropa ke Bali?

14 Dia mengasihi semua pegawainya

The wise director

In this lesson you will learn about:
- The suffix **i** as a transitive verb maker
- Using the suffix **i** in the active and passive voices

Study the text in Situation 1 below, noting particularly the words in bold.

 Situation 1 (Audio 2: 21)

Direktur yang Bijaksana

Sudah lama pak Zainal bekerja sebagai pegawai pemerintah. Dia **mengepalai sebuah bagian,** di direktorat perdagangan. Atasannya **mengakui** bahwa bagian yang dipimpinnya maju. Mengapa?

Dia ramah. Setiap pagi, bila tiba di kantor dia selalu **menyalami pegawai**-pegawainya dan **menanyai mereka**: 'Sam, bagaimana keluargamu?', 'Din, anda baik-baik saja kan?', 'Pak Umar, Apa kabar?', dan lain-lainnya.

Setiap tahun menjelang Lebaran, dia **menghadiahi** pegawai-pegawai yang sudah bekerja keras. Dia tidak pernah **menyakiti hati** pegawainya. Kata-katanya selalu sopan dan tegas, sering **diselingi dengan jenaka**.

Dia jarang **memarahi pegawai** yang malas atau kurang baik. Dia malah **mendekati mereka**. Pegawai itu dipanggilnya, diajaknya bercakap cakap dari hati ke hati. Dia ingin **mengetahui soal** yang mengganggu perasaan pegawai itu. Sesudah itu **dia menasehatinya** bahwa orang perlu **mengikuti akal sehat** supaya selamat.

Tidak mengherankan kalau bawahan pak Zainal sangat **menghormatinya**. Mereka **menyukai dia** karena dia lebih dulu **mengasihi mereka**.

For a long time Pak Zainal has worked as a government employee.
He heads a department in the Directorate of Trade. His superior
admits that the department he is in charge of has made good progress.
Why?

He is friendly. Every morning when he arrives at the office, he
always greets his employees and asks: 'Sam, how is the family?', 'Din,
you're all right, aren't you?', 'Pak Umar, what's new?', and so on.

Every year, when the end of Ramadan approaches, he always gives
presents to everybody, especially those who have worked very hard.
He never hurts their feelings. His words are always polite and firm,
with little jokes here and there.

He seldom tells off an employee who is lazy or no good. On the
contrary he approaches them. He asks them to come to his office to
have a heart-to-heart chat. He needs to know what problem has
upset them. He then advises them that one needs to use (lit: adhere to)
common sense in order to survive.

Therefore, it is not surpising that Pak Zainal's staff respect him
highly. They like him because he loves them first.

atasan	the superior	**bawahan**	subordinates
pemerintah	government		(employees)
aku/me____i	to admit	**marah/me____i**	to tell off
kepala/me____i	to head	**tahu/me____i**	to recognize
pimpin/me____i	to lead	**rasa/per____an**	feeling
salam/me____i	to greet	**ganggu/me**	to disturb
menjelang	by	**akal sehat**	common sense
Lebaran	last day of	**heran/me____kan**	surprising
	Ramadan	**hormat/me____i**	to respect
hadiah/me____i	to award	**suka/me____i**	to like
sakit/me____i	to hurt	**kasih/me____i**	to love

Grammar 1

Me____i and me____kan as transitive verb makers

A common feature in Indonesian is the use of the suffix **i,** normally in close conjunction with the prefix **me** (for the active voice, e.g. **mengepalai, mengakui,** etc.) and the prefix **di** (for the passive voice, e.g. **dimarahi, disukai,** etc.).

Like the suffix **kan,** the suffix **i** also serves as a transitive verb-maker. The suffixes **i** and **kan** are needed because *in Indonesian a noun or an adjective cannot be used as a verb unless affixation is applied to them.* In English this is possible, namely by just adding 's' (for 3rd person singular, present tense) or 'ed' (for any person, past tense) to an adjective or a noun. For example: clean (*adj.*) in 'The room is clean' and to clean (*v.*) in 'Mum cleans the room everyday'. Book (*n.*) in 'I always read a book when I am on the train', and to book (*v.*) in 'I've booked a hotel room for my holiday'.

Suffix i versus suffix kan

Both these suffixes can be applied to independent/intransitive verbs. In this application, a verb with the suffix **i** normally has a *locative relationship* with the object (e.g. **Sopir memasuki mobil** – The driver got into the car) whereas a verb with the suffix **kan** has a *causative relationship* with the object (e.g. **Sopir memasukkan mobil ke garasi** – The driver put the car in the garage). The object of a **me____kan** verb is generally active, meaning that it is made to do the action or achieve a state as indicated by the base-verb (*see* Lesson 9). In the **me____i** construction, the term locative implies the idea that there is some kind of movement from the subject towards the object. This is evidenced by the fact that *a verb with **me____i** can generally replace an intransitive verb plus a preposition* without changing the meaning. Here are some examples:

masuk ke (vi.) – to go into

Sopir *memasukkan* mobil ke garasi
The driver put the car in the garage
Sopir *memasuki* mobil (Same as: **Sopir *masuk ke* mobil**)
The driver got into the car

datang ke *(vi.)* – to come to

Kepala sekolah *mendatangkan* **guru** *dari* **daerah lain**
The head teacher brought in a teacher from another area
Kepala sekolah *mendatangi* **guru itu** (same as: **Kepala sekolah**
datang ke **guru itu**)
The head teacher visited the teacher

duduk di (*vi.*) – to sit on

Ibu *mendudukkan* **adik di kursi kecil**
Mum seated my little brother on the small chair
Dia *duduk di* **kamar muka**
He sat in the front room
Jepang *menduduki* **Indonesia dari tahun 1942 sampai 1945**
Japan occupied Indonesia from 1942 to 1945

berkunjung ke (*vi.*) – to pay a visit

Bill Hardy *berkunjung ke* **Indonesia**
Bill Hardy paid a visit to Indonesia
Bill Hardy *mengunjungi* **Indonesia**
Bill Hardy paid a visit to Indonesia

Notes:

(1) The objects in the **kan** sentences (i.e. **mobil, guru, adik,** etc.)
are *in motion* whereas the objects in the **i** sentences are *static
and not in motion.*
(2) An independent/intransitive verb normally requires a preposi-
tion when used in the sentence (e.g. **masuk ke, datang ke** and
duduk di). When treated by the suffix **i** (e.g. **memasuki, men-
datangi** and **menduduki**) however, these prepositions are omit-
ted.
(3) To get a transitive verb, the suffix **i** can also be applied to
an adjective or rather to an intransitive verb derived from that
adjective. See the list below.

Adjective		*Derived* vi. *with* ***me***		Vt. *with* ***i***
dekat	(near)	**mendekat**	(to come close)	**mendekati** (to approach)
jauh	(far)	**menjauh**	(to distance)	**menjauhi** (to avoid)
dalam	(deep)	**mendalam**	(to go deep)	**mendalami** (to deepen)

Adjective		Derived vi. *with **me***		Vt. *with **i***
atas	(above)	**mengatas**	(to go upward)	**mengatasi** (to overcome)
panas	(hot)	**memanas**	(to become hot)	**memanasi** (to heat)
kotor	(dirty)	**mengotor**	(to become dirty)	**mengotori** (to litter)
basah	(wet)	**membasah**	to become wet)	**membasahi** (to wet)
merah	(red)	**memerah**	(to become red)	**memerahi** (to redden)

Examples

> **dekat** (*adj.*) near
> **Dia** *dekat* **saya** He is near me
> **mendekat** (*vi.*) to come near
> **Kapal itu** *mendekat.* The ship is coming near
> **mendekati** (*vt.*) to approach
> **Kapal itu** *mendekati pelabuhan* The ship is approaching the port

> **jauh** (*adj.*) far
> **Rumah saya** *jauh* **dari sini** My house is far from here
> **menjauh** (*vi.*) to move away
> **Kapal itu** *menjauh* The ship is moving away
> **menjauhi** (*vt.*) to keep a distance/to avoid
> **Kapal itu** *menjauhi pelabuhan* The ship's moving away from the harbour

> **basah** (*adj.*) wet
> **Pakaian saya** *basah* My clothes are wet
> **membasah** (*vi.*)
> **Matanya** *membasah* Her eyes are watery
> **membasahi** (*vt.*) to wet
> **Pembantu** *membasahi lantai* The servant wets the floor

To obtain a transitive verb, the suffix i can also be applied to a noun

> **salam** – greetings (*n.*)
> **Dia suka** *menyalami* **pegawainya di waktu pagi**
> He always greets his employees in the morning

nasehat – advice (*n.*)
Dia *menasehati* **pegawai yang malas**
He gives advice to the lazy employees

hadiah – a gift (*n.*)
PZ *menghadiahi* **pegawai yang rajin**
PZ gives presents to hard-working employees

air – water (*n.*)
Minah *mengairi* **tanaman itu dua hari sekali**
Minah waters the plants every two days

Exception two adjectives, **baik** and **baru** do not take **me____i** to change into transitive verbs. They take **memper____i** instead.

baru (*adj.*)	new
memperbarui (*vt.*)	to renew sth. (**membarui** is rarely used)
Paspor saya *baru*.	My passport is new
Saya perlu *memperbarui* **paspor saya.**	I need to renew my passport
baik (*adj.*)	good
memperbaiki (*vt.*)	to improve/repair (**membaiki** is rarely used)
Sepeda itu *baik*.	That bike is good
Saya harus *memperbaiki* **sepeda** *saya*	I need to repair my bike

(*See also* Lesson 9 on **memper** + adjectives.)

Situation 2

Ingin melihat puteri

Istana itu **dikelilingi** oleh pagar tembok tinggi. Di atasnya **dipasangi kawat berduri**. Tapi ini tak **menghalangi** niatku untuk melihat puteri raja yang **disayangi** rakyat itu.

Dengan sebuah galah yang panjang dan kuat, **tembok itu aku loncati**. Uuuuut, sekali jadi! Aku mendarat di halaman dalam istana.

Aku dekati sekarang istana itu. Ah, tak dijaga! Di mana gerangan puteri yang cantik itu? **Aku masuki ruangan istana** itu satu per satu, dari belakang. Sudah **tiga ruangan aku lewati,** tapi kok belum juga kulihat puteri itu.

Akhirnya aku tiba di sebuah kamar tidur. Disitu aku melihat seorang wanita muda sedang berpakaian. Ini pasti sang puteri. Dan memang tak salah lagi. Aku bersembunyi di balik korden, supaya tak dilihat olehnya. **Dia aku amati** dengan cermat. Alangkah cantiknya! Kulitnya kuning langsat dan rambutnya panjang. Wajahnya cerah seperti bulan purnama.

Tiba-tiba ketika **aku sedang asyik menikmati** keindahan ini, aku dengar suara gertakan dari belakang: 'Angkat tangan, kalau tidak mampus!' Seorang penjaga keamanan menodongkan pistolnya kepadaku. **Aku ditahan, diperiksa dan ditanyai.** Aku langsung **mengakui** kesalahanku. Untunglah akhirnya **aku diampuni** dan dibebaskan. Memang aku bukan teroris, aku hanya seorang dari ribuan rakyat yang **mengagumi** puteri kerajaan.

The palace was surrounded by a high brick wall. On top they put a long stretch of barbed wire. But this did not deter my desire to see the Queen's daughter, who was very much loved by the nation. With a long strong pole, I vaulted over the wall. Whew . . . just one jump, and I'd done it. I landed in the inner yard of the palace.

I came close to the palace. Good gracious, it was not guarded! Now where was the princess's chamber? I entered the chambers, one by one, from the back. Three chambers I passed through, but I still had not seen her.

At last I arrived at a bedroom. There I saw a young woman getting dressed. 'Ah, this must be her!' I said to myself. 'I can't be wrong.' I hid myself behind a curtain so that she couldn't see me. From a distance I looked at her carefully. Oh how gorgeous she was! Her complexion was fair and she had long hair. Her face was as bright as the shining moon.

While I was admiring this beauty, I was suddenly startled by a threatening voice: 'Hands up or you'll be dead!' A security guard was pointing his gun at me. I was arrested, examined and interrogated. Straightaway I admitted I was in the wrong. Luckily I was forgiven and was released later. Of course I am not a terrorist. I am just one of those thousands who adore the princess.

istana	palace	**puteri**	princess
keliling/me	to surround	**di balik**	behind
pasang/me	to install	**tahan/me**	to arrest

kawat	wire	periksa/me	to examine
duri/ber	thorny	korden	curtain
halang/me	to obstruct	amat/me	to observe
niat	intention	langsing	slim
sayang/me	to love	cermat	accurate
rakyat	people	cerah	shining bright
galah	pole	purnama	full moon
loncat/me	to jump	gertak/an	a shout
gerangan	might/possibly	mampus	to be dead
wanita	woman (refined)	todong/me	to hold up
pasti	certain	punggung	back
sembunyi/ber	to hide	bebas	free

Grammar 2

The suffix i in the passive voice

The story above grammatically illustrates the use of the the suffix **i** in the *passive voice,* with 1st, 2nd and 3rd person doers.

nikmat	joy (*n.*)
Keindahan itu sedang *saya nikmati*	(*lit.*: The beauty was being enjoyed by me)
ampun	pardon (*n.*)
Saya *diampuni* **dan dibebaskan**	I was forgiven and set free
kagum	to be surprised (*adj.*)
Kecantikan puteri itu *saya kagumi*	I was fascinated by the beauty of the princess
sayang	to be fond of (*adj.*)
Puteri kerajaan itu *disayangi orang*	The princess was loved by the people
loncat	to jump (*vi.*)
Pagar yang tinggi itu *aku loncati*	(*lit.*: The high fence was jumped over by me)
masuk ke	to enter (*vi.*)
Kamar-kamar itu *aku masuki* **satu per satu**	(*lit.*: The rooms were entered into by me, one by one)
bertanya	to ask questions (*vi.*)
ditanyai	interrogated

Situation 3

Karena kamu sudah diberi, kamu wajib memberi juga

Sejak diberhentikan dari pekerjaannya beberapa bulan yang lalu, pak Hasan terus **mengambili uang** tabungannya di bank untuk **membeayai** hidupnya sehari-hari.

Ketika uang tabungannya habis, dia mulai **menjuali barang-barang** perhiasan yang dipakai isterinya. Uang dari penjualan ini tak lama juga habis. Pak Hasan terpaksa **memintai saudara–saudaranya** bantuan.

Dalam keadaan yang menekan, pak Hasan kadang-kadang tak bisa **menguasai perasannya**. Dia **menendangi barang-barang** perabotan di rumah; **anak dan isteri diomelinya**.

Tapi ibu Hasan seorang isteri yang baik. Dia selalu **mengasihi orang. Kesukaran itu dihadapinya** dengan tenang. Dia banyak berdoa untuk pak Hasan. Tak diduga, pada suatu hari, pak Hasan mendapat pekerjaan lagi.

Beberapa bulan sesudah itu, pak Hasan **membayari** hutang-hutangnya. Saudara-saudaranya yang miskin **dikiriminya uang**. Badan-badan amal yang **mengurusi korban perang** dan bencana alam diberinya sumbangan.

Pak Hasan **menyadari** bahwa karena dia sudah diberi, dia wajib memberi juga.

After Pak Hasan lost his job a few months ago, he began withdrawing his savings from the bank to pay for his daily necessities.

When his savings were finished, he started to sell his wife's jewellery (lit.: the jewellery worn by his wife). The money from the sale, however, did not last long. Next, he turned to his relatives for help.

When he was very depressed Pak Hasan sometimes could not control his temper. He kicked the furniture in the house and got angry with his wife and children.

But Mrs Hasan was a good wife. She is a loving person. She faced this difficulty with great calm. She prayed continuously for Pak Hasan. Miraculously, one day Pak Hasan found a job again.

Soon Pak Hasan paid all his debts. He sent some money to all his poor relatives. He also sent donations to charities to help victims of wars and natural disasters.

Pak Hasan knew that as one is given, so also should one give.

sejak	since	hadap/me____i	to face
tabungan	saving	**tenang**	calm
perhiasan	decoration	**doa/ber**	to pray
tekan/me	depressing	**tak teduga**	unexpectedly
kuasa/me____i	to handle	**mendapat**	to get
tendang/me	to kick	**hutang**	debt
perabotan	furniture	**amal**	charity
omel/me____i	tell off	**sadar/me____i**	to be aware

Grammar 3

Verb + i

A further use of the suffix **i** is that it may also be attached to a *transitive verb*, in the active as well as passive constructions. In this case the suffix **i** carries a *frequentative/intensive meaning* (i.e. the subject repeatedly does the action referred to by the verb).

Pak Hasan *mengambili uangnya* **di bank.**	Pak Hasan frequently withdraws money from the bank
Dia *menjuali barang-barang* **perhiasannya**	He sold much of her jewellery
Pak Hasan *menendangi barang* **barang perabotan**	Pak Hasan kicked the furniture repeatedly
Dia *mengomeli anak isterinya*	He told his wife and children off many times
Dia *membayari semua hutangnya*	He paid off all his debts

Exercises

1 Give the verbal phrases printed in bold in the **me____i** form:

(a) Pak Zainal (PZ) **memberi salam kepada** pegawai-pegawainya
(b) PZ **bertanya kepada** pegawai-pegawainya
(c) PZ **memberi hadiah kepada** pegawai-pegawainya
(d) PZ **suka pada** pegawai-pegawainya
(e) PZ **memberi nasehat kepada** pegawai-pegawainya

(f) PZ **mendekat kepada** pegawai-pegawainya
(g) PZ tidak pernah **marah kepada** pegawai-pegawainya
(h) PZ **tahu akan** perasaan pegawai-pegawainya
(i) Anjing itu **membuat lantai rumah saya kotor**
(j) Matahari **membuat bumi panas** setiap hari
(k) Air matanya **membuat pipinya basah**

lantai	floor	**pipi**	cheek(s)
matahari	sun	**air mata**	tears
bumi	earth	**anjing**	dog

2 Change the following sentences to the passive form:

(a) Saya meloncati pagar istana
(b) Saya mendekati kamar istana
(c) Saya memasuki kamar istana
(d) Puteri tidak mengunci pintu kamar
(e) Polisi menangkap saya
(f) Polisi menahan dan menanyai saya
(g) Mereka membawa saya ke pengadilan
(h) Hakim mengadili saya
(i) Mereka memasukkan saya ke penjara

kunci/me	to lock	**adil/pe_____an**	court
tahan/me	to arrest	**penjara**	jail
tangkap/me	to catch		

3 Give the correct forms to the verbs in brackets:

(a) Petani itu (air) sawahnya
(b) Pak Zainal (hormat) pegawai-pegawainya
(c) Dokter (obat) Udin yang sakit
(d) Kapan saudara akan (kunjung)nya?
(e) Saudara ingin (temu) siapa?
(f) Berapa tahun Jepang (duduk) Indonesia?
(g) Jangan suka (sakit) binatang! Itu tidak baik
(h) Kereta api itu mulai (dekat) stasiun Gambir
(i) Orang yang baik tidak (punya) pikiran yang negatif
(j) Bisakah anda (ikut) pelajaran ini?
(k) Jangan (seberang) jalan dari tempat ini. Berbahaya!

kunjung/me_____i	to visit	**pikiran**	mind
binatang	animal	**seberang/me_____i**	to cross
kereta api	train	**bahaya**	dangerous

4 Change the following to the passive voice. Your answers should start with the words given:

(a) Saudara tidak boleh menduduki kursi itu.
  Kursi itu jangan _____
(b) Kita harus menyeberangi jembatan itu dari sini.
  Jembatan itu harus _____
(c) Jangan menulisi tembok ini!
  Tembok ini _____!
(d) Kami belum mengunjungi Kebun Kew di London.
  Kebun Kew _____
(e) Anda tidak boleh menjual rumah itu.
  Rumah itu jangan _____
(f) Dokter akan mengobati orang itu di rumahnya.
  Orang itu _____
(g) Kamu tidak boleh mendekati pacar saya.
  Pacar saya jangan _____

jembatan	bridge	**pacar**	girl/boyfriend
tembok	wall		

5 Translate the following story into Indonesian, using among others the given cue words and the **me_____i** or **di_____i** affixation as appropriate:

(a) Udin is two years old (**umur**)
(b) He is loved very much by his parents (**cinta**)
(c) Sometimes he is breast-fed by his mother (**susu**)
(d) He has not gone to play-school yet (**sekolah**)
(e) He cannot eat by himself. He still has to be fed by his mother (**suap**)
(f) When he sleeps, his mother always covers him with a blanket (**selimut**)
(g) He is seldom told off (**marah**)
(h) He does not know what money is for (**tahu**)
(i) When he plays, somebody must keep an eye on him (**awas**)
(j) He likes Indonesian food (**suka**)

play school	**taman kanak-kanak**	keep an eye on	**awas/me_____i**
by himself	**sendiri**	parents	**orang tua**

Language in use

Study this conversation between a layman and a surgeon. Note the **me_____i** applications, in bold. What roots are they derived from?

Mengatasi penyakit kanker?

L: Apa anda **mengetahui penyakit kanker**?

S: Ya, penyakit itu pernah **saya pelajari**.

L: Bagaimana cara **mengobatinya**?

S: Penyakit itu **belum bisa diobati**. Sampai sekarang masih **diselidiki**.

L: Tetapi saya dengar sudah banyak pasien yang **menjalani operasi** dan sembuh.

S: Ya, itu untuk kanker kecil yang baru tumbuh. Sesudah **diketahui,** kanker itu harus segera dioperasi. Tetapi kalau sudah terlambat, dokter tak bisa **mengatasinya**.

L: Bagaimana cara operasi itu?

S: Bagian dalam badan yang **diselubungi** kanker dipotong dan dibuang.

L: Aduuh, kasihan. Badan manusia kok **dikurangi**?

S: Ya, tak ada pilihan lain!

penyakit	disease	**sembuh**	to get better
kanker	cancer	**jalan/me_____i**	to undergo
mempelajari	to study (*vt.*)	**tumbuh**	to grow
obat/me_____i	to cure	**selubung/me_____i**	to cover
selidik/me_____i	to investigate	**buang/me**	to discard
pasien	patient	**kurang/me**	to reduce

Sepeda gunung

A: Saya mau membeli sebuah sepeda. Merk apa yang baik?

B: Sepeda gunung. Ini jenis yang terbaru.

A: Apa sepeda ini benar-benar **bisa dinaiki** untuk naik ke gunung?

B: Tidak begitu! Sepeda ini **bisa dinaiki** di daerah yang berbukit-bukit.

A: Jadi juga bisa **menuruni bukit?**

B: Ya, betul.

A: Apa perbedaan sepeda ini dengan sepeda-sepeda yang lain?

B: Sepeda ini **dilengkapi** dengan 18 gigi. Sambil mengayuh, giginya bisa kita ganti menurut naik turunnya jalan. Jadi kita tak merasa cape.

A: Apa sepeda ini tahan lama?

B: Supaya tahan lama, kadang-kadang harus **diminyaki**. Kalau ada bagian yang rusak **diperbaiki atau diganti**.

gunung	mountain	**tahan**	to stand
merk	mark/make	**lengkap/me_____i**	to supply
jenis	kind	**gigi**	gear
bukit	hill	**ganti**	to change
turun/me_____i	to go down	**rasa/me**	to feel
beda/per_____an	difference	**minyak(me_____i)**	to oil
supaya	in order	**diperbaiki**	to be repaired

Reading passage

Study the text. Note the applications of **me_____i**, in bold. Answer the comprehension questions at the end of the story.

Membuntuti

Mula-mula tak ada yang **dicurigainya**. Pak Joyo masuk dan keluar toko dengan perasaan aman. Tapi lama-lama hatinya gelisah juga. Dari jauh seorang laki-laki muda **membuntutinya**. Waktu pak Joyo masuk ke toko swalayan, orang itu masuk ke sana juga. Waktu dia **menuruni** eskalator, orang itu juga **mengikutinya**. Pak Joyo pergi ke bagian restauran untuk beristirahat, minum kopi. Orang itu juga ada di sana, **menduduki** sebuah tempat di pojok.

Karena jengkelnya pak Joyo masuk ke toilet, tapi orang itu terus **mengikutinya**. Orang itu **menempati** WC di sampingnya. Dia buru-buru selesai, keluar dari toko dan **menyeberangi** jalan. Orang itu **menyeberangi** jalan juga.

Akhirnya pak Joyo tak sabar lagi. Pemuda itu akan **dihadapinya**. Langsung **didekatinya** dan **ditanyainya**: 'Mengapa saudara **mem-**

buntuti saya? Belum pernah merasakan pukulan saya, ya?' Tapi dengan tenang pemuda itu menjawab: 'Saya mencari ayah saya. Wajah bapak seperti yang diceritakan ibu kepada saya.'

Pak Joyo menjadi kaget. Memang wajah anak muda ini **menyerupai** wajahnya. Pak Joyo ingat 20 tahun yang lalu, karena suatu hal, dia meninggalkan isterinya yang sedang hamil.

buntut/me	tail; follow	**sabar**	to be patient
curiga/me_____i	to suspect	**langsung**	direct
rasa/per_____an	feeling	**hadap/me_____i**	to confront
aman	safe	**rasa/me_____kan**	to feel
gelisah	uneasy	**pukul/an**	punch
swalayan	self-service	**tenang**	calm
pasar swalayan	supermarket	**wajah**	facial look
turun/me_____i	to go down sth.	**kaget**	shocked
jengkel	to be annoyed	**serupa/me_____i**	to resemble
terus	to continue	**suatu hal**	something
tempat/me_____i	to occupy	**tinggal/me_____kan**	to abandon
seberang/me_____i	to cross	**sth. hamil**	pregnant

Pertanyaan

(a) Di mana peristiwa in terjadi?

(b) Kapan pak Joyo mulai merasa gelisah?

(c) Waktu pak Joyo berada di eskalator, di mana orang itu?

(d) Waktu pak Joyo beristirahat di restauran, orang itu ada di mana?

(e) Apa akhirnya keputusan pak Joyo?

(f) Ancaman apa yang diberikannya kepada orang itu?

(g) Bagaimana jawaban orang itu?

(h) Apa yang dilakukan pak Joyo 20 tahun yang lalu?

15 Jari kakinya terinjak orang

Someone has stepped on his foot

In this lesson you will learn about:

- Expressing involuntary and accidental actions
- using **ter** + verb
- Using **ter** to express inability
- Using **ter** to indicate the result of an action
- Expressing disbelief with **kok**

Study the text in Situation 1 below, noting particularly the words in bold.

Situation 1 (Audio 2: 25)

Berkunjung ke ibu kota

Bill Hardy is an adventurous tourist. He enjoys mixing with the crowds in order to experience firsthand some of the Indonesian culture and language which he learned in Britain. He has some confusing experiences during his first few days in Indonesia

Acara hari pertama ialah melihat Jakarta, ibu kota Republik Indonesia. Dari hotel Bill Hardy naik bis ke blok M, di Kebayoran. Bis itu penuh dengan orang. Tak heran kalau begitu dia naik, **jari kakinya terinjak orang**. 'Aduh, kaki saya jangan diinjak bung,' teriaknya. Orang Indonesia yang berdiri dekat Bill menjawab: 'Maklum, pak. Ini bis rakyat.'

   Dari blok M Bill pindah bis yang ke Taman Mini. Sudah lama bis berjalan dan berhenti berkali-kali, tapi **kok** belum sampai juga. Dia bertanya kepada kondektur: 'Bung, tolong turunkan saya di Taman Mini!' Kondektur menjawab: 'Maaf pak, bis ini tidak ke Taman

Mini tapi ke Taman Jaya Ancol'. Jelas dia **sudah terbawa** ke tempat lain. Tapi tak apa. Dia toch belum pernah melihat Taman Ancol.

Sesudah berkeliling sebentar di Taman Jaya Ancol, dia haus dan lapar. Dia masuk ke sebuah warung. 'Bung, minta segelas es sirup dan sepiring sate ayam dengan nasi,' pesannya kepada pelayan. 'Baik, pak,' jawab pelayan. 'Uuuh, pedas sekali. Ini pakai cabe, ya bung?' Pelayan itu menjawab, 'Ya, betul pak.' Lidah Bill Hardy seperti **terbakar**. Cabe sudah **termakan** olehnya.

Dari Taman Jaya Ancol dia naik bis lagi; sekarang ke Monumen Nasional. Setelah beberapa kali bertanya kepada penumpang akhirnya sampai juga. Tempat ini banyak dikunjungi orang setiap hari. Ketika sedang melihat-lihat, Bill secara tak sengaja berkenalan dengan seorang pemuda, bernama Sujono. Lama dia bercakap-cakap dengannya sehingga **tak terasa** waktu sudah jam empat sore. Bill berkata pada dirinya sendiri: 'Ah, di sini mudah mendapat teman!' **Ternyata** (Su)jono seorang pelajar bahasa Inggeris yang perlu memraktekkan bahasa Inggerisnya. Dan **tak terduga,** sebelum mereka berpisah (Su)jono mengatakan bahwa dia bersedia mengantarkan Bill ke Gunung Tangkuban Perahu besok.

Bill senang sekali. Dengan pertolongan Jono dia tidak akan **tersesat** lagi. Mungkin Jono akan bersedia juga menemaninya ke tempat-tempat lain yang menarik di Indonesia.

The first item of the day was to visit the capital city of Indonesia, Jakarta. From the hotel Bill Hardy took a bus to Block M, in Kebayoran. The bus was full of people. No wonder that as soon as he got in, someone stepped on his toes. 'Hey, don't step on my toes, please,' Bill said. A passenger, standing next to him replied, 'I'm sorry Sir, but this is a public bus, you know.'

From Block M, Bill changed onto a bus to Taman Mini. The bus had been going for a long time and had stopped many times, but why hadn't it arrived at Taman Mini? Bill said to the conductor: 'Friend, please let me off at Taman Mini!' But the conductor answered: 'Sorry Sir, this bus isn't going to Taman Mini. It's going to Taman Jaya Ancol.' Anyway, it did not matter because he hadn't been to Taman Jaya Ancol.

Having strolled around for a while, he began to feel hungry and thirsty. He went in to a 'warung'. 'Give me a glass of ice with syrup and a plate of chicken satay with rice, please!' he said to the waiter. 'Alright, Sir,' replied the waiter. 'Whew, this is really hot. It's got chillies in it, hasn't it?' The waiter answered: 'That's right, Sir'. Bill's tongue felt as if it was being burnt. Apparently, he had unknowingly swallowed some chillies.

From Taman Jaya Ancol he took another bus to the National Monument. After having asked for directions several times, he finally arrived there. This place is visited by many people every day. While walking and looking around, Bill made friends with a young Indonesian; his name was Sujono. They talked for such a long time that they were unaware it was almost 4 o'clock. Bill said to himself: 'Ha, it's easy here to make friends!' It turned out that (Su)jono was a student of English who needed to practise his English. And to his surprise, before they parted, (Su)jono said he would like to take Bill to Tangkuban Perahu the next day.

Bill was very pleased. With the help of Jono he wouldn't get lost again. Possibly Jono would like to take him to other places of interest in Indonesia as well.

kunjung/ber	to visit	**toch**	anyway
injak/me	to step on	**layan/pe**	waiter
bung	a friendly call to somebody unknown (*Eng.: 'friend'*)	**lidah**	tongue
		bakar/me	to burn
		panduwisata	tourist guide
tumpang/pe	passenger	**haus**	thirsty
maklum	you know	**sesat**	to get lost
berkali-kali	many times		

Grammar 1

Accidental/unintentional actions

Ter + a transitive verb are used to indicate accidental actions in both passive (P) and active voice (A).

Kakinya *terinjak* orang di bus (P)
(*lit*: His toes were accidentally stepped on by someone on the bus)
Orang *tak sengaja menginjak* kakinya di bus (A)
Someone accidentally stepped on his toes on the bus

Dia *terbawa* ke tempat lain (P)
He was taken by mistake to another place
Orang *tak sengaja membawa* dia ke tempat lain (A)
Someone took him by mistake to another place

Lidahnya *tergigit* (P)
(*lit*: His tongue was bitten)
Dia *tak sengaja mengigit* **lidahnya** (A)
He accidentally bit his tongue

Cabe sudah *termakan* **olehnya** (P)
(*lit*: Chillies have been unknowingly eaten by him)
Dia *tak sengaja memakan* **cabe** (A)
He has without knowing it eaten the chillies.

Involuntary actions

Ter + an intransitive verb (in the subjective construction) are used
to indicate involuntary actions.

Bill *tersenyum* **waktu melihat gadis cantik**	Bill smiled when he saw a pretty girl
Jono *tertawa* **melihat monyet yang lucu itu**	Jono laughed when looking at the funny monkey
Bill *tertidur* **di kereta api karena cape sekali**	Bill dozed off in the train because he was very tired
Mereka *terlambat* **tadi pagi**	They were late this morning
Bill *tertarik* **pada seni**	Bill is interested in arts
Dia *terkejut* **melihat hantu**	He was surprised to see a ghost

Situation 2

Perjalanan ke gunung Tangkuban Perahu

*After Bill's confusing day on Indonesian public transport, he decides
to spend a day in the hands of his new Indonesian friend, Sujono*

Ketika Bill bangun jam 7.00 pagi, dia melihat di atas meja sudah **terletak** pakaian bersih yang diseterika rapi. Sesudah mandi dan berpakaian dia turun ke ruang makan hotel. Di sana **sarapan juga sudah tersedia**.

Tidak lama kemudian Jono datang untuk menjemput Bill Hardy. Jono sudah membawa sebuah mobil yang **atapnya terbuka** yang dipesannya kemarin dulu. Tepat jam 8.00 mereka berangkat. Tujuan mereka gunung berapi Tangkuban Perahu yang **terletak** kira-kira 180 km di sebelah tenggara Jakarta.

Mereka melewati lereng-lereng gunung. Jalannya tidak lurus dan rata, tetapi menanjak dan berbelok-belok. Jono yang menunjukkan arah jalan sementara Bill Hardy menyetir dengan hati-hati. Pemandangannya indah sekali. Di kiri kanan jalan **terdapat pohon-pohon buah** seperti pohon mangga, pisang, pepaya, dan kelapa – suatu tanda bahwa tanah di daerah itu subur sekali.

Menjelang tengah hari mereka sampai di suatu tempat yang tidak jauh dari puncak gunung. Disini mobil harus berhenti dan mereka harus berjalan kaki ke puncak. Sementara berjalan, Bill bertanya pada dirinya sendiri: 'Mengapa gunung ini dinamakan Tangkuban Perahu? Kata orang Tangkuban Perahu artinya ialah **"perahu yang tertangkub atau terbalik"**. Mana perahunya? **Kok** tidak ada?' Jono menjelaskan gunung itu kelihatan seperti perahu terbalik kalau dilihat dari jauh.

Gunung berapi ini mempunyai 10 kawah yang masih aktif bekerja. Laharnya mendidih dan mengeluarkan asap putih. Semua ini terlihat dengan jelas karena hari masih siang waktu mereka tiba. Pagi-pagi sekali atau sore hari **puncak gunung itu biasanya tertutup kabut**.

Setelah mengunjungi Tangkuban Perahu, Bill melanjutkan perjalanan ke Lembang, sebuah kota peristirahatan di kaki gunung. **Di daerah ini terdapat banyak vila** atau bungalow dengan kebun-kebun bunga yang indah. Di sini juga tertanam bermacam–macam sayuran seperti kobis, wortel, dan bayem. **Udaranya segar, bersih dan tidak tercemar**. Bill menginap satu malam. Di malam hari, dari beranda bungalownya, dia bisa melihat jauh di sana kota propinsi Bandung – indah gemerlapan **terkena sinar** lampu.

When Bill got up at 7 o'clock, he saw there were clean clothes which had been neatly ironed on the table. After having had a shower and getting dressed, he went down to the hotel dining room. There, breakfast was already being served.

Soon Jono, his new friend, arrived to pick Bill up. He brought along an open-top car which he had booked last night. At exactly 8 o'clock they left. Their destination was the Tangkuban Perahu volcano which is located about 180 km southeast of Jakarta.

They passed along the mountain slopes. The roads were not straight but uphill and winding. Jono gave directions while Bill drove very carefully. The scenery was magnificent. On both the left- and right-hand sides of the road there were wild fruit trees such as mango, papaya, banana and coconut – an indication that the land in the area was very fertile.

By midday they reached a place which was not very far from the peak of the volcano. Here the car had to stop, and to reach the peak they had to walk. While walking, Bill asked himself, 'I wonder why the mountain is called Tangkuban Perahu? People say that Tangkuban Perahu means "an upside down boat". Where is the boat? Why isn't it there?' Jono explained that only when seen from a distance, does it look like a capsized boat.

The volcano has 10 craters which are still actively working. The lava was boiling, and produced clouds of white smoke. All of it was visible to Bill and Jono because it was noon when they arrived. In the early morning or late in the afternoon the peak is usually shrouded in mist.

Having visited Tangkuban Perahu, they continued their journey to Lembang, a resort town at the foot of the mountain. In this area there are lots of villas and bungalows with beautiful flower gardens. Many kinds of vegetables such as cabbage, carrots and spinach grow here (lit.: are planted) also. The air is fresh, clean and unpolluted. Bill spent the night there. In the evening, from the veranda of his bungalow, he could see, far away in the distance, the provincial town of Bandung – its night lights twinkling brightly.

sarapan	breakfast	**perahu**	boat
atap	roof	**terbalik**	upside down
gunung api	volcano	**kelihatan**	to look
tenggara	southeast	**jelas/me____kan**	to explain
lereng	slope	**kawah**	crater
rata	flat	**didih/me**	to boil
tanjak/me	uphill	**lahar**	lava
		kabut	fog
berbelok-belok	winding	**istirahat/per____an**	resort
pisang	banana	**kobis**	cabbage
cemar/ter	polluted	**wortel**	carrot
subur	fertile	**bayem**	spinach
puncak	peak	**menginap**	to stay the night
nama/di____kan	to be named	**gemerlap**	shining

Grammar 2

Stative – result of an action

Ter + verb is used to indicate the result of an action.

> **Pembantu** *meletakkan* **pakaian yang bersih di atas meja**
> The chambermaid put the clean clothes on the table
> **Pakaian yang bersih** *terletak* **di atas meja**
> The clean clothes are on the table

Mereka *menyediakan* **makanan**	They prepared the breakfast
Sekarang, makanan *tersedia*	Breakfast is now ready
Mobil atap itu *dibuka*	The car roof was opened
Atap mobil itu terbuka	The car roof is open
Asap *menutup* **puncak Tangkuban Perahu**	Smoke covered the top of Tangkuban Perahu
Puncak Tangkuban Perahu *tertutup* **oleh asap**	The top of Tangkuban Perahu is covered with smoke

Orang *mendapatkan* **pohon-pohon di kiri kanan jalan**
People found trees on the left and right sides of the road
Pohon-pohon *terdapat* **di kiri kanan jalan**
Trees are found on the left and right sides of the road

Kendaraan bermotor *mencemari* **udara**	Motorized vehicles polluted the air
Udara *tercemar* **(oleh kendaraan bermotor)**	The air is polluted by motorized vehicles

Mereka *mendirikan* **10 rumah di komplek itu**
They built 10 houses in that compound
Komplek itu *terdiri* **dari 10 rumah**
That compound consists of 10 houses

Ayah *memaksa* **Udin minum obat yang pahit itu**
Father forced Udin to drink that bitter medicine
Udin *terpaksa* **minum obat yang pahit itu**
Udin has to drink that bitter medicine

Pemilik hotel *memasukkan* **harga makanan dalam sewa kamar**
The hotel owner includes the food price in the cost of the room

Harga makanan *termasuk* dalam sewa kamar
The food price is included in the cost of the room

The word kok

Kok is equivalent to the English 'why', but it is used more as an **expression of disbelief/suprise** than a genuine question. It can be placed either at the beginning of the sentence or in front of the predicate.

Sudah lama bis berjalan, *kok* belum sampai juga?
The bus has been going for some time, but why it hasn't arrived?
Mana perahunya, *kok tidak ada*?
Where is the boat? Why isn't it there?
***Kok bis ini* tidak ke Taman Mini?**
Why doesn't this bus go to Taman Mini?
Jakarta *kok panas sekali*?
Why is Jakarta so hot?

Situation 3

Tak semua bisa dilakukannya

Bill is having a good time in Indonesia, but the trip hasn't been without its problems

Udara yang lembab di Indonesia membuat Bill gerah. Semua pakaian yang dibawanya dari London **tidak terpakai**. Semua kemeja, celana dan jaketnya terasa tebal dan panas dan perlu diganti dengan pakaian tipis yang terbuat dari katun atau nilon. Dia segera membeli beberapa helai di toko pakaian. Harga-harganya murah sebab industri pakaian di Indonesia maju sekali.

Makanan juga suatu masalah. Kebanyakan makanan di Indonesia diberi cabe sehingga rasanya pedas. Padahal selama hidupnya Bill belum pernah makan cabe, jadi masakan seperti 'rendang Padang', 'sambel goreng', dan 'sayur lodeh' **tidak termakan olehnya**. Juga minuman pedas seperti 'sekoteng' **tidak terminum olehnya**.

Selama di Indonesia sudah banyak tempat wisata yang dikunjunginya, tetapi semuanya terletak di Jawa dan Bali. Dia ingin ke Kalimantan dan Sulawesi tetapi waktunya tidak cukup. Jadi kedua pulau itu **tidak terkunjungi olehnya**. Lain kali dia ke Indonesia lagi, dia akan berkunjung ke luar Jawa.

Banyak hadiah yang sudah dibelinya, terutama waktu dia di Bali. Ada patung ukiran, kerajinan tangan, lukisan dan lain-lainnya. Dia tertarik dengan pakaian traditional Jawa dan ingin memesan satu pasang untuk isterinya. Tetapi waktunya tidak cukup; pakaian itu **tidak akan terselesaikan** oleh tukang jahit. Dia ingin memiliki sebuah lukisan yang dibuat oleh seorang pelukis Bali terkenal tetapi juga **tak terbeli olehnya** karena harganya terlalu mahal.

Bill kemudian memeriksa barang-barang yang ingin dibawanya ke Inggeris. Dia menimbang kedua kopornya dan **terkejut** ketika mengetahui bahwa beratnya lebih dari 25 kg. Di pesawat terbang orang hanya boleh membawa 20 kg. Jelas, sebagian dari barang-barang itu **tidak akan terbawa olehnya ke Inggeris**.

The humid weather in Jakarta made Bill feel really hot. All the clothes that he brought from London could not be worn. His shirts, trousers and jacket all felt thick and needed to be replaced by thin clothes made of cotton or nylon. He soon bought several articles in a clothes shop. The prices were low because Indonesia has a thriving clothes industry.

Food was also a problem. Most Indonesian dishes have chillies added so that they taste hot and spicy. Bill had never eaten chillies before, so he could not eat dishes like 'rendang Padang', 'sambel goreng' and 'sayur lodeh'. Also he could not drink hot spicy drinks such as 'wedang sekoteng'.

While in Indonesia Bill had visited lots of places of interest, but all of them were in Java and Bali. He wanted to go to Kalimantan and Sulawesi but didn't have enough time. So he missed the two islands (lit.: they were not visited by him). Next time he goes to Indonesia he will see places outside Java.

He bought lots of presents, especially when he was in Bali. These were carved statues, handicrafts, paintings and many other things. He was interested in Javanese traditional dress and wanted to order a costume for his wife. But he had so little time; it would not be finished by the tailor. He also wanted to buy a painting by a well-known Balinese painter, but he couldn't afford it as the price was too high.

Bill then checked all the things that he intended to bring to England. He weighed his two suitcases and was surprised to find that they weighed more than 25 kg. On the aeroplane one is allowed to carry only 20 kg. It was obvious that he would not be able to take some of his things to England.

lembab	humid	patung ukiran	carved statue
gerah	sweaty/hot	kerajinan tangan	handicraft
rasa/ter	to feel	pasang	set
tebal	thick	selesai/ter____kan	completed
katun	cotton	tukang jahit	tailor
maju	developed	memiliki	to own
cabe	chilli	timbang/me	to weigh
wisata	tourism	terkejut	surprised
hadiah	gift	sebagian	a part of

Grammar 3

Expressing inability

Ter + transitive verb (in the negative passive construction) is used to indicate inability.

Semua pakaian tebal dari London *tak terpakai* di Jakarta
All warm clothes from London can't be worn in Jakarta
Masakan Padang yang pedas *tak termakan* olehnya
He can't eat the hot food from Padang
Kedua pulau itu tak *terkunjungi* olehnya. Waktunya tak cukup
He can't visit the two islands. There isn't enough time
Lukisan Bali itu *tak terbeli* olehnya. Harganya terlalu mahal
He can't afford to buy a Balinese painting. The price is too high
Sebagian barangnya *tak terbawa* karena beratnya melebihi 20 kg
He can't take all of his luggage because it weighs over 20 kg
Mereka terlalu jauh. Suaranya *tak terdengar* dari sini (same as *kedengaran*)
They are too far. Their voices are inaudible from here
Dia di balik layar. Dari sini *tak terlihat* (same as *kelihatan*)
She is behind the screen. She isn't visible from here

Summary of uses of the *ter* prefix
(applied to verbs)

Ter is used to express

1 accidental/unintentional actions, e.g. **termakan**, **terbawa** (in the passive construction)
2 involuntary actions, e.g. **tersenyum** (to smile), **tertawa** (to laugh), and **terkejut** (to be suprised)
3 a state (result of action), e.g. **terbuka**, **tertutup** (the resulting word serves as an adjective)
4 preceded by **tidak**, **ter** + verb indicates inability e.g. **tidak terbeli**, **tidak terpakai**

For **ter** applied to adjectives, *see* Lesson 13.

Exercises

1 Identify whether the **ter** in the following sentences expresses accidental/unintentional, involuntary action, state or inability. State also whether the construction is similar to the passive voice or not:

(a) Maaf, kopimu terminum olehku
(b) Indonesia terletak di Asia Tenggara
(c) Hasan cape. Dia tertidur di kereta api
(d) Jarinya terpotong waktu dia masak di dapur
(e) Mobil Rolls Royce tidak terbeli oleh saya
(f) Pintu kamarnya tertutup tetapi jendelanya terbuka
(g) Mereka terlambat sepuluh menit
(h) Indonesia terdiri dari 13,000 pulau, besar dan kecil
(i) Burung cenderawasih terdapat di Irian Jaya

2 Translate the following sentences in Indonesian, using the **ter** prefix. Begin the sentence with the words given:

(a) She mistakenly ate my cake. Kue saya _____
(b) Orang utan can be found in Kalimantan. Orang Utan _____
(c) I bit my tongue by mistake. Lidah saya _____
(d) There are too many of these books. Mary can't carry them. Buku-buku itu _____

(e) The man was shot in the leg. Orang itu _____
(f) I was impressed by the way she talked. Saya _____
(g) Don't be offended! Jangan _____
(h) Five people were injured in the incident. Lima orang _____
(i) She slipped when stepping on the banana skin. Dia _____
(j) The price is Rp 10,000 inclusive of sales tax. Harga _____
(k) Indonesia is made up of 27 provinces. Indonesia _____
(l) Where is Tangkuban Perahu located? Di mana _____

3 Select the right words to complete the sentences:

(a) (beli, belian, membeli, pembelian, terbeli)
Dia mau _____ mobil Jaguar, tetapi tak _____ olehnya
karena harganya mahal

(b) (pukul, memukul, terpukul, pukulan)
Waktu bermain bola, kepalanya _____ oleh seorang pemain
lain. Dia tidak marah karena _____ itu tidak sengaja

(c) (makan, makanan, termakan)
Ali orang Islam. Dia tidak _____ daging babi. _____ yang
di atas meja itu mengandung babi. Untung tadi tidak _____
olehnya

(d) (letak, meletakkan, terletak)
Di mana saudara _____ kalkulator saya? Saya tidak tahu.
Tadi saya lihat _____ di atas meja itu

(e) (berdiri, mendirikan, terdiri)
Sudah lama hotel itu _____. Gedungnya tinggi dan besar,
_____ dari 200 kamar. Yang _____ seorang konglomerat

(f) (masuk ke, memasukkan, termasuk, memasuki)
Hanya sedikit orang tua yang bisa _____ anaknya ke univer-
sitas negeri. Mereka yang bisa _____ orang yang beruntung.
Anak saya tidak _____ universitas, dia _____ sekolah keju-
ruan

(g) (jadi, menjadi, terjadi, kejadian)
Apa yang _____? Maaf, saya tak tahu _____ itu.
Rupanya ada orang yang _____ gila. Dia mengamuk di
pasar

(h) (potong, memotong, terpotong, potongan)
Ibu sedang memasak di dapur. Dia _____ daging ayam.
_____ itu dimasukkannya ke panci; lalu direbusnya. Minggu
yang lalu jarinya _____ ketika (dia) memakai sebuah pisau
tajam.

(i) (gigit, menggigit, tergigit, gigitan)
Anjing itu suka _____ orang. Minggu yang lalu ada seorang anak kecil yang _____. Sampai sekarang anak itu masih sakit karena _____ nya dalam sekali

(j) (kejut, mengejutkan, terkejut, kejutan)
Kematian ayahnya sungguh _____ dia. Dia _____ waktu menerima berita itu seminggu yang lalu. Sampai sekarang _____ itu belum hilang juga

4 Translate the sentences in the parentheses below into Indonesian; combine each of these with the phrase **kok** to make up an expression of suprise/disbelief. Remember **kok** can be placed either at the beginning of the sentence or in front of the predicate/verb:

(a) Kok _____   (The weather in Jakarta is very hot)
(b) _____ kok _____   (Things are cheap in Indonesia)
(c) Kok _____   (The scenery in the mountains is very beautiful)
(d) _____ kok _____   (It is raining now)
(e) Kok _____   (Indonesians like to eat food with chillies)
(f) _____ kok _____   (Fruit trees grow almost everywhere in Java)
(g) Kok _____   (He doesn't know about it)

Language in use

Kepala dan anak buahnya

p: Maaf, Pak. Saya **terlambat**.
b: Apa yang **terjadi**?
p: Saya **terhambat** di jalan. Banyak kendaraan.
b: Jam berapa kamu berangkat dari rumah?
p: Jam 8.00, Pak.
b: Pantesan. Itu sudah siang. Banyak pegawai yang pergi ke kantor.
p: Tadi malam ada pesta di rumah. Sehabis pesta, karena cape saya **tertidur** sampai jam 7.30.

anak buah	crew/staff	kendaraan	vehicle
hambat/ter	obstructed	pantes(an)	naturally

Orang utan

A: Di mana pulau Borneo?
B: Maksudmu Kalimantan? Itu **termasuk** kepulauan Indonesia.
A: Oh, ya. Kata orang di situ **terdapat** orang utan?
B: Betul. Binatang itu **terkenal** di seluruh dunia. Mereka **termasuk** satu turunan dengan manusia.
A: Kasihan, binatang itu **terancam** kepunahan. Hutan, tempat tinggalnya digunduli orang; pohonnya banyak yang ditebang.

kepulauan	archipelago	ancam/ter	threatened
binatang	animal	punah/ke____an	extinction
turunan	descendant	gundul	bald
seluruh	the entire	tebang/me	to cut down

Impian?

A: Kamu mau beli mobil apa?
B: Porsche, tapi harganya mahal sekali; **tak terbeli** olehku.
A: Cari saja Porsche yang bekas!
B: Kemarin ada satu, tetapi harganya juga masih setinggi langit.
A: Cari saja mobil merek lain: Rover, Ford, Renault, VW atau Vauxhall.
B: Aku tak **tertarik**. Aku mau mobil cepat.
A: Mobil cepat tak ada gunanya. Di luar kota, mengendarai mobil lebih dari 110 km perjam **terlarang**.
B: Ya, saya tahu.
A: Asuransinya juga mahal. Mobil cepat **termasuk** golongan asuransi tinggi.
B: Kalau **tertabrak** mobil lain, ongkos reparasinya juga mahal.
A: Kalau begitu aku naik sepeda saja.
B: Ya, sepeda adalah kendaraan yang teraman, terhemat dan tersehat.

bekas	used	larang/ter	prohibited
langit	sky	golongan	group
merek	mark; make	tabrak/me	to collide
kendara/me____i	to drive	hemat	economical

Reading passage

Pengalaman di Indonesia

Hampir tiga bulan lamanya Bill Hardy berada di Indonesia; banyak suka dan duka yang dialaminya.

Ketika berbelanja di pasar misalnya, **dia tertipu.** Dia tidak tahu bahwa para pedagang biasanya menawarkan barang-barang mereka dengan harga yang sangat tinggi. Dia menawar tetapi kurang pandai. Walaupun begitu Bill Hardy tidak menyesal sebab kalau dihitung dengan pound sterling atau dollar, barang-barang itu masih murah.

Salah satu kesan yang menarik tentang orang Indonesia ialah mereka ramah-ramah, banyak **tersenyum dan tertawa.** Yang mereka bicarakan bisa apa saja, **termasuk** masalah keluarga atau urusan dalam negeri orang lain. Ke manapun Bill pergi, dia selalu mendapat kenalan baru. Tak heranlah kalau Bill cepat pandai berbahasa Indonesia.

Keistimewaan lain orang Indonesia, terutama di Jawa Tengah, ialah mereka selalu santai, tidak **terburu-buru.** Semboyan orang Barat yang mengatakan 'Time is money' artinya 'Waktu itu uang' tidak berlaku di Indonesia. Di Jawa orang sering berkata 'Alon-alon asal kelakon', maksudnya pelan-pelan tidak apa, asal **terlaksana** dengan baik.

Seperti di kota-kota besar lain di dunia, lalu lintas di Jakarta tidak begitu **teratur.** Ini bukan karena kurangnya fasilitas jalan, tetapi karena jumlah pemakai jalan selalu bertambah. Banyak penduduk dari desa dan daerah lain datang ke ibu-kota untuk mencari pekerjaan. Jalan-jalan di Jakarta sangat ramai sehingga waktu Bill berjalan kaki dia sering **terbentur** pada orang lain. Di Bali dan Lombok keadaannya lumayan. Bill berani menyetir mobil dan tak takut akan **terjadi** kecelakaan.

Bill puas dengan kunjungannya yang pertama ke Indonesia. Bagaimana tidak? Keadaan alamnya indah, kenalannya banyak, dan kebudayaannya menarik. Tapi yang lebih penting lagi keinginannya untuk bisa berbicara bahasa Indonesia **terpenuhi.** Semua pengalamannya **terabadikan** dalam photo-photo yang diambilnya selama di Indonesia.

suka & duka	ups and downs	**keistimewaan**	speciality
tipu/me	to cheat/con	**semboyan**	slogan
pedagang	trader	**terlaksana**	is done
tawar/me____kan	to offer	**bentur/me**	to bump
tawar/me	to bargain	**setir/me**	to drive
ramah	friendly	**terjadi**	to happen
sesal/me	to regret	**lumayan**	not bad
kesan	impression	**celaka/ke____an**	accident
urusan	business	**puas**	satisfied
dalam negeri	internal	**kebudayaan**	culture
terutama	mainly	**abadi**	eternal

Pertanyaan

(a) Berapa lama Bill Hardy tinggal di Indonesia?

(b) Kapan dia tertipu? Mengapa?

(c) Apakah dia menyesal? Mengapa?

(d) Apa yang membuat Bill bisa cepat berbahasa Indonesia?

(e) Apa perbedaan, dalam sikap, antara orang Barat dan orang Indonesia, khususnya orang Jawa?

(f) Apa arti semboyan Jawa: 'Alon-alon asal kelakon?'

(g) Bagaimana keadaan lalu lintas di Jakarta?

(h) Apa yang terjadi waktu dia berjalan kaki di Jakarta?

(i) Mengapa Bill berani menyetir mobil sendiri di pulau Lombok?

(j) Apa keinginan Bill yang terpenuhi?

16 Saya kecapean
I'm so tired

In this lesson you will learn about:

- Further uses of **ke_____an** with adjectives and verbs
- The words **kan** and **ayo**

⌒ Situation 1 (Audio 2: 28)

Saya kecapean

Betty has just started a new job. Her mother asks her how she is getting on with it

M: Bagaimana pekerjaanmu yang baru, Betty?
B: Wah, sibuk sekali. . . malah **kesibukan** sehingga saya tak sempat apa-apa. Sampai di rumah jam 6.00 sore **kecapean** . . .
M: Tapi **kamu senang, kan** . . . daripada dulu menganggur?
B: Ya, tapi gajinya kecil . . . **kekecilan**!
M: Itu gaji permulaan. Sedikit demi sedikit nanti akan naik dan sesudah beberapa tahun gajimu besar.
B: Tapi **kebanyakan** pegawai kantor ini laki-laki.
M: Itu justru baik. Karena kamu satu-satunya orang perempuan kamu akan lebih diperhatikan.
B: Tetapi ada seorang yang **keterlaluan**. Dia suka mengganggu saya sehingga saya **ketakutan**.
M: Ah, kamu sudah dewasa. Saya percaya kamu bisa mengatasi soal itu.

A: *How is your new job, Betty?*
B: *Oh, very busy . . . I'm so busy so that I don't even have time to do anything. I arrive home at 6 . . . so tired!*

A: *Anyway, you're pleased with it, aren't you? It's better than being unemployed, isn't it?*
B: *Yeah, but the salary is small . . . too small.*
A: *That's only at the beginning! Gradually it'll increase and after a few years you'll have a bigger salary.*
B: *Yes, but most of the employees are men.*
A: *Even that's good for you. As you are the only woman, you'll get more attention.*
B: *But there is one person who gives me too much. He keeps pestering me. I'm really scared.*
A: *Ah, you're an adult. I'm sure you'll be able to handle the situation.*

sempat	chance/time	**sedikit demi sedikit**	gradually
menganggur	to be unemployed	**terlalu/ke____an**	too much
kebanyakan	most of	**ganggu/me**	to disturb
mula/per____an	the beginning	**takut/ke____an**	frightened
justru	just	**dewasa**	adult
memperhatikan	to pay attention	**atas/me____i**	to overcome

Grammar 1

Expressing excessiveness with ke____an

In Lesson 10 we learned that when **ke____an** is applied to an adjective it produces an abstract noun. In the dialogue above **ke____an** has also been applied to an adjective and produces exactly the same word-form but its meaning is different. It implies excessiveness. In other words **kebesaran** can mean either 'greatness' or 'too big', **kebersihan** can mean 'cleanliness' or 'too clean' depending on the context. **Ke____an** in the sample sentences below implies excessiveness, except **kebanyakan** which means 'most of'.

sibuk (busy), **kesibukan** (too busy)
Saya *kesibukan* sehingga tak sempat apa-apa — I was so busy that I didn't have a chance to do other things

kecil (small), **kekecilan** (too small)
Gajinya *kekecilan* — The salary is too little

banyak (many/much), **kebanyakan** (most of)
***Kebanyakan* pegawai di kantor ini laki-laki** — Most of the employees in this office are male

terlalu (too), **keterlaluan** (over the top)
Kadang-kadang mereka   Sometimes they are a bit over the
   keterlaluan   top

takut (afraid), **ketakutan** (very afraid)
Saya *ketakutan*   I am so frightened

besar (big), **kebesaran** (too big)
Sarong itu *kebesaran*   That sarong is too big for me
   untuk saya

mahal (expensive), **kemahalan** (too expensive)
Harga mobil itu *kemahalan.*   That car is too expensive

Kan – **short for** bukan

Kan is short for **bukan**, a question tag used when the speaker makes
a statement which in his view is obviously or factually true and
hence assumes that the person spoken to will agree with him or her.
It is broadly equivalent to 'isn't it', 'aren't you', etc. in English. **Kan**
is widely used in spoken Indonesian. It can be placed at the end of
the sentence or in front of the predicate or verb.

Tapi kamu senang, kan?   But you're happy with it, aren't
                                  you?
Saya kan tidak tahu soal itu? I didn't know about that, did I?
Dia kan anak saya?   He is my child, isn't he?
London kan jauh dari sini!   London is far from here, isn't it?
Saudara kan tahu saya suka   You know that I like smoking,
   merokok?   don't you?

Situation 2

Kebanjiran

Udin has just come in to the house

H: Udin, pakaianmu kok basah?
U: Saya **kehujanan**. Tadi aku lupa tidak membawa payung.
H: Apa kamu **kedinginan**?
U: Ya, boleh aku minta secangkir kopi panas?
H: Tentu saja.
U: Rumahku **kebanjiran**, San. Sudah tiga hari ini hujan terus.

Kamar tidurku **kemasukan air**.

H: Din, ayo kopinya diminum!

U: Saya tunggu sebentar. Biar dingin dulu. Kalau saya minum sekarang, lidah saya bisa **kepanasan**.

H: *Udin, why are your clothes wet?*

U: *I was caught in the rain. I forgot to bring my umbrella.*

H: *Are you freezing?*

U: *Yes. May I have a cup of hot coffee, please?*

H: *Yes, of course.*

U: *My house was flooded. It's been raining for the last three days. Water came into my bedroom.*

H: *Din, come on drink the coffee!*

U: *I'd better wait for a moment. Until it's a bit cooler. If I drink it now, my tongue could get burnt.*

basah	wet	**biar**	let it
lidah	tongue	**payung**	umbrella
dingin	cold	**banjir**	flood

Grammar 2

A further use of ke_____an

The application of **ke_____an** to certain adjectives and verbs can create new words which imply that the subject *is affected by some unpleasant condition* suggested by the root. All the events in the examples below indicate that they are against the wishes of the subject.

Baju Udin basah karena dia *kehujanan*	Udin's clothes were wet because he was caught in the rain (*lit.*: He was caught by the rain)
Rumahnya *kebanjiran*	His house was flooded (*lit.*: His house was hit by a flood)
Kamar-tidurnya *kemasukan air*	(*lit.*: His bedroom was entered into by water)
Dia *kedinginan*	He was freezing (*lit.*: He was affected by cold)
Lidahnya *kepanasan* **ketika minum kopi panas**	His tongue burnt when he drank the hot coffee

Dia *kemalaman*	He was caught by the night/darkness
Dia *kesiangan*	He got up late (*lit.*: He was caught by the day)
Kepala Ali *kejatuhan* **buah kelapa**	A coconut fell on Ali's head (*lit.*: Ali's head was unfortunately hit by a falling coconut)

Exception The two words below seem to have been formed by analogy. The element of incovenience is gone and their meanings have shifted.

Rumah itu *kelihatan* **bagus**	The house *looks* nice
Menara itu *kelihatan* **dari sini**	The tower is *visible* from here
Lagu itu *kedengaran* **merdu**	The song *sounds* beautiful
Musiknya *kedengaran* **dari jauh**	The music *can be heard* from far away

Overlapping of ke_____an **and** ter

A few words, the product of **ke_____an** and **ter** application, convey the same meaning. Note that they have the verbal roots.

ke*lihat*an	terlihat	can be seen (visible)
ke*dengar*an	terdengar	can be heard (audible)
ke*tidur*an	tertidur	to oversleep
ke*tinggal*an	tertinggal	to miss/to be left behind

Ayo

Ayo is equivalent to 'come on' or 'let's' in English. It is used to suggest to or persuade somebody to do something either with or without the speaker.

Alone

Ayo, kopinya diminum!	Come on, drink the coffee!
Ayo, jangan nakal!	Come on, don't be naughty!
Ayo, jangan begitu!	Come on, don't do that!

Together

Ayo, kita main tennis!	Let's play tennis!
Ayo, kita pergi ke bioskop!	Let's go to the cinema!
Ayo, kita mancing!	Let's go fishing!

See also **Mari kita** in Lesson 2.

Exercises

1 Cover the column of sentences on the right with a piece of paper. Substitute the first word on the left into the model sentence (m.s.). Uncover the first sentence on the right and see whether your sentence is the same. Continue doing this with the remaining words on the left:

(a) Mobil itu terlalu kecil untuk saya. (m.s.)

mahal	Mobil itu terlalu mahal untuk saya
kemahalan	Mobil itu kemahalan untuk saya
kebagusan	Mobil itu kebagusan untuk saya
terlalu bagus	Mobil itu terlalu bagus untuk saya
panjang	Mobil itu terlalu panjang untuk saya
kakakku	Mobil itu terlalu panjang untuk kakakku
pendek	Mobil itu terlalu pendek untuk kakakku
Sepeda	Sepeda itu terlalu pendek untuk kakakku
kependekan	Sepeda itu kependekan umtuk kakakku

(b) Makanan itu terlalu pedas untuknya. (m.s.)

asin	Makanan itu terlu asin untuknya
keasinan	Makanan itu keasinan untuknya
kemanisan	Makanan itu kemanisan untuknya
untuk saudara	Makanan itu kemanisan untuk saudara
terlalu manis	Makanan itu terlalu manis untuk saudara
keras	Makanan itu terlalu keras untuk saudara
saya	Makanan itu terlalu keras untuk saya
Minuman	Minuman itu terlalu keras untuk saya
kekerasan	Minuman itu kekerasan untuk saya

(c) Mereka sedih karena kehabisan uang. (m.s.)

makanan	Mereka sedih karena kehabisan makanan
kekurangan	Mereka sedih karena kekurangan makanan
air	Mereka sedih karena kekurangan air
kehujanàn	Mereka sedih karena kehujanan
kelaparan	Mereka sedih karena kelaparan
kecapean	Mereka sedih karena kecapean
pulang kemalaman	Mereka sedih karena pulang kemalaman
kesiangan	Mereka sedih karena bangun kesiangan

(d) Gedung itu kelihatan besar. (m.s.)

kuat	Gedung itu kelihatan kuat

bagus	Gedung itu kelihatan bagus
jelek	Gedung itu kelihatan jelek
sekolah	Sekolah itu kelihatan jelek
rapi	Sekolah itu kelihatan rapi

(e) Suara pesawat terbang itu kedengaran dari sini. (m.s.)

kapal laut	Suara kapal laut itu kedengaran dari sini
penyanyi	Suara penyanyi itu kedengaran dari sini
tetangga	Suara tetangga sebelah kedengaran dari sini
sirene	Suara sirene kedengaran dari sini
mesin jahit	Suara mesin jahit itu terdengar dari sini

2 Fill in the blanks with appropriate **ke_____an** verbs:

(a) Sudah jam 7.00 malam. Hasan belum pulang juga. Dia pasti _____

(b) Pintu rumahnya terbuka. Mungkin ada pencuri masuk. Mungkin rumahnya _____ pencuri

(c) Pak Zainal berjalan-jalan di Pasar Senen. Seseorang mencopet dompet dan uangnya. Pak Zainal _____ di Pasar Senen

(d) Celana itu besar sekali. Kamu kecil. Celana itu _____ untukmu

(e) Pak Suparman beranak satu, tetapi mobilnya banyak. Pak Suparman _____ mobil

(f) Saya mau naik bis. Tapi bis itu meninggalkan saya. Saya _____ bis

(g) Makanan itu enak. Siti mencampurnya dengan cabe. Makanan itu _____ cabe

(h) Dia harus masuk kantor jam 9.00 tapi dia bangun jam 12 siang. Dia _____

(i) Tadi ibu berbelanja di pasar. Uangnya hilang. Tadi ibu _____ uang di pasar

(j) Ali duduk di bawah pohon kelapa. Sebuah kelapa menjatuhi kepalanya. Ali _____ buah kelapa

(k) Kemarin hujan. Baju Amir basah semua. Kemarin Amir _____

(l) Hawa di kamar itu panas. Amir ada di situ. Amir _____ di kamar itu

(m) Suryani tinggi. Suaminya pendek sekali. Suryani _____ untuk suaminya

(n) Mobil itu berlari cepat sekali, lebih dari 120 km perjam. Mobil itu _____

3 Using **ke_____an**, give Indonesian equivalents for the following:

(a) The bike is too small for me
(b) The food is too much for me
(c) The bank was broken into by a thief last night
(d) The woman is possessed by a devil (*lit.*: is entered by)
(e) Most Indonesians live in Java
(f) I came home very late last night
(g) The sound of the ambulance can be heard from here
(h) The small house can be seen from this place
(i) She was caught in the rain because she forgot to bring an umbrella
(j) I lost my wallet when I was in the market yesterday
(k) The school is running out of books
(l) She was shivering because the temperature was very low
(m) I missed the train. It left as I arrived at the station
(n) I felt very hot when I was in Indonesia
(o) A mango fell on my head when I was sitting in the garden

4 In Lesson 10, we learned that **ke_____an** can serve as an abstract noun-maker, e.g. **kebersihan** (cleanliness), **kebesaran** (greatness). Examples of this construction are included in the following exercise. Fill in the blanks with the appropriate word:

(bersih, kebersihan, pembersihan, membersihkan, terbersih)

(a) Ibu _____ rumah setiap hari. Dia selalu menjaga _____
(b) Polisi mengadakan _____ tadi malam. Tapi penjahat itu belum juga tertangkap
(c) Orang perempuan itu kelihatan _____. Bajunya putih

(besar, kebesaran, pembesaran, membesarkan/memperbesar, terbesar)

(d) Badanmu kecil. Celana itu _____ untukmu
(e) Jangan suka _____ soal. _____ orang diukur dari keberanian dan kebaikannya
(f) Siapa yang _____ diantara anak-anak itu?

(murah, kemurahan, termurah)

(g) Jangan suka membeli barang _____. Kwalitasnya tidak baik
(h) Dia orang baik. _____ hatinya tidak akan dilupakan orang
(i) Barang apa yang _____ di Inggeris?

(marah, kemarahan, memarahkan, memarahi)

(j) Jangan suka _____ anak-anak. Mereka bisa jadi penakut
(k) Dia tidak _____ kepada saya. Dia _____ kepadamu
(l) Orang harus bisa mengendalikan _____
(m) Kejadian ini sungguh-sungguh _____ ayah

(jatuh, terjatuh, kejatuhan, menjatuhkan, menjatuhi)

(n) Anak itu tidak _____ diri dari pohon. Dia _____
(o) _____ diktator itu jangan diharapkan. Kedudukannya kuat sekali
(p) Saya kemarin _____ rejeki. Saya menerima lima juta rupiah
(q) Bah kelapa itu _____ kepalanya. Rasanya sakit sekali

(duduk, kedudukan, mendudukkan, menduduki, pendudukan, penduduk)

(r) Siapa yang _____ di sana itu? Dia _____ dari mana?
(s) _____ kuat. Dia disenangi bapak direktur
(t) Jerman _____ Parancis dalam perang dunia ke-2. Perancis tidak menyukai _____ itu
(u) Direktur _____ John Miller pada jabatan itu. John sekarang kepala bagian keuangan

(panas, kepanasan, memanasi/memanaskan, pemanasan)

(v) Hawa di Jakarta sangat _____ Semua orang _____
(w) Siapa yang _____ susu di dapur?
(x) _____ dari matahari menolong kehidupan di bumi

(dingin, kedinginan, pendingin, mendinginkan)

(y) Pendaki-pendaki gunung _____ di puncak Himalaya. Di sana hawa sangat _____
(z) Saya mau membeli mesin _____. Mesin itu untuk _____ daging dan sayuran

5 How would you say the following in Indonesian using **ayo**? Is the invitation only for the person spoken to, or does it include the speaker as well?

(a) ask a friend to come to your house
(b) ask a friend to organize a party next Sunday
(c) ask your guest to eat the cake
(d) ask your guest to drink the tea

(e) ask a friend to go for a picnic by a lake
(f) ask a friend to go fishing together
(g) ask your friend to go to a movie

| to go on a picnic | **pergi berpiknik** | by a lake | **dekat danau** |
| to go fishing | **pergi mancing** | to organize | **mengadakan** |

6 How would you say the following in Indonesian using **kan**:

(a) you expect your friend to agree that you aren't rich
(b) you expect your friend to agree that nowadays things are expensive
(c) you expect your friend to agree that money is important, but not the most important thing in life
(d) you expect your friend to agree that not everybody is as clever as Einstein
(e) you expect your friend to agree that in India a cow is a sacred animal

| cow | **sapi** | sacred | **suci** |
| important | **penting** | | |

Language in use

Rumahnya kemasukan pencuri

A: Mengapa pak Zainal **kelihatan** sedih hari ini?
B: Dia **kecopetan** di Pasar Senen kemarin. Dompet dan uangnya hilang semua.
A: Saya dengar minggu yang lalu **rumahnya kemasukan** pencuri. Emas berliannya diambil.
B: Aduh, kasihan. Apa malam itu rumahnya tidak dijaga?
A: Penjaga **ketiduran**. Rupanya dia kecapaian karena siangnya dia tidak tidur.
B: Apa kejadian itu tak diketahui oleh tetangganya?
A: Tidak. Tembok rumahnya tebal dan tinggi, sehingga apa yang terjadi di dalam tak **kelihatan** dan tak **kedengaran** oleh tetangga.

emas berlian	gold/jewellery	**kejadian**	incident
dompet	wallet	**hilang**	to disappear
tembok	brick wall	**aduh**	oh, dear

Saya kekurangan uang

M: Mengapa kamu terlambat?
P: Saya **ketinggalan** bis.
M: Itu . . . pakaianmu basah.
P: Ya, saya **kehujanan**.
M: Mukamu kelihatan kotor, apa belum mandi?
P: Saya **kehabisan** odol dan sabun. Dan tak ada air panas.
M: Mengapa engkau masuk kerja juga?
P: Saya **kekurangan** uang.
M: Ini bukan kantor sembarangan. Pulang, mandi yang bersih dan ganti pakaian, . . . baru masuk kerja!

tinggal/ke____an	to be left by	**odol**	toothpaste
basah	wet	**sabun**	soap
muka	face	**sembarangan**	worthless

Reading passage

Study the text. Note the contexts in which **ke____an** is used. Answer the comprehension questions at the end.

Di Yogyakarta

Pagi ini John dan Janie Miller bangun **kesiangan**. Tadi malam mereka di rumah Pak Lurah menonton pertunjukan Wayang kulit yang berlangsung sampai jam 5.00 pagi. Karena itu John dan Janie **kecapean** dan mereka tidur sampai jam 11 siang.

Ketika bangun mereka merasa lapar dan di dapur tidak ada makanan. John pergi ke sebuah warung dekat rumah yang mereka sewa untuk membeli gado-gado dan ketupat. 'Bu,' katanya kepada si penjual, 'tolong jangan diberi cabe, ya?' Karena sudah **kelaparan**, John dan Janie makan gado-gado itu dengan lahap, malah sampai **kekenyangan**. Mereka tidak **kepedasan** karena memang tak ada cabenya.

Pada siang hari ketika John meraba saku celananya, dia sadar bahwa uang di kantongnya tinggal beberapa ratus rupiah saja. Dia **kehabisan uang!** Ini berarti dia harus ke bank untuk mengambil uang. John keluar, naik sepeda ke Bank Karya Negara, kira-kira 4 km jauhnya. Karena di luar panas sekali, dia memakai topi supaya kepalanya tidak **kepanasan.** Dia berhati-hati sekali mengayuh sepedanya karena dia tahu di jalan besar, sering ada kendaraan bermotor yang ngebut, nusup kiri dan kanan, seperti **kemasukan** setan.

Sore hari, John dan Janie merasa bosan dan **kesepian** karena malam itu tak ada orang yang datang ke rumah. 'Janie, ayo kita ke pasar Bringharjo di Malioboro?' ajak John. Janie menjawab: 'Bolehlah. Aku mau beli buah durian, tapi kamu yang menawarnya, ya, supaya harganya **tidak kemahalan?'** 'Baik,' kata John, 'aku juga mau beli buah rambutan yang di Inggeris tidak ada.'

John dan Janie pulang naik becak, kendaraan roda tiga yang didorong oleh tenaga kaki manusia. Tiba-tiba turun hujan dan atap beca itu **kemasukan** air. Mereka tak mengira akan **kehujanan.** Untung hujan itu hanya sebentar. Sampai di muka rumah John bertanya kepada pak sopir. 'Berapa, bang?' 'Tiga ribu rupiah saja, Tuan,' jawabnya. John memberinya Rp 4,000 . . . sedikit lebih tak apa. Kasihan abang becak, dia basah dan **kedinginan!**

pertunjukan	show	**kendaraan**	vehicle
wayang kulit	shadow puppet	**ngebut**	to drive crazy
berlangsung	to last	**nusup**	to sneak
warung	food stall	**setan**	satan
ketupat	boiled rice	**kesepian**	lonely
	in a bag	**durian**	round smelly
dengan lahap	enjoyably		fruit with
malah	even		thorny skin
kenyang	full up	**rambutan**	red round fruit
raba/me	to search		with hairy skin
saku	pocket	**dorong**	push
topi	hat	**untung**	luckily
hati-hati/ber	carefully	**kasihan**	pity

Pertanyaan

(a) Mengapa John dan Janie bangun kesiangan hari itu?

(b) Untuk apa John pergi ke warung? Mengapa?

(c)   Apa gado-gado itu memakai cabe?

(d)   Tiba-tiba John ingat apa? Bagaimana udara waktu itu?

(e)   Dengan apa dia pergi ke bank?

(f)   John dan Janie pergi ke mana sore itu?

(g)   Apa yang dibeli Janie dan John?

(h)   Apa becak itu?

(i)   Apa yang terjadi waktu mereka di dalam becak?

(j)   Berapa ongkos yang diminta sopir becak?

(k)   Berapa yang diberikan John? Kurang atau lebih?

(l)   Mengapa dia merasa kasihan kepada tukang becak itu?

17 Lebaran – hari raya nasional

Lebaran – a national holy day

In this lesson you will learn about:

- Plural verbs
- Equivalents of the English 'when'
- Adverbs
- More on the functions of **se**
- The uses of **pun** and **saja**

Study the dialogue in Situation 1 below, noting particularly the words in bold.

Situation 1 (Audio 2: 32)

Lebaran – hari raya nasional

John Miller has heard a little about Lebaran, the last day of Ramadan when Moslems end their month-long fasting. He is keen to know more about it so he has a chat with his Indonesian friend, Ali

JM: Malam ini kok ramai sekali. Dengan pengeras suara orang **berteriak-teriak** 'Allahuakbar . . . Allahuakbar!' Mereka naik mobil, **berputar-putar** kota. Juga suara petasan memekakkan telinga.

ALI: Ya, hari yang **ditunggu-tunggu** sudah tiba. Besok Lebaran – hari besar, hari kemenangan bagi umat Islam yang sudah melaksanakan tugas agama: berpuasa selama 30 hari. Semua orang, terutama anak-anak berbaju baru sebagai tanda bahwa hati mereka juga baru.

JM: Apa yang dilakukan orang pada hari itu?

ALI: Yang beragama Islam **beramai-ramai** pergi ke masjid besar untuk bersembahyang. Sesudah itu mereka pulang. Di jalan bila bertemu dengan teman atau kenalan mereka **bersalam-salaman**. Mereka juga bersalaman dengan tetangga-tetangga di kampung.

MJ: Apa maksud bersalam-salaman itu?

ALI: Maksudnya mereka **maaf-memaafkan** (saling memaafkan). Maklum, kita manusia kan tidak lepas dari kesalahan.

JM: Sehabis itu apa?

ALI: Sorenya keluarga-keluarga mulai **kunjung-mengunjungi**. Ini sudah menjadi tradisi nasional dan setiap orang melakukan-nya. Orang tua, kakek dan nenek biasanya hanya tinggal di rumah; mereka didatangi orang-orang muda seperti anak, menantu, dan cucu yang meminta maaf dan doa restu. Lebaran adalah hari pertemuan besar keluarga.

JM: Tentunya ada yang datang dari jauh?

ALI: Ya, sering dari seberang lautan, dari pulau-pulau lain di ujung barat dan timur Indonesia. Bagi yang sudah bertahun-tahun berpisah, pertemuan itu bisa mengharukan. Mereka **bertangis-tangisan** dan **berpeluk-pelukan**.

JM: Kemudian apa acara mereka?

ALI: **Makan-makan dan minum-minum**. Makanan yang enak-enak biasanya sudah disiapkan. Semua keluarga berkumpul. Sambil menikmati makanan mereka **saling menceritakan** pengalaman. Tapi yang paling senang ialah anak-anak. Mereka **bermain-main** di jalan . . . dengan petasan dan kembang api.

JM: Berapa lama pesta Lebaran ini berlangsung?

ALI: Resminya hanya dua hari, tetapi dalam prakteknya mereka **bersenang-senang** sampai seminggu.

JM: *It's very noisy tonight. People are going around the town in their cars with loudspeakers shouting 'Allahuakbar . . . Allahuakbar!' Also the sound of firecrakers everywhere is deafening.*

ALI: *Tomorrow is Lebaran, the great day when Moslems end their 30-day long fasting. Everybody, especially children, put on new clothes – a sign that their hearts are also new.*

JM: *What do they do?*

ALI: *Moslems go to local mosques to pray. Then they go home. On the way, when they meet friends or acquaintances they shake hands.*

JM: *What's that hand-shaking for?*

ALI: *It's a sign of forgiveness towards each other. You know, we humans are fallible.*

JM: *Then what do they do?*

ALI: *In the late afternoon, families start to visit each other. This has become a national tradition and everybody does it. Grandfathers or grandmothers don't normally leave home; instead they are visited by sons and daughters and their spouses and grandchildren. The visit is to ask for forgiveness and blessing. Lebaran is a great family reunion.*

JM: *I guess some of them must come from far away?*

ALI: *That's right. They often cross the sea from islands at the west and east ends of Indonesia. For those who haven't seen each other for many years, this meeting can be very moving. They cry and hug each other.*

JM: *What do they do next?*

ALI: *Eat and drink. Normally, delicious dishes have already been prepared. All the members of the family get together. While eating the food, they tell each other about their experiences. But of all of them, the children are the happiest. They play in the streets with firecrackers and fireworks.*

JM: *How long do these festivities last?*

JM: *Officially they last for two days, but in practice, people enjoy themselves for a week.*

pengeras suara	loudspeaker	**maklum**	you know
teriak/ber	to shout	**kakek**	grandfather
putar/ber	to go around	**nenek**	grandmother
petasan	firecrackers	**menantu**	son/daughter
pekak/me____kan	deafening		in law
menang/ke____an	victory	**cucu**	grandchild
umat	religious followers	**peluk/me**	to embrace
laksana/	to carry out	**haru/me____**	moving
me____kan		**kan**	
puasa/ber	to fast	**kembang api**	firework
masjid	mosque	**langsung/ber**	to last
sembahyang	to pray	**resmi**	officially

Grammar 1

Plural verb forms

Unlike English, in Indonesian verbs can be expressed in the plural. The idea of the plural verb is to indicate that the actions occur many times, repeatedly and often continuously. Their forms vary depending on what category the verb belongs to. Although the subject (doer) is mostly in the plural it can also be in the singular depending on the context.

Independent verbs

For these verbs, simply double the verb. The subject can be in the singular or plural.

> **Di hari Lebaran orang** *makan-makan* **dan** *minum-minum*
> During Lebaran people eat and drink
> **Mereka** *duduk-duduk* **sambil bercakap-cakap**
> They sat and chatted

Verbs with ber and me prefixes

For these verbs, double the base verb. The subject can be in the singular or plural.

> **Orang** *berteriak-teriak* **'Allahuakbar! . . . Allahuakbar!'**
> People shouted 'God is most great! God is most high!'
> **Anak-anak** *bermain-main* **dengan petasan**
> Children are playing with fireworks
> **Mobil itu** *berputar-putar* **kota sepanjang malam**
> The car went around the town all night
> **Mereka sudah** *menunggu-nunggu* **datangnya Lebaran**
> They've been waiting for the coming of Lebaran
> **Pesawat terbang itu** *melayang layang* **di langit**
> The plane is floating in the sky
> **Dia** *menari-nari* **karena dia senang**
> She is dancing because she is happy
> **Mereka hanya** *melihat-lihat*, **tidak membeli**
> They are only looking around, not buying
> **Dia** *membuka-buka* **halaman buku itu**
> He turned the pages of the book

Reciprocal verbs with the prefix me

Saling can also be used as an alternative. The subject is sometimes in the singular, but connotatively it is plural.

> **Di hari Lebaran, orang** *maaf-memaafkan.* **(saling memaafkan)**
> During Lebaran people forgive one another
> **Mereka suka** *tolong-menolong* **(saling menolong)**
> They like to help each other
> **Di hari Lebaran, orang** *kunjung-*mengunjungi. **(saling mengunjungi)**
> During Lebaran, people visit one another

Reciprocal verbs with the prefix ber

As explained in Lesson 10 the words **makanan, minuman,** etc. are verbal nouns derived from the base-verbs **makan** and **minum.** In Lesson 7 we also learned that when the prefix **ber** is attached to a noun, it transforms it into an intransitive verb. The combination of these two rules creates the following verb form. Note that the subject is always in the plural.

> (base verb) **peluk**
> (verbal noun) **pelukan** (a hug/an embrace)
> **berpelukan/berpeluk-pelukan** (to hug each other)

> **Dalam pertemuan itu mereka** *berpelukan/berpeluk-pelukan*
> At the reunion, they hugged each other

> (base verb) **tangis**
> (verbal noun) **tangisan** (weeping, crying)
> **bertangisan/bertangis-tangisan** (to cry with each other)

> **Mereka terharu dan** *bertangisan/bertangis-tangisan*
> They were moved and cried with each other

> (base verb) **salam** (salutation)
> (verbal noun) **salaman**

> **Mereka bersalaman** *or* **Mereka bersalam-salaman**
> They shook hands (with each other)

> (base verb) **cium**
> (verbal noun) **ciuman** (a kiss)

Pasangan itu *berciuman or* **Pasangan itu** *bercium-ciuman*
The couple kissed (each other)

Exercises

1 Cover the column of sentences on the right with a piece of paper.
Substitute the first word on the left into the model sentence (m.s.).
Uncover the first sentence on the right and see whether your
sentence is the same. Continue doing this with the remaining words
on the left:

(a) Mereka beteriak-teriak kesakitan. (m.s.)

kesenangan	Mereka berteriak-teriak kesenangan
ketakutan	Mereka berteriak-teriak ketakutan
minta tolong	Mereka berteriak-teriak minta tolong
minta perhatian	Mereka berteriak-teriak minta perhatian
minta uang	Mereka berteriak-teriak minta uang

(b) Dia hanya melihat-lihat, tidak membeli. (m.s.)

tulis/karang	Dia hanya menulis-nulis, tidak mengarang
baca/belajar	Dia hanya membaca-baca, tidak belajar
main/serious	Dia hanya bermain-main, tidak serious

(c) Orang hidup perlu tolong menolong. (m.s.)

beri	Orang hidup perlu beri-memberi
bantu	Orang hidup perlu bantu-membantu
kasih	Orang hidup perlu kasih-mengasihi

2 Translate the following into Indonesian, using the double verb
form:

(a) Children are playing in the street, lighting the fireworks
(b) On the eve of Lebaran, people shout 'Allahuakbar!', meaning
'God is most high!'
(c) They have been waiting for the coming of this great day
(d) They flock to the mosque to say a prayer
(e) They shake hands with friends and acquaintances whom they
meet on their way home
(f) They forgive one another for past wrongdoings
(g) They visit each other's houses and have good food and drink

(h) Relatives who have not met for years embrace each other; sometimes they even cry with one another
(i) They assemble in the grandparents' house and tell each other of their experiences
(j) People really have lots of fun during Lebaran

Situation 2

Melamar pekerjaan

Ali is being interviewed for a job

E: **Kapan** saudara lulus SMA (Sekolah Menengah Atas)?
A: Saya lulus SMA tahun 1987.
E: **Kapan** (saudara) tamat dari Universitas dan mendapat gelar apa?
A: Tahun 1991. Saya mendapat gelar S–1 dari Universitas Cenderawasih.
E: **Ketika** di Universitas Saudara mengambil mata-kuliah pokok apa?
A: Saya mengambil desain teknologi.
E: Selain belajar, apa yang saudara kerjakan **waktu** di Universitas ?
A: Saya bekerja sambilan sebagai pelayan rumah-makan.
E: **Kalau** saudara diterima, berapa gaji yang saudara minta?
A: Asal cukup untuk perumahan, untuk transport, untuk makan dan berlibur.
E: Baik, (hal itu) akan kami pertimbangkan.

E: *When did you finish high school?*
A: *I finished high school in 1987.*
E: *When did you graduate from university and what degree did you get?*
A: *In 1991. I got an S–1 (bachelor degree) from the University of Cenderawasih.*
E: *When you were at university what did you major in?*
A: *I majored in design technology.*
E: *Besides studying, what did you do while at the university?*
A: *I worked part-time as a waiter in a restaurant.*
E: *If you are accepted, what salary do you expect?*
A: *It should be enough for accommodation, transport, food and a holiday.*
E: *Well, we'll think it over.*

lulus	to pass	**mata kuliah**	subject
SMA	senior high school	**pokok**	main
tamat	to graduate	**sambilan**	additional
mendapat	to get	**pelayan**	waiter
gelar	degree	**timbang/me**	to consider
S–1	first degree (B.A./B.Sc.)		

Grammar 2

Using 'when'

Kapan or **bila**, **ketika**, **waktu**, and **kalau** or **jika** all translate into one English word, 'when'. **Kapan/bila** is a question word used in questions relating to time.

> **Kapan saudara lulus SMA?**   When did you finish high school?
> **Kapan kita pergi ke bioskop?** When will we go to the cinema?
> **Bila saudara datang?**   When did you arrive?

Note: **Kapan** is very much used in Java, **bila** in Sumatra.

Ketika/waktu, is generally used to denote two actions in the past, one overlapping with the other.

> **Saya sedang membaca surat ketika dia mengetok pintu**
> I was reading a letter when he knocked at the door
> **Waktu di Universitas saudara mengerjakan apa?**
> When you were at the university what did you do?
> **Anak kecil itu sedang merokok ketika ayahnya datang**
> The little boy was smoking when his father arrived

Kalau/jika is used in conditional sentences, hence it is very close to 'if' in English.

> **Jika saudara diterima, minta gaji berapa?**
> If you are accepted, how much salary would you like?
> **Kalau tidak hujan sore ini, saya mau keluar**
> If it doesn't rain this afternoon, I'd like to go out

Exercises

3 Cover the sentences on the right with a piece of paper. Substitute the first word on the left into the model sentence (m.s.). Uncover the first sentence on the right and see whether your sentence is the same. Continue doing this with the remaining words on the left:

(a) Kapan saudara tiba di Jakarta? (m.s.)

bila	Bila saudara tiba di Jakarta?
Pak Amir	Bila Pak Amir tiba di Jakarta?
Surabaya	Bila Pak Amir tiba di Surabaya?
kapan	Kapan Pak Amir tiba di Surabaya?
berangkat ke	Kapan Pak Amir berangkat ke Surabaya?
Ibu Amir	Kapan Ibu Amir berangkat ke Surabaya?

(b) Udin datang ketika saya sedang makan. (m.s.)

pergi/mandi	Udin pergi ketika saya sedang mandi
masuk/tidur	Udin masuk ketika saya sedang tidur
keluar/makan	Udin keluar ketika saya sedang makan
menelpon/makan	Udin menelpon ketika saya sedang makan
Amir/Ali	Amir menelpon ketika Ali sedang makan
Sri/Wati	Sri menelpon ketika Wati sedang makan
waktu	Sri menelpon waktu Wati sedang makan
paman/ayah	Paman menelpon waktu ayah sedang makan
datang/minum teh	Paman datang waktu ayah sedang minum teh

(c) Kalau tidak tahu harap bertanya. (m.s.)

suka/memberitahu	Kalau tidak suka harap memberitahu
hujan/ayo kita keluar	Kalau tidak hujan, ayo kita keluar
panas	Kalau tidak panas, ayo kita keluar
dingin	Kalau tidak dingin, ayo kita keluar
jika	Jika tidak dingin, ayo kita keluar
hujan/berjalan	Jika tidak hujan, ayo kita berjalan
sakit/mandi di pantai	Jika tidak sakit, ayo mandi di pantai

4 Give the Indonesian equivalents to the following, using **kapan/ bila**, **ketika/waktu**, **jika/kalau** as appropriate.

(a) When was this book written?
(b) I was studying when he came in
(c) When are you going to see Mr Johnson?
(d) When I fall in love, it will be forever
(e) If you don't understand don't hesitate to ask
(f) When is the holiday?
(g) When you telephoned me I was talking to my mother
(h) If we go now, we won't be late
(i) If I were a rich man, I wouldn't ask you for money
(j) You might fall, if you aren't careful

Situation 3

Yang rajin dan yang malas

Pak Nasution has two sons, one called Amir who always behaves and another, Rachman, who is rather naughty

Amir mandi setiap pagi. Giginya disikatnya **bersih-bersih**. Rambut dicucinya dengan sampo. Dia menjaga kesehatannya **dengan baik**. Segala sesuatu dikerjakannya **dengan teliti**.

Adiknya, Rachman tidak begitu. Dia agak malas. Sering dia bangun terlambat. Karena buru-buru, dia tidak menyikat **bersih** giginya. **Secara ngawur** dia memakai kaos kaki. Kadang-kadang warna kaos kaki kiri tidak sama dengan warna kaos kaki kanan. Rambutnya tidak disisir **rapi**.

Kepada Rachman, Pak Nasution sering berkata: 'Man, belajarlah **yang rajin**! Berpakaianlah **yang rapi**!' dan sebagainya, Tetapi di telinga Rachman, suara itu masuk ke lubang kiri dan keluar dari lubang kanan.

Amir takes a shower every day. He brushes his teeth, and washes his hair with shampoo. He really looks after his health. Everything he does, he does carefully.

His younger brother Rachman is not like him. He is rather lazy. He often gets up late. Being in a hurry, he doesn't brush his teeth. He wears socks at random. Sometimes the colour of the left sock doesn't match the right one. He seldom combs his hair.

Pak Nasution often tells Rachman to study diligently and dress neatly, but the words seem to go in one ear and out of the other.

segala sesuatu	everything	sisir/me	to comb
teliti	accurate	**rapi**	neat
buru-buru	to hurry	**sebagainya**	etc.
ngawur	to do sth. carelessly	**kaos kaki**	socks

Grammar 3

Adverbs

The rules for Indonesian adverbs are simple. Derived from adjectives, there are five equally correct forms of adverb as indicated below. One form is often preferred to another, depending on the individual taste of the speaker. *An adverb can be placed almost anywhere in the sentence:* before or after the verb or at the begining or end of a sentence.

1	adjective	bersih
2	double adjective	bersih-bersih
3	dengan + adjective	dengan bersih
4	secara + adjective	secara bersih
5	in imperative: yang + adjective	yang bersih

Examples

After the verb:

He brushes his teeth *clean*.

Dia menyikat *bersih* giginya.
Dia menyikat *bersih-bersih* giginya.
Dia menyikat *dengan bersih* giginya.
Dia menyikat *secara bersih* giginya.
Sikatlah gigimu *yang bersih*!

At the end of a sentence:

They run *quickly*.

Mereka *berlari cepat*.
Mereka berlari *cepat-cepat*.
Mereka berlari *dengan cepat*.
Mereka berlari *secara cepat*.
Berlarilah *yang cepat*!

Sometimes an intensifier is required to go with the adverb (e.g. 'quite well', 'very carefully', etc.). As far as adverbs are concerned there are only two Indonesian intensifiers, namely **sangat** and **sekali**. Both mean 'very'. The only difference is that **sangat** is placed in front of the adjective, whereas **sekali** is placed after the adjective.

Dia makan *banyak sekali*	He eats quite a lot
Dia tidur *sangat sedikit*	He sleeps very little
Saya belajar *lama sekali*	I studied for a very long time
Dia bekerja *sangat hati-hati*	He works very carefully

Exercises

5 Cover the column of sentences on the right with a piece of paper. Substitute the first word/phrase on the left into the model sentence (m.s.). Uncover the first sentence on the right and see whether your sentence is the same. Continue doing this with the remaining words/phrases on the left:

(a) Hartono menulis surat itu pelan-pelan. (m.s.)

dengan pelan	Hartono menulis surat itu dengan pelan
secara malas	Hartono menulis surat itu secara malas
mengirim	Hartono mengirim surat itu secara malas
malas-malas	Hartono mengirim surat itu malas-malas
cepat	Hartono cepat mengirim surat itu
paket	Hartono cepat mengirim paket itu
menimbang	Hartono cepat menimbang surat itu
ragu-ragu	Hartono ragu-ragu menimbang surat itu
dengan ragu	Hartono dengan ragu menimbang surat itu

(b) Pegawai itu bekerja baik. (m.s.)

dengan baik	Pegawai itu bekerja dengan baik
baik-baik	Pegawai itu bekerja baik-baik
Anak itu	Anak itu bekerja baik-baik
belajar	Anak itu belajar baik-baik
menggosok giginya	Anak itu menggosok giginya baik-baik
dengan bersih	Anak itu menggosok giginya dengan bersih
bersih-bersih	Anak itu menggosok giginya bersih-bersih

6 Translate the following story into Indonesian. Take particular care in the use of adverbs.

Mr Johnson is a very busy man. He is always anxious when he gets up in the morning. He takes a shower **quickly** and has little break-fast. He goes to the office **early** because he doesn't want to be caught in a traffic jam.

At the office, he examines the incoming letters. He reads them **carefully** and tells his secretary which ones need to be answered **immediately**. If there is a problem he usually goes to the boss for advice.

Mr Johnson also meets clients. He lets them sit **comfortably**, and often, if the guest is important, they will have a cup of tea **first**. He always talks to them **politely**. If he doesn't agree with them, he never says 'no' **straightaway**. He just says 'I'll think about it', or 'I'm not sure.' No wonder his company makes many deals.

caught in a traffic jam	**terhenti di** **tengah jalan**	incoming letters	**surat-surat masuk**
anxious	**khawatir**	client	**nasabah**
immediate	**segera**	straightaway	**langsung**
comfortable	**santai**	polite	**sopan**
		deal	**kontrak**

Situation 4

Tak mau kalah

Hartono is Amir's rival. He gets agitated and jealous when another friend, Budi, talks about all the nice things Amir has

B: Amir sudah punya mobil bagus.

H: **Saya pun** punya mobil bagus. Mobilku tahun 1993, lebih baru dari mobil dia.

B: Katanya dia sudah membeli rumah baru.

H: Tak mungkin. **Menyewa pun** dia tidak mampu, apalagi membeli!

B: Katanya dia pernah ke Paris melihat Euro-Disney.

H: **Saya pun** pernah ke sana. Malah sudah tiga kali. Ke Disney Land di Los Angeles saya juga pernah.

B: Katanya lagi, tahun depan ini dia masuk ke universitas.

H: Tidak mungkin! **Lulus SMA pun** dia tidak, bagaimana bisa

masuk universitas? Pokoknya **apa pun** yang dia punya, saya
punya, **ke mana pun** dia pergi, saya pernah ke sana. Dia tak
akan bisa mengalahkan saya.

B: *Amir has just got a nice car.*
H: *I too have a nice car. My car is a 1994 model, newer than his.*
B: *He said that he's just bought a new house.*
H: *It's impossible. He can't afford even to rent one, let alone buy
   one.*
B: *He said he had been to Paris to see Euro-Disney.*
H: *I, too have been there. Three times. I have also seen the one in Los
   Angeles.*
B: *Further more, he said he is going to university next year.*
H: *That's impossible. He didn't even pass the high school exams, so
   how can he get into university? The main thing is whatever he has,
   I have too. Wherever he's been, I've been there too. He can never
   beat me!*

kalah	to be defeated	**malah**		even
sewa/me	to rent	**pokoknya**		the main thing is
mampu	able to afford	**depan**		to come
apalagi	let alone	**kalah/me____kan**		to beat

Grammar 4

Using the particle pun

The particle **pun** can be added to almost any word or phrase one wish-
es to emphasize. In this mood, the word or phrase concerned should
be placed at the beginning of the sentence. Here the emphatic **pun**
has three meanings, namely: 'too' or 'also' or 'as well', 'even' and
'ever'.

'Too'/'also'/'as well'

Saya pun **sudah membeli mobil baru**	I've bought a new car, too
Tidak hanya dia. *Kami pun* **pernah ke Euro-Disney**	Not only him. We've been to Euro-Disney as well

'Even'

Menyewa rumah pun tidak mampu, apalagi membelinya
He can't even afford to rent a house, let alone buy one
Berdiri pun dia tak bisa, apalagi berlari
He can't even stand, let alone run
Dia mau masuk universitas? Lulus SMA pun dia tidak
He wants to study at college? He even failed his High School
exams

'Ever'

Apa pun yang dia punya, saya punya juga
Whatever he owns, I've got a similar one, too
Ke mana pun dia pergi, saya mau ikut
Wherever she goes, I'll go with her
Berapa pun harga piano itu dia akan membayarnya
Whatever the price of the piano he'll pay for it

Exercises

7 Translate the following into Indonesian, using the particle **pun**:

(a) Whatever you ask for, I'll give you
(b) Wherever you go, I'll go with you
(c) Any time you need me, just phone me
(d) If you don't know it, then I wouldn't know it either
(e) Whoever took my money, I do not blame him/her
(f) I can't afford to buy a bike, let alone a car
(g) She has a good house, I have one (a good house) too
(h) However much they ask for, I'll pay

Situation 5

Ya, saya ingat dia

Aryati and Budiarti are colleagues. Aryati reminds Budiarti of an old friend of hers, Achmad

A: Apa anda kenal Achmad?
B: Achmad? Orangnya besar dan tinggi?
A: Ya betul.
B: Ya, saya ingat. Dia dulu teman **sekelas** di sekolah menengah. **Setiap** hari kami belajar bersama di rumahku. Bagaimana kamu sampai kenal dia?
A: Dia tetangga dekat. Belum lama ini dia pindah ke daerah saya.
B: Apa Achmad sudah menikah?
A: Sudah, dia punya **seorang** anak perempuan dan **dua orang** anak laki-laki.
B: Siapa nama isterinya dan apa kegiatannya?
A: Suryani, dia bekerja di **sebuah** kedutaan asing di Jakarta. Baru **setahun** dia bekerja di situ.
B: Apa Suryani tinggi dan langsing?
A: Ya benar. Dia **setinggi** Achmad. Mereka betul-betul jodoh.
B: Pada **suatu** hari nanti saya mau mengunjungi mereka.
A: Wah, tentu Achmad akan senang. Ini **sesuatu** yang tak diduga, bertemu dengan **seseorang** yang dulu teman akrabnya.

A: *Do you know Achmad?*
B: *Achmad? Is he big and tall?*
A: *Yes, that's correct.*
B: *He was my classmate in high school. Every day we used to study together at my house. How do you know him?*
A: *He is a close neighbour. He just moved in.*
B: *Is he married?*
A: *Yes. He's got a girl and two boys.*
B: *What's his wife's name, and what does she do?*
A: *Suryani. She works in a foreign embassy in Jakarta. She's been in that office just a year.*
B: *Is Suryani tall and slim?*
A: *That's right. Suryani is as tall as Achmad. They really suit one another.*
B: *One day, I'd like to see them.*

A: *I think Achmad would be pleased. It will be something that he isn't expecting – meeting somebody who was once his close friend.*

bersama	together	**jodoh**	spouse/mate
menikah	to marry	**suatu hari**	one day
kedutaan	embassy	**duga/me**	to expect
asing	foreign	**akrab**	close
langsing	slim	**sekolah menengah**	high school

Grammar 5

The prefix se

We have already come across a number of uses of **se**. Let's summarize these and look at a few new ones. Basically, **se** means 'one'.

Se + noun – 'to share'

Suryani teman *sekelas* saya	Suryani is my classmate (*lit*: Suryani shares the same class)
Dia *sekantor* dengan saya	She works in the same office as I do

Seorang, seekor, sebuah, etc

As we saw in Lesson 4, these are equivalents to 'a' or 'an' in English. They are used with concrete objects. For abstract objects **suatu** is used.

seorang **anak perempuan**	a daughter
sebuah **kedutaan**	an embassy
seekor **anjing**	a dog
suatu **pertemuan penting**	an important meeting

Se + time (hour, day, week, month, etc)

Sudah *setahun* isterinya bekerja di situ	His wife has worked there for a year
Dia ada di sini *sejam* yang lalu	He was here an hour ago

Se + adjective

Suryani *setinggi* **suaminya**   Suryani is as tall as her husband
Bandung tidak *sepanas*   Bandung isn't as hot as Jakarta
Jakarta

(*see* Lesson 13.)

Se + number

Sepuluh = 10, **seratus** = 100, **seribu** = 1,000, etc.

(*see* Lesson 6.)

To be memorized

seseorang	somebody (don't confuse it with **seorang**)
sesuatu	something (don't confuse it with **suatu**)
seketika	at once (don't confuse it with **ketika**)
setiap hari	everyday

Exercises

8 Fill in the blanks with appropriate **se** words:

(a) Sepuluh kali sepuluh sama dengan _____
(b) Dia membeli _____ televisi berwarna
(c) Orang Indonesia makan nasi tiga kali _____
(d) Dia suka _____ makan nasi goreng
(e) Dalam _____ ada 365 hari. Dalam _____ ada 30 hari
(f) Apa ada _____ yang ingin saudara tanyakan?
(g) Pak Ali teman _____ saya. Kami sama-sama pegawai
(h) _____ ibu yang baik hati datang menolong kami
(i) Tadi saya lihat ada _____ kucing memanjat tembok itu
(j) Pacar saya tidak _____ Marilyn Monroe

9 Translate the following into Indonesian using **se**:

(a) A man with a bag of money ran out of the bank last night
(b) I'm not sure if he's happy now although he's got beautiful children, a large house and a sports car

(c) Before going to bed, I always need to read a novel and have a glass of fresh water to drink

(d) Do you know that a professional snooker player can earn a thousand pounds a night?

(e) John and Janie are colleagues. They work in the same office

(f) When I was a little boy I was fascinated by the story of *One Thousand and One Nights*

(g) Somebody knocked on my door last night. I was a bit worried. It was a salesman selling something

(h) I can't do that at once. It's too difficult

(i) My friend prays every night asking God that one day she will be granted a son

(j) I don't like waiting. For me an hour feels like a day

(k) I met my wife when she was ten. I was eleven then. We were at the same school

(l) There must be somebody who knows something about this

(m) This building is as high as that tower

(n) A passenger airliner does not fly as fast as a jet plane

although	**walaupun**	fresh water	**air putih**
to earn	**memperoleh**	granted	**dianugerahi**
to feel	**terasa**	passenger liner	**pesawat penumpang**

Situation 6

Di klinik

A family planning doctor is interviewing a prospective mother

D: Anda ingin punya anak berapa?
P: **Satu saja.**
D: Laki-laki atau perempuan?
P: **Mana saja.** Laki-laki (saya) mau, perempuan (saya) juga mau.
D: Anda tahu kan supaya anak itu sehat, anda dan isteri anda harus sehat!
P: **Tentu saja!**

D: *How many children would you like to have?*
P: *Just one.*
D: *Male or female?*

p: *Either. I don't mind having either a boy or a girl.*
d: *Are you aware that to have a healthy child, you and your husband should both be healthy.*
p: *Of course!*

Grammar

Using saja

Saja does not have a full vocabulary status. Being a word that adds flavour, it is never used on its own and is only found in fixed phrases. Basically it carries three meanings: 'only', 'any' and 'just' and sometimes none at all. It can also have a plural connotation.

Saya mau *satu anak saja*	I want one child *only*
Mana *saja*! **Laki-laki atau perempuan!**	*Either.* Male or female is OK
Tentu saja!	Of course! (**saja** has no meaning here yet is required)
Tadi kamu membeli *apa saja*?	What things did you buy? (plural)
Sudah *ke mana saja*?	What places have you been to? (plural)
Tidur *saja* **yang banyak!**	*Just* sleep a lot! (no meaning)
Apa kabar? Baik-baik *saja*!	How are you? *Just* fine!

Exercises

10 Translate the folowing into Indonesian using **saja**

(a) I need just one day
(b) Don't just sit there, do something!
(c) She doesn't only say it, she also does it
(d) Even a strong man can't lift it, let alone you, you skinny boy!
(e) Whatever you wish, please tell me!
(f) She always follows me wherever I go
(g) How is she? She's just fine
(h) Just stay calm. Don't panic!
(i) He can do anything, from cooking to acting
(j) Don't just look on the dark side. Look on the bright side as well!

Ready reference grammar

Accidental actions

These are expressed by means of the prefix **ter**. *Examples*: **tergigit** (accidentally bitten); **lidahnya tergigit**. (He bit his tongue.) Terinjak (to be stepped on by mistake); **kaki Bill Hardy terinjak orang di bis** (Someone stepped on Bill Hardy's foot by mistake in the bus.) (*See* L. 15, Gr. 1)

Active voice

In this type of sentence the subject does something to the object. It is usually marked by the application of the prefix **me** to a transitive verb. *Examples*: **Dia menulis surat ke Jakarta** (He wrote a letter to Jakarta.) **Saya membaca surat kabar setiap hari**. (I read a newspaper every day.) (*See* L. 8, Gr. 1, 2, 3; L. 11)

Ada

Ada has two meanings: (1) 'there is'/'there are' and (2) 'to have'/'to own'. *Examples*: **Ada sebuah komputer di atas meja**. (There is a computer on the table.) **Pak Amir ada isteri dan anak**. (Mr Amir has a wife and children.) **Ada**, which means 'to have'/'to own' has a synonym – **punya/mempunyai**. They can be used interchangeably. (*See* L. 3, Gr. 1)

Adalah 'is, am, are (to be)'

Adalah is only used when the speaker needs to define something. *Examples*: **Robotik adalah ilmu tentang robot**. (Robotics is a science concerned with robots.) **Orang yang tidak mau bekerja adalah orang yang tidak bertanggung jawab**. (A person who does not want to work is not a responsible person.) (*See* L. 4, Gr. 2)

Adjective

A word denoting quality, describing a noun. (*See* L. 1, Gr. 1; L. 2, Gr. 1; L. 13, Gr. 1, 2)

Adverb

A word denoting how someone does something or how something is done. *Example*: **Dia minum teh itu cepat-cepat.** (She drank the tea quickly.) In Indonesian adverbs are expressed by doubling the appropriate adjective, using **dengan**, or **secara**. (*See* L. 17, 3)

Affixation

The application of affixes such as **me, ber, an** and **kan** to a root-word. *Examples*: **me** + **pukul** becomes **memukul** (to strike); **main** + **an** becomes **mainan** (a toy). Affixation is one of the principal characteristics of Indonesian. (*See* Ls. 6, 8, 9, 13, 14, 15)

____an

Attached to a transitive verb, this suffix forms a noun indicated by the verb. *Examples*: **makan** (to eat) + **an** becomes **makanan** (food); **minum** (to drink) + **an** becomes **minuman** (a drink). (*See* L. 10, Gr. 4)

Apa

Apa serves two functions: (1) as a question marker. *Example*: **Apa Samsudin sakit?** (Is Samsudin ill?) Here **apa** needs only to be put before **any** statement (which in this example is **Samsudin sakit**). (2) as an object of a transitive verb. *Example*: **Saudara makan apa?** (*lit*: Are you eating what?) or 'What are you eating?' Unlike in English, the position of **apa** is fixed; it cannot be moved to the beginning of the sentence. (*See* L. 5, Gr. 4)

Apakah

As **apa** above, **apakah** serves as a question marker. Because in practice, a statement can be changed to a question by just raising the intonation, adding the question marker **apa** lengthens the sentence and further adding **kah** makes it even longer. In spoken Indonesian **apakah** is considered impractical, and is very rarely used. (*See* L. 2, Gr. 1)

Assimilation

The modification of a sound due to its joining with another sound. In the example above, the root **pukul** changes to **mukul** because it is added to the prefix **me**. (*See* 'Table of Assimilation' L. 8, Gr. 1)

Auxiliary verbs

These are similar to their counterparts in English. *Examples*: **harus** (must/have to), **akan** (is going to/will), **boleh** (may), **bisa** or **dapat** (can). When asking questions, inversion should be applied and at the same time **kah** should be added. *Examples*: **Haruskah saya pergi?** (Must I go?) **Bolehkah saya bertanya?** (May I ask a question?) (*See* L. 5, Gr. 3)

Bagaimana

Lexically **bagaimana** translates as 'how'. In British English one can say 'How is Mrs Hardy?' or 'How was the trip?', but one does not say 'How is the weather today?' Instead one usually says 'What's the weather like today?', 'What's your new house like?', etc. In Indonesian, all these sentences can be expressed by using the interrogative word **bagaimana**. In other words when one asks about the condition of something or somebody, one could say **Bagaimana cuaca hari ini?**, **Bagaimana rumah anda yang baru?**, **Bagaimana Ibu Hardy?**, etc. (*See* L. 1, Gr.1; L. 5, Gr. 1)

Banyak

Banyak is equivalent to the English 'many', 'plenty', 'much', and 'lot(s) of'. It can be used for countable as well as uncountable nouns. *Examples*: **banyak anak** (many children), **banyak air** (lots of water), **banyak pengalaman** (plenty of experience), **banyak pegawai** (lots of employees), etc. The same applies to its opposite, i.e. **sedikit** (a few, a little). (*See* L. 3, Gr. 2)

Base-verbs

Base-verbs are verbal roots the meanings of which may not be clear until completed by affixation. The verbal root **ajar** for example, gives a somewhat ambiguous meaning. But when joined with the prefix **ber** (**belajar**), it means 'to learn'; with the prefix **me** (**mengajar**), it means 'to teach'; with the prefix **pe** (**pelajar**), it means 'pupil', etc. Base-verbs can be found in the Glossary at the back of the book, marked with an asterisk (*).

Beneficent verbs

This type of verb is marked by a **kan** ending. Originally it comes from a transitive verb. *Examples*: **membeli** (to buy), **membuat** (to make), **mencari** (to search). Adding the suffix **kan** they become **membelikan**, **membuatkan**, and **mencarikan**, which respectively mean 'to buy something for somebody', 'to make something for somebody' and 'to look for something for somebody'. Due to this 'for somebody/something' character they are called 'beneficent verbs'. (*See* L. 9, Gr. 4)

Ber

The prefix **ber** can be attached to a base-verb to produce around eighteen intransitive verbs. *Examples*: **berjalan** (to walk), **berkumpul** (to assemble), **bermain** (to play). (*See* L. 6, Gr.1)

Ber can also be applied to a noun. This carries the meaning of 'to have'/'to own' or 'to wear'. *Examples*: **beristeri** (to be married), **beranak** (to have a child), **berpakaian hitam** (to wear black clothes). (*See* L. 6, Gr. 2)

Further application to a noun makes **ber** an intransitive verb-maker. *Examples*: from **demonstrasi** (*n.*) comes **berdemonstrasi**, meaning 'to demonstrate' (*vi.*); from **hasil** (*n.*) (a result) comes **berhasil** (*vi.*) (to succeed), from **usaha** (*n.*) (effort) comes **berusaha** (*vi.*) (to attempt). It can be assumed that a verb that has **ber** in it generally is intransitive. (*See* L. 6, Gr. 3)

Berapa

This is a question word the answer to which involves quantity or number. The English equivalents are: 'how many', 'how much' and even 'what' (such as in 'What date is it today?' 'What time is it?').

Examples: **Anda punya anak berapa**? (How many children do you have?) **Berapa harga rumah itu**? (What's the price of that house?) **Jam berapa sekarang**? (What time is it now?) (*See* L. 3, Gr. 1; L. 5, Gr. 2)

Bukan

Bukan is equivalent to the English 'no'/'not', but should be followed by a noun, not a verb nor an adjective. *Examples*: **Dia bukan penyanyi**. (He is not a singer.) **Saya bukan temannya**. (I'm not his friend.) (*See* L. 2)

Causative verbs

New verbs can be created by applying **me____kan** to adjectives. *Examples*: **besar** (*adj.*) meaning 'large'; to make something big (to enlarge) is **membesarkan**. *Further examples:*

kecil (small)	**mengecilkan** (to cut the size of something; to reduce)
takut (afraid)	**menakutkan** (frightening; to cause somebody to be afraid)

Causative verbs can also be derived from intransitive verbs.

turun (to go down)	**menurunkan** (to lower something/to make something go down)
jatuh (to fall)	**menjatuhkan** (to drop something or to cause something to fall)

(*See* L. 9)

Compound noun

The main object comes first, and qualifiers follow. This is the opposite to the English where qualifiers come first, followed by the main object.

(a) When the qualifiers are nouns (compound nouns)

pegawai bank	a bank employee
kantor pos	post office
guru bahasa Indonesia	Indonesian (language) teacher

(b) When the qualifiers are **adjectives** (**yang** may be inserted when the mood is comparative)

buku merah	(a) red book
buku yang merah itu	that red book (not the white one)
meja kecil	(a) small table
meja yang kecil ini	this small table (not the big one)

(c) When the qualifiers are **verbs**

rumah makan	(an) eating house/restaurant
kamar tidur	(a) sleeping room/bedroom
mesin cuci	(a) washing machine

Yang if inserted, will serve as a relative pronoun

orang *yang* tinggal di sebelah	the man who lives next door
mobil *yang* saya beli itu	the car that I bought
anak yang duduk di sana itu	the child who is sitting there

(*See* L. 3, Gr. 3)

Dari, di, ke

These three short words form the main components in a preposition that relates to place. They translate roughly as **di** – 'on', 'in', 'at'; **dari** – 'from'; and **ke** – 'to'. Each can be combined with words of location.

di dalam inside		**di luar** at the outside	
ke dalam into		**ke luar** (go) out	
dari dalam from inside		**dari luar** from outside	

(*See* L. 4)

Doer (performer) of actions

The prefix **pe** can be used to denote the performer of an action. *Examples*:

layan (to serve)	**pelayan** (servant)
bantu (to help)	**pembantu** (helper)
belajar (to learn)	**pelajar** (student)

(*See* L. 10)

Double adjectives

An adjective should be repeated when it qualifies a plural noun.

Rumah di sini mahal–mahal	Houses are expensive here
Bajunya bagus-bagus	She has good clothes
Orang Indonesia ramah-ramah	Indonesians are friendly

(*See* L. 5, Gr. 1)

Excessive quality

Excessiveness is expressed in two ways, either with the word **terlalu** (too) or with the affix **ke____an**.

Baju itu *terlalu besar* untuk saya	The shirt is too big for me
Baju itu *kebesaran* untuk saya	The shirt is too big for me
Buah mangga itu *terlalu masak*	The mango is too ripe
Buah mangga itu *kemasakan*	The mango is too ripe

(*See* L. 16)

The imperative

Giving commands or orders involves action and should be brief. Commands may be harsh or polite, depending on the mood of the person giving the command. A short verb form the meaning of which fits with the message must be found. Examples of harsh commands:

Ambil barang-barangmu!	Get your things!
Masukkan ke kopormu!	Put them in your suitcase!
Pergi!	Go!
Dan jangan kembali!	And don't come back!

To change them to soft commands, one can either (1) say them with persuasive inflection or (2) add to them one of the following polite words, whichever is appropriate: **silahkan**, **coba**, **harap**, **tolong** or **lah**. (*See* L. 12)

Inconvenience

When one suffers something inconvenient, there is a special way of expressing this in Indonesian by means of the **ke____an** affixation.

Dia kehujanan, dia lupa membawa payung
He was caught in the rain. He forgot to bring an umbrella

Saya kedinginan waktu Natal yang lalu
I was shivering last Christmas
Bu Nasution kecopetan ketika berjalan di Oxford Street
Mrs Nasution was pickpocketed when she was walking down
Oxford Street

(*See* L. 16)

Indefinite articles

There are a number of indefinite articles in Indonesian depending
on what the object is: whether it is human, animal or an object.

humans	**seorang** is used. e.g. **seorang laki-laki** (a man), **seorang anak perempuan** (a girl)
animals	**seekor** is used. e.g. **seekor tikus** (a mouse), **seekor biribiri** (a lamb)
objects	**sebuah, sehelai, sebatang**, etc. are used depending on the shapes of the object. e.g. **sebuah radio** (a radio), **sehelai kertas** (a sheet of paper), **sebatang rokok** (a cigarette)

(*See* L. 4, Gr. 2)

Independent verbs

There are at least 57 base-verbs that can be used straight away in
sentences without requiring any affixation. Their meanings are
already fixed. Most of them are **intransitive**.

Being straightforward, they are especially useful for beginners.
Some linguists call them 'easy verbs' or 'no-prefix verbs'. A full list
is provided in the book. (*See* L. 4, Gr. 3)

Informal pronouns

Emotion and feeling play an important role in choosing the appro-
priate personal pronouns. When people know each other well (e.g.
close friends, family, close colleagues), then **aku** and **kamu** are nor-
mally used. On the other hand **saya, anda** or **saudara** are the proper
pronouns to use for speakers who know each other less well. In
recent years, however, **saya** is used on all occasions, informal and
formal. The informal pronouns are:

aku (I), **kamu** (you)	subject
ku (my), **mu** (your)	possessive
	(e.g. **rumahku** (my house), **celanamu** (your trousers))
	dative
	(e.g. **kepadaku** (to me) **dariku** (from me))

Like **saya**, **mereka** (they) and **kami/kita** are not affected by any social setting. They can be used in all situations. (*See* L. 3, Gr. 1)

Intransitive verbs

These are verbs that do not take objects. In Indonesian, these verbs normally have the prefix **ber**, although a few have the prefix **me**. *Examples*: **berdiri** (to stand), **berlari** (to run), **mendarat** (to land), **meluncur** (to glide).

In English, there is no difference in form between intransitive and transitive verbs. For example, 'to run' in 'She is running to the post office' is intransitive, but in 'She is running the shop by herself' the verb is transitive. The Indonesian equivalent for the former is **berlari**, for the latter it is **menjalankan**. (*See* L. 6)

Kalau/jika

Kalau equals the English 'if'/'when' in a conditional sentence.

Kalau tidak suka, jangan dibeli.	If you don't like it, don't buy it
Saya akan ke rumahmu, kalau tidak hujan malam ini.	I'll come to your house if doesn't rain tonight

(*See* L. 12, Gr. 2)

Kah

This particle is used in 'Yes–No' questions for emphasis.

Apa(kah) dia tahu nama saya?	Does he know my name?
Tahukah dia nama saya?	Does he know my name?
Malaskah dia?	Is he lazy?

(*See* L. 5, Gr. 3)

Kapan

Kapan is an interrogative word for time, equivalent to the English 'when'.

Kapan anda datang?	When did you come?
Dia terbang kapan?	When is he going to fly?
Kapan kita menikah?	When did we marry?

(*See* L. 17, Gr. 2)

Ke____an

(a) **Ke____an** applied to an adjective can produce an abstract noun

besar (big)	**kebesaran** (majesty)
sehat (healthy)	**kesehatan** (health)
baik (kind)	**kebaikan** (kindness)

(*See* L. 10, Gr. 3)

(b) The same application can also produce words of different connotation.

besar (big)	**kebesaran** (too big)
takut (afraid)	**ketakutan** (frightened)
kecil (small)	**kekecilan** (too small)

(c) **Ke____an** applied to a base-verb can produce words with a connotation of ability.

mendengar (to hear)	**kedengaran** (audible)
melihat (to see)	**kelihatan** (visible)

(d) **Ke____an** applied to verbs can produce words which connote inconvenience.

Orang perempuan itu kehujanan	The woman caught in the rain
Dia kecopetan di Pasar Baru	She was pickpocketed in Pasar Baru
Saya ketinggalan bis	I missed the bus (I was left by the bus)

(*See* L. 16, Gr. 1 & 2)

Kepada

'To somebody' as in letter writing.

Kepada yang terhormat	Dear Sir (*lit*: to the most honoured)
Dia baik kepada semua orang	He is kind to everybody.
Tas ini diberikan kepada siapa?	To whom is this bag given?

(*See* L. 4, Gr. 1)

Ketika

Ketika is equivalent to the English 'when' in the past tense. It is used when there were two actions in the past, one overlapping with or interrupting the other.

Saya sedang duduk di luar rumah ketika tabrakan itu terjadi
I was sitting outside the house when the collision happened
Ketika saya sedang makan, telepon berbunyi
When I was eating, the telephone rang
(The synonym for **ketika** is **waktu.**)

(*See* L. 17, Gr. 2)

Lah

(a) In the Imperative **lah** belongs to the group of polite words used to soften the order, for example:

duduklah, makanlah, tengoklah.

(b) **lah** is also used to emphasize a word in a sentence which the speaker considers to be important, for example:

Sayalah yang menemukan uang yang hilang itu, bukan dia
It was I who found the missing banknote, not he

(*See* L. 12, Gr. 1)

Lebih

This word is used in comparisons. It must be placed before the adjective concerned.

Jakarta lebih panas daripada Bandung Jakarta is hotter than Bandung

Yogya lebih menarik
daripada Jakarta

Yogya is more interesting than Jakarta

(*See* L. 13, Gr. 1)

Locative verbs

These are verbs ending with the suffix **i**. They are transitive and are derived mostly from intransitive verbs with a preposition. They are locative because they have the characteristic of locating or finding the object.

Intransitive	Locative
duduk di (*vi.*) (to sit on)	**menduduki** (*vi.*) (to occupy)
Dia *duduk di* **kursi merah.**	**Dia** *menduduki* **kursi mwerah.**
He sat on the red chair	He occupied the red chair
berkunjung ke (*vi.*) (to visit)	**mengunjungi** (*vi.*) (to visit)
Dia *berkunjung ke* **rumah saya**	**Dia** *mengunjungi* **rumah saya**
He visited my house	He visited my house

(*See* L. 14)

Me (prefix)

The significance of the prefix **me** is that the whole word that includes it becomes a verb and that the subject of the sentence in which the word occurs does the action as indicated by the verb. Hence the sentence is in the active voice. The root to which **me** is added can be a verb, a noun or an adjective. The resulting **me** verbs can be either intransitive or transitive.

Root	Verb in active voice
(*verb*)	**tulis** – **Dia** *menulis* **surat.** (He wrote a letter.)
(*noun*)	**darat** – **Pesawat sudah** *mendarat.* (The plane has landed.)
(*adj*)	**keras** – **Es di danau itu** *mengeras.* (The ice hardens).

(*See* L. 8)

Me___kan

Generally **kan** is a transitive verb-maker. It is normally combined with **me** for the active voice or with **di** for the passive voice. It has several functions.

(a) To create a few irregular transitive verbs in addition to the existing ones. Their meanings differ but still bear some relation to the old ones. They are:

Transitive	Another transitive
mendengar (to hear)	**mendengarkan** (to listen to)
menyewa (to rent)	**menyewakan** (to let)
meminjam (to borrow)	**meminjamkan** (to lend)
menggambar (to draw)	**menggambarkan** (to describe)

(*See* p. 108)

(b) To create new transitive verbs in addition to the existing ones. The new meaning implied is 'for/beneficent'. *See* 'beneficent verbs.'

(c) Applied to adjectives and independent verbs, **kan** forms new transitive verbs. The new meaning implied is to cause or to make the object do the action as indicated by the root. (*See* L. 9, Gr. 1)

Memper___kan

This is an extension of the causative verb type. The difference is that the root has the prefix **ber**. *Examples*: **bermain** becomes **mempermainkan**, **bersatu** becomes **mempersatukan**. The causative quality is still there. (*See* L. 9, Gr. 2)

Nouns

(a) Ordinary nouns: names of things as listed alphabetically in the glossary. *Examples*: **buku** (book), **meja** (table), etc.

(b) Nouns developed from independent verbs with the help of the suffix ___**an**. *Examples:* **makan** – **makanan**; **minum** – **minuman** (*See* L. 10, Gr. 4)

(c) Nouns, mostly abstract, developed from the prefix **ber** verbs with the help of the suffix **an**. The **b** in **ber** converts to a **p**.

bermain (to play)	**permainan** (game)
bertemu (to meet)	**pertemuan** (meeting)
berlari (to run)	**pelarian** (fugitive)

(d) Nouns developed from the prefix **me** with the help of the suffix ____**an**.

memberi (to give)	**pemberian** (a gift)
meminta (to request)	**permintaan** (a request)
melihat (to see)	**penglihatan** (sight)

(e) Abstract nouns, developed by applying **ke**____**an** on a number of adjectives. (*See* L. 10, Gr. 3)

(*See* L. 10)

Numbers

For cardinal numbers, *see* L. 3. For ordinal numbers, *see* L. 3.

Nya

A suffix with a number of meanings. (See L. 5, Gr. 1)

Paling

Paling is used for the superlative of adjectives or adverbs. It is equivalent to 'most' or '-est' in English.

Siapa yang paling berani?	Who is the bravest?
Apa Tarzan yang paling kuat?	Is Tarzan the strongest?

(*See* L. 13, Gr. 2)

Passive voice

Transformation from an active sentence to a passive sentence depends on the performers of the action. These are divided into two groups: 1st and 2nd persons singular or plural (**saya/aku/kita/kami** and **anda/saudara/kamu/engkau**) on the one hand, and 3rd person singular or plural (**dia/mereka**) on the other.

(a) Agent – 1st and 2nd person. Note the infinitive form of the verb in the passive.

Saya/Aku menulis surat itu. (A)	I wrote that letter
Surat itu saya/aku tulis. (P)	*lit:* That letter was written by me

Anda/Kamu membaca surat ini.(A)	You read this letter
Surat ini anda/kamu baca. (P)	*lit:* This letter was read by you

(b)   Agent – 3rd person

Ali menaiki sepeda (A)	Ali rode a bike
Sepeda dinaiki (oleh) Ali (P)	*lit:* A bike was ridden by Ali
Sopir memasukkan mobil ke garasi. (A)	The driver put the car in the garage
Mobil dimasukkan (oleh) sopir ke garasi. (P)	The car was put in the garage by the driver

The agent, if not required, can be dropped.

Sepeda itu sudah dinaiki.	The bike has been ridden.
Mobil sudah dimasukkan ke garasi.	The car has been put in the garage.

(c)   In practice, the rules are not as clearly divided as (a) and (b) above. What actually happens in speaking is that when the agent (3rd person) is in the form of a pronoun, namely **dia** or **mereka**, rule (a) can also apply. In other words either version of the following sentences is correct:

(P) **Kopi diminum mereka**	The coffee is drunk by them (rule b)
(P) **Kopi mereka minum**	The coffee is drunk by them (rule a)
(P) **Roti dimakan dia**	The bread was eaten by her (rule b)
(P) **Roti dia makan**	The bread was eaten by her (rule a)

(*See* L. 11)

Pe + verb *see* Doer of actions

Pe____an, Pem____an, Per____an

(*See* under *nouns*)

Plural of actions

Actions can also be pluralized. Note the different verb forms used.

Kami *melihat-lihat* **saja**	We're just looking around
Mereka lama *bercakap-cakap*	They chatted a long time
Teroris menembaki orang di pasar	A terrorist machine-gunned people in the market
Ayah menanami kebun dengan bunga mawar	My father planted the garden with roses

(*See* L. 17, Gr. l; L. 14, Gr. 3)

Plural of nouns

(a) For concrete objects the form is very simple. Just say it twice.

toko-toko	shops
orang-orang	people
perusahaan-perusahaan	companies

(b) When a number or a word of quantity is used, the noun remains in the singular.

Banyak orang **di pesta itu**	Lots of people were at the party
Dia punya *lima anak*	She has five children
Tujuh keajaiban **dunia**	The seven wonders of the world

(*See* L. 3, Gr. 2)

Polite words

Some words are often used to soften an order or request. They are **silahkan** (as you please), **coba** (to try), **tolong** (to help), **harap** (to hope), and the particle **lah** – all of which translate into the English word 'please'.

Coba, **belikan saya rokok!**	Please buy me some cigarettes!
Tidur*lah* **di kamar besar!**	Sleep in the big room, please!

(*See* L. 12)

Prepositions

(*See* L. 4: under adjuncts of place and time)

Pronouns

Personal pronouns

Saya, Aku, Anda, Saudara, Kamu, Dia, Mereka, Kami, Kita.

Possessive pronouns

(a) the same as above. *Examples*: **teman saya** (my friend), **mobil mereka** (their car)
(b) in short form. *Examples*: **buku*ku*, rumah*mu*** (only for informal personal pronouns)

Relative pronouns

Yang is used for all pronouns: humans, animals and objects.

Orang yang duduk di sana itu	The person who's sitting there
Kucing yang ekornya panjang itu	The cat which has a long tail
Celana yang saya beli kemarin	The trousers which I bought yesterday

Pun

(*See* L. 17, Gr. 4)

Qualifiers

(*See* under Compound noun)

Questions with a 'Yes–No' answer

There are three ways of making this question.

(a) Raise the intonation at the end of the sentence.

Mau ke pasar?	(Are you) going to the market?
Tidak sakit?	(Is it) not painful?

(b) Use the question marker **apa**. **Apa** serves only to signal to the person spoken to that a question is being asked.

Dia pandai	He is clever

Apa dia pandai?	Is he clever?
Dia masuk ke kantor	She goes to work
Apa dia masuk ke kantor?	Does she go to work?

(c) Invert the word order. Put the predicate before the subject, at the same time adding **kah** to it.

Dia sakit	He is ill
Sakitkah dia?	Is he ill?
Kamu boleh pergi	You may go
Bolehkah kamu pergi?	May/Can you go?

(*See* L. 2, Gr. 1; L. 5, Gr. 3)

Questions (with 'what', 'who', etc.)

Use the question words **apa** (what), **siapa** (who), **di mana** (where), **kapan** (when), **bagaimana** (how) and **mengapa** (why).

To make a question, substitute the corresponding question word into the statement sentence. The question word takes over the place of the word in question.

(S) *Mary* **pergi ke bioskop tadi malam**	Mary went to the cinema last night
(Q) *Siapa* **pergi ke bioskop tadi malam?**	Who went to the cinema last night?
(S) **Mary pergi** *ke bioskop* **tadi malam**	Mary went to the cinema last night
(Q) **Mary pergi** *ke mana* **tadi malam?**	Where was Mary going to last night?
(S) **Bu Mariati** *sakit*	Mrs Mariati is ill
(Q) *Bagaimana* **Bu Mariati?**	How is Mrs Mariati?

The rule above does not apply to **Mengapa** (why). **Mengapa** is always placed at the beginning of the sentence.

Mengapa anda menangis?	Why are you crying?

(*See* L. 5, Gr. 1)

Question tag

Bukan is the only Indonesian question tag. It can be put at the end of a sentence. Its short form **kan** can be put anywhere in the sentence. In saying it, the speaker expects confirmation from the person spoken to.

Dia saudaramu, *bukan*?	He is your relative, isn't he?
Saya tak punya utang, *kan*?	I don't have a debt, do I?
Dia *kan* **tidak tahu!**	He didn't know it, did he?
Kan, **sekarang tanggal satu?**	Today is the first, isn't it?

(*See* L. 16)

Reciprocal actions

(*See* L. 17, Gr. 1)

Sangat/sekali

Sangat/sekali is used to intensify the meaning of an adjective or an adverb. **Sekali** is placed after the adjective/adverb, whereas **sangat** is placed in front of them.

Rumah itu *besar sekali.*	That house is very expensive
Apa-apa *mahal sekali* **sekarang**	Things are very expensive nowadays
Rumah itu *sangat besar*	That house is very big
Apa-apa *sangat mahal* **sekarang**	Things are very expensive nowadays

(*See* L. 17, Gr. 3)

Semi-transitive verbs

Semi- or pseudo-transitive verbs are verbs of the **ber** prefix category that *seemingly* take objects. There are four of them, namely **bermain, belajar, suka** and **naik**.

Dia bermain piano	He plays the piano
Dia belajar sejarah	He studies history
Dia suka nasi goreng	She likes fried rice
Dia naik sepeda kecil	He rides a small bike

These sentences, which are quite correct and are used in everyday conversation, look to be in the active voice and many people therefore believe that **bermain** and **belajar** are transitive verbs. If that is the case, then their passive form should be as follows (according to the rule):

Piano dimainnya
Sejarah diajarnya

Nasi goreng disukanya
Sepeda kecil dinaiknya

These sentences, however, do not as such exist and are not acceptable among Indonesian speakers. The passive forms that actually exist are:

Piano dimainkannya	The piano was played by him (*lit.*)
Sejarah dipelajarinya	History was studied by him (*lit.*)
Nasi goreng disukainya	Fried rice is liked by him (*lit.*)
Sepeda kecil dinaikinya	A small bike is ridden by him (*lit.*)

This shows that **bermain, belajar, suka** and **naik** are not true transitive verbs. To change them into transitive verbs (so that they can be used in the passive voice) their roots must be treated by **me____kan** or **me____i** first, to produce **memainkan** and **mempelajari**. Only these then can be transformed into the passive voice.

(A) **Dia memainkan piano**   (P) **Piano dimainkan dia**
(A) **Dia memperlajari sejarah**   (P) **Sejarah dipelajari dia**

The semi-transitive verb is not a major feature in Indonesian; so far these four are the only known semi-transitive verbs. They are in the list of **ber** verbs in L. 6, Gr. 1.

Tak

Short for **tidak**.

Ter, prefix

The prefix **ter**, when applied to verbs, produces a construction similar to the passive construction.

(a)   **Ter** equals 'was/were accidentally'.

Di bis, kaki Bill Hardy *terinjak* **orang**	In the bus, Bill Hardy's foot was accidentally trodden on by somebody
Lidahnya *tergigit.*	She accidentally bit her tongue (*lit.*: Her tongue was accidentally bitten)

(b)   **Ter** expresses a state, the result of an action.

Pintu di muka *terbuka*	The front door is open
Dia lupa menutupnya	He forgot to close it

Udara di Jakarta *tercemar*	The air in Jakarta is polluted
Mobil-mobil mencemarinya	The cars polluted it

(c) **Ter** expresses involuntary action. Hence there is no similarity with the passive voice.

Orang itu ramah. Dia banyak *tersenyum*	That person is friendly. She smiles a lot
Dia suka *tertawa* **sendiri.** **Dia gila**	He often laughs by himself. He is insane
Saya *terkejut* **mendengar** **berita itu**	I was surprised to hear that news

(d) Preceded by **tak** (short for **tidak**), **ter** + verb indicates inability.

Mobil itu mahal. *Tak* *terbeli* **olehku**	The car is expensive. I can't afford to buy it
Planet Jupiter jauh? *Tak* *tercapai* **manusia?**	Is Jupiter far? Can't it be reached by man?
Baju ini tua. *Tak terpakai*	These clothes are old. They are unwearable

(e) **Ter** means 'the most' or 'the -est' when applied to adjectives. It has nothing to do with accidental, involuntary actions or inability.

terbaik the best	**tercantik** the most beautiful
termurah the cheapest	**terbesar** the biggest

(*See* L. 15)

Tidak 'no/not'

Tidak is used before an adjective or a verb to negate it.

Saya tidak makan	I'm not eating (I didn't eat)
Dia tidak tidur	He's not sleeping (He didn't sleep)
Ini tidak merah	This isn't red
Mereka tidak rajin	They're not diligent

In a casual or rapid conversation **tidak** as a full word is often shortened to **tak** (in Sumatra especially) or **nggak** (in Jakarta). So in lieu of the sentences above people often say:

Saya *nggak/tak* **makan**
Dia *nggak/tak* **tidur**
Mereka *nggak/tak* **rajin**, etc.

without changing the meaning at all.

(*See under* **Bukan** for comparison; *see* L. 2, Gr. 1)

Transitive verbs

These are verbs that take objects; normally they are in the active voice hence they are distinctively marked by the affixations **me, me__kan, or me__i.**

menulis *surat*	to write a letter
membeli *buku*	to buy a book
menyewa*kan rumah*	to rent out a house
menyakit*i binatang*	to hurt an animal

Intransitive verbs on the other hand normally have the prefix **ber**, e.g. **berdiri** (to stand) and **berlari** (to run).

Yang

See also under compound noun

(a) Yang equals the English relative pronouns 'who(m)', 'which', and 'that'.

Orang yang minum bir itu ayah saya	The man, who's drinking the beer is my father
Mobil yang kamu pinjam itu sekarang rusak	The car which you borrowed is broken now

(b) In phrases where a noun is combined with an adjective such as **buku merah** (red book), **anak pandai** (clever boy), **rumah mahal** (expensive house), etc. **yang** can be inserted in between when the speaker is in comparative mood. In this situation he/she uses the adjective, which serves as a qualifier, to point out the object more specifically.

buku yang merah ini (*lit*: the book which is red)
This red book (not the green one)
anak yang pandai (*lit*: the boy who's clever)
the clever boy (not the slow one)
rumah yang murah (*lit*: the house which is cheap)
a cheap house (not an expensive one)

In English this is done by simply giving stronger stress to the adjective: this *red* book, the *clever* boy, a *cheap* house.
(*See* L. 3, Gr. 3)

Key to the exercises

Lesson 1

1

(a) I'm John Stanton. I'm Australian (b) My name is John. I'm a student (c) This is Samsudin. He's my friend (d) That's John Smith, an office friend (e) These are Mr and Mrs Jones. They're English teachers (f) We're bank employees. Our names are John and Jane (g) You're a student of Indonesian. I'm also a student of Indonesian. We're students of Indonesian

2

(a) Ini/itu John Stanton, a manajer bank (b) Ini/itu Asmara, sekretaris bank (c) Ini/itu Mary Jones, guru bahasa Inggeris (d) Ini/itu Samsudin, manajer toko Indonesia (e) Ini/itu suami/isteri saya (f) Ini/itu John Smith, guru bahasa Inggeris dan Jane, isteri dia. Mereka orang Amerika (g) Ini/itu Bill Johnson, wisatawan Amerika (h) Ini/itu (Saudara) Suhardi, orang Indonesia (i) Ini/itu (Saudara) Suparman. Dia bekerja di toko

3

(a) Anda siapa?/Siapa anda? (b) Itu siapa?/Itu teman siapa? (c) Dia siapa?/Dia guru siapa? (d) Ini siapa?/Ini sekretaris siapa? (e) Ini siapa?/Siapa ini? (f) Nama dia siapa?/Siapa nama dia? (g) Nama anda siapa?/Siapa nama anda? (h) Itu siapa?/Itu wisatawan apa? (i) Itu siapa? Itu suami siapa?

4

(a) Maaf, siapa nama anda? (b) Nama saya Toki (c) Saya guru bahasa Jepang (d) Ini toko pakaian Inggeris (e) Isteri dia sekretaris di bank (f) Suami dia bekerja di toko buku (g) Selamat sore/malam. Saya JS, manajer hotel ini (h) Bill pegawai kantor pos dan Mary guru (i) Selamat siang. Saya teman Suhardi (j) Selamat pagi. Saya isteri John

5

(a) Selamat datang! (b) Selamat minum! (c) Selamat makan! (d) Selamat tidur! (e) Selamat bekerja!

6

(a) Maaf, siapa nama teman anda? (b) Maaf, siapa nama anak anda? (c) Maaf, di mana teman anda tinggal? (d) Maaf, kapan isteri anda pulang?

Lesson 2

1

(a) tidak (b) bukan, tidak (c) bukan (d) bukan, tidak (e) tidak, tidak (f) bukan (g) tidak (h) bukan (i) tidak

2

P: Siapa (nama) orang di pojok itu?
M: Dia John Taylor
P: Apa dia kepala Bagian Teknik?
M: Bukan, (dia bukan kepala bagian teknik)
P: Apa dia bekerja di bagian pegawai?
M: Ya
P: Siapa orang perempuan di sana (itu)?
M: Dia Alison Taylor
P: Apa dia isteri John Taylor?
M: Ya, Dia juga sekretaris dia
P: Saya tahu Samsudin, tetapi saya tidak tahu apa dia
M: Dia manajer toko pakaian
P: Terima kasih, Marco

3

I: Silahkan masuk dan duduk!
C: Terima kasih
I: Siapa nama anda?
C: Nama saya Mary Suparman
I: Apa anda orang Inggeris?
C: Ya, saya orang Inggeris, tetapi suami saya orang Indonesia
I: Apa anda teman Peter?
C: Ya
I: Apa anda bisa mengetik?
C: Ya, bisa
I: Apa anda bisa bekerja setiap hari?
C: Ya, bisa
I: Anda bisa mulai bekerja besok
C: Terima kasih

4

(a) Silahkan datang ke rumah saya! (b) Silahkan masuk!
(c) Silahkan duduk! (d) Silahkan minum teh! (e) Silahkan makan
kue!

5

(a) Terima kasih. Saya akan datang (b) Ya, terima kasih (c) Di
mana? Di sini atau di sana? (d) Maaf, saya tidak minum kopi. Saya
minum teh (e) Ya, terima kasih. Saya suka itu (f) Maaf, saya tidak
bisa berbicara. Saya sedang makan

6

(a) Apa Pak Suhardi guru? (b) Apa Samsudin guru? (c) Apa
Suparman suami Mary? (d) Apa Peter manajer? (e) Apa dia
datang ke pesta? (f) Apa Mary isteri Pak Hardy? (g) Apa Asmara
sekretaris? (h) Apa orang (yang) di pojok itu Pak Handerson?
(i) Apa dia bekerja di sini? (j) Apa dia masuk kantor kemarin?

7

(a) Apa Pak Hardy guru? (b) Apa Samsudin minum bir? (c) Apa
Samsudin suami Aminah? (d) Apa Pak Hardy datang ke pesta?

(e) Apa Peter pegawai baru? (f) Apa Mary makan di pesta itu?
(g) Apa Asmara bukan sekretaris? (h) Apa ini kantor anda?

8

(a) Ya, Pak. Saya akan datang (b) Tidak nyonya (bu). Dia di
rumah (c) Dia bekerja di kantor, Nona (d) Terima kasih, nona
(e) Tidak nyonya. Saya sudah minum di rumah (f) Baik, pak

9

A: Selamat **pagi/siang/sore**, Freddy!
F: Selamat bertemu lagi, Mir
A: Apa **kabar**?
F: Kabar **baik**
A: Anda mau **pergi** ke mana?
F: **Ke** kantor
A: **Apa** anda mau bekerja?
F: Tidak, saya tidak **bekerja**
A: Mengapa pergi ke **kantor**?
F: Bukan kantor tetapi kantor pos
A: Oh, kantor **pos**! Untuk **apa**?
F: **Untuk** beli prangko

Lesson 3

1

(a) to have (b) there are (c) there are (d) is (e) to have
(f) there is (g) to have (h) there is (i) there is (j) to have

2

(a) Sebagai mahasiswa, Harry ada/punya banyak teman (b) Dia
punya pekerjaan sambilan (c) Dia tidak ada/punya saudara
(d) Dia tidak ada/punya rumah (e) Dia tak ada/punya uang
(f) Dia tak ada/punya pakaian baik (g) Dia hanya ada/punya
sepeda tua

3

(a) Berapa orang ada di kantor itu? (b) (Ada) berapa penduduk Indonesia? (c) Berapa umur anak laki-laki anda? (d) Berapa saya pinjam dari anda? (e) Berapa orang datang ke pesta? (f) Berapa dua kali dua? (g) Berapa harga satu mangga di pasar? (h) Berapa tahun anda (sudah) tinggal di negeri ini? (i) Ini tahun berapa?/Tahun berapa ini (sekarang)? (j) Berapa nomor rumah anda?

4

Only a few answers are given to the questions:

4	empat
70	tujuh puluh
242	dua ratus empat puluh dua
751	tujuh ratus lima puluh satu
10,400	sepuluh ribu empat ratus
50,200,091	lima puluh juta dua ratus sembilan puluh satu

5

(a) Anak-anak (ada) di sekolah (b) Pak Hasan ada/punya dua isteri dan delapan anak (c) Ada banyak toko buku di Jakarta (d) Dia minum banyak air. Dia tidak suka kopi (e) Rumah-rumah di daerah saya mahal (f) Mobil-mobil itu bagus (g) Buku-buku dan pena-pena ada di atas meja (h) Saya hanya ada sedikit gula, tetapi saya ada banyak susu (i) Dia punya banyak uang dan banyak teman (j) Pegawai-pegawai di kantor itu bekerja keras

6

(a) Anak dia ada tujuh (b) Umur Udin empat tahun (c) Jakarta sepuluh km dari sini (d) Saya sudah belajar lima jam (e) Harga mesin tulis itu lima puluh ribu rupiah (f) Rumah saya nomor lima puluh lima (g) Saya ada di Indonesia tahun 1977 (h) Dia bangun jam lima pagi (i) Saya naik sepeda (selama) dua jam (j) Saya tidak makan (selama) tiga hari (k) Lima kali lima ada dua puluh lima (l) Dia duduk (selama) dua puluh menit (m) Kita akan makan di restoran (pada) hari Minggu

7

(a) Mobil saya yang merah tidak ada di garase (b) Dia sudah ada kalkulator (yang) kecil (c) Temannya yang baru datang ke sini, kemarin (d) Hartono teman saya yang baik. Saya suka dia (e) Ini kucing John yang hitam (f) Saya tidak suka kacamata (yang) murah (g) Sukarno (adalah) presiden Indonesia yang pertama (h) Dia tidak tahu kata yang sukar ini (i) Mobil sedan yang biru itu mobil saya (j) Orang perempuan yang dukuk di sana itu bibi saya (k) Mobil yang di pojok itu mobil ayah saya (l) Orang laki-laki yang tinggal di rumah nomor 10 itu paman saya

8

(a) Apa ada sabun mandi? (b) Apa ada pasta gigi? (c) Apa ada satu kilogram kentang? (d) Maaf, tidak ada uang kecil (e) Maaf, tidak ada prangko (f) Maaf, tidak ada minuman

9

(a) Pak Imam, ada/punya tiga anak (b) Anak pertama anak laki-laki. Nama dia Rudy (c) Anak kedua anak perempuan. Nama dia Yanti (d) Yanto anak ketiga atau anak laki-laki kedua di keluarga itu (e) Pak Iman ada/punya mobil. Ini mobilnya (yang) ketujuh (f) Hari ini ulang tahun ke 10 Rudy. Dia senang

Lesson 4

1

(a) di (dalam) mobil (b) di luar rumah (c) di (dalam) kamar (d) di bioskop (e) ke bioskop (f) di belakang garasi (g) di bawah kursi (h) di atas gedung (i) di dalam gedung (j) di samping rumah (k) di kiri (l) di pojok (m) di tengah (n) ke tengah (o) di pinggir (p) di atas meja (q) kepada pak Hardy (r) untuk bu Hardy (s) kepadanya (t) ke Jakarta (u) di Indonesia (v) (pada) jam 6.00 (w) dalam bulan Jan (x) pada hari Senin (y) pada tahun 1993 (z) pada akhir tahun 1994

4

(a) di (b) dari (c) ke (d) di (e) dari (f) pada (g) kepada (h) di (i) ke (j) ke (k) pada (l) di (m) untuk (n) dalam (o) di (p) di (q) kepada (r) untuk (s) kepada (t) ke (u) di (v) pada (w) pada (x) pada (y) pada (z) pada.

5

(a) seorang/seorang (b) sebuah/sebatang (c) seekor (d) seorang (e) sebuah/sebuah (f) segelas/sepiring (g) sebotol (h) segelas (i) seekor (j) seorang (k) sehelai/sebuah

Lesson 5

1

(a) Pak Suryo pergi ke Surabaya **kapan**? **Kapan** Pak Suryo pergi ke Surabaya? (b) Pak Suryo pergi **ke mana** minggu yang lalu? **Ke mana** Pak Suryo pergi minggu yang lalu? (c) **Siapa** pergi ke Surabaya minggu yang lalu? (d) Hasan makan **apa** di rumah setiap hari? (e) **Siapa** makan nasi goreng di rumah setiap hari? (f) Hasan makan nasi goreng **di mana** setiap hari? (g) Pendidikannya **apa**? (h) Orang laki-laki itu **siapa**? (i) Mengapa Amir tidak masuk sekolah?

2a

(a) Halaman di muka kecil (b) Kebun di belakang besar/luas (c) Jendela-jendelanya putih (d) Garasinya tidak kecil (e) Dapurnya bagus (f) Kamar tamunya panjang (g) Dinding-dindingnya kuat (h) Pintu depannya tua

2b

(a) Larinya cepat (b) Makannya tidak banyak, tapi penuh dengan vitamin (c) Minumnya hanya air putih (d) Tidurnya tujuh jam sehari (e) Tingginya 1 metre 75 cm (f) Beratnya 55 kg

3

(a) Berapa umur saudara? (b) Harga jeruk itu berapa per kilo? (c) Anda tinggal di mana selama 5 tahun? (d) Siapa pergi ke Inggeris tahun lalu? (e) Kapan saudara belajar di Universitas London?

4

(a) Apa dia boleh datang ke rumahmu? Bolehkah dia datang ke rumahmu? (b) Apa Pak Amir sakit? Sakitkah Pak Amir? (c) Apa Saudara pergi ke Jakarta besok? Pergikah Saudara ke Jakarta besok? (d) Apa Pak Amir guru? Gurukah Pak Amir? (e) Apa anda harus bekerja setiap hari? Haruskah anda bekerja setiap hari? (f) Apa dia tidur jam 9.00 malam? Tidurkah dia jam 9.00 malam? (g) Apa Udin naik sepeda ke sekolah? Naik sepedakah Udin ke sekolah? (h) Apa kamu bangun jam 6.00 pagi? Bangunkah kamu jam 6.00 pagi? (i) Apa dia minum dua cangkir kopi kemarin? Minumkah dia dua cangkir kopi kemarin? (j) Apa mobil itu cepat? Cepatkah mobil itu?

5

A: Di mana pulau Bali?
B: Di sebelah timur Jawa
A: Berapa jauh dari sini?
B: Kira-kira 500 km
A: Berapa besar pulau itu?
B: Kira-kira 145 km lebarnya dan 180 km panjangnya
A: Bagaimana udara di sana?
B: (Udaranya) panas
A: Orang apa tinggal di sana?
B: Orang Hindu Bali

6

(a) Orang Indonesia ramah-ramah (b) Mobil di jalan-jalan di Jakarta bagus-bagus (c) Makanan, khusunya di warung-warung, murah-murah (d) Pakaian, kwalitasnya baik-baik dan murah-murah (e) Hotel, kecuali di Jakarta, murah-murah (f) Pergi dengan kendaraan umum, seperti bis dan bajai juga murah (g) Semuanya murah-murah kalau anda punya dolar atau pound

7

(a) Di London, udara dingin sekali, di Jakarta panas sekali (b) Makanan dan minuman murah sekali di Indonesia. Tetapi mobil mahal sekali (c) Ada orang yang baik sekali, ada yang nakal

sekali (d) Ada orang yang tinggi sekali, ada yang pendek sekali
(e) Dia suka sekali tomat

8

(a) Di mana di Indonesia pulau Komodo? (b) Berapa besar pulau
itu? (c) Berapa jauh dari Jakarta? (d) Berapa lama kalau pergi
dengan pesawat terbang? (e) Berapa lama kalau pergi dengan
kapal dari Bali? (f) Apa anda ingin melihat kadal raksasa?

9

(a) Saudara minum apa? (b) Apa saudara minum (c) Apa anda
tahu/kenal John? (d) Anda/saudara kenat siapa? (e) Mereka
minum apa? (f) Apa mereka minum? (g) Dia naik apa? (h) Apa
dia naik sepeda? (i) Apa temanmu orang Jerman makan cabe?
(j) Temanmu, orang Jerman makan apa?

10

(a) Where will I stay, in the hotel or in a family house? (b) With
whom will I stay? Alone or with another employee? (c) How long
will I stay in this place? (d) When can I have a house of my own? I
need this because my wife, who is England, wants to join me (e) Do
I need to have a car of my own? (f) If a car is not necessary what
public transport is good? Bus, taxi, or another kind? Which is the
safest? (g) Now about food. If I do not eat at home, where can I
find a clean, comfortable and inexpensive restaurant which is not far
from my house. What's the name of that restaurant? (h) Now about
the water. Is the tap water in Jakarta clean enough? Can we drink
the water straight away ? (i) About the office. When we work in
the office, do we need to wear a tie? What about a suit or a casual
jacket? (j) What are the office hours? (k) Do people also work on
Saturdays? (l) In parties, can we take alcoholic drink? (m) Do I
need pounds sterling in Jakarta? (n) What's the exchange rate of
the pound to the rupiah? (o) What percentage of my salary will go
on food and house rent? (p) Finally, how long does it take for a
letter to go by post from Jakarta to London?

Lesson 6

1

(a) tidur, bekerja (b) belajar, pergi (c) bermain (d) berhenti (e) berdiri, masuk (f) berbicara (g) berlari (h) tinggal (i) bertanya (j) bangun, mandi pergi

2

(a) bekerja, pergi ke, pulang ke (b) akan, bisa, tidak mau (c) masuk ke, pergi ke, datang dari (d) tidak tahu di mana, tinggal di (e) bermain, berkumpul, berbicara (f) tidur di, keluar dari, makan di (g) bekerja di, berangkat ke, ada di (h) berkunjung ke, terbang ke, tidak suka (i) berbicara, tidak tahu, belajar

3

(a) Dia bekerja di rumah/di hotel/di kamar/di kantor (b) Saya pergi ke kantor pos/bank/rumah (c) Hasan tinggal di Jakarta/di rumah kakaknya (d) Anak-anak sedang belajar/bermain/berbicara/minum (e) Orang itu teman saya/ayah John (f) Mobil itu berhenti karena mesinnya rusak (g) Hasan tidak masuk karena sakit/karena malas. Saya tidak tahu

4

(a) Dia berjalan ke kantornya, masuk dan duduk (b) Dia bangun jam 6.00, mandi dan berpakaian (c) Untuk sarapan, kita makan nasi goreng dan minum air jeruk (d) Isteri saya bekerja dari jam 9.00 sampai jam 5.00 tetapi saya hanya tinggal di rumah (e) Anak laki-lakinya tidak pernah mau belajar. Dia selalu menonton televisi (f) Mobil itu berhenti di muka rumah. Mesinnya rusak (g) Anak-anak berlari-lari ke-sana sini. Ramai sekali (h) Saya suka berenang tetapi kakak/adik saya tidak (i) Partono berkeluarga dan dia punya tiga anak (j) Mobil saya kecil dan hanya berpintu tiga (k) Mereka berkata mereka berhasil dalam ujian

5

(a) Mari kita berjalan! (b) Mari kita makan nasi goreng! (c) Mari kita minum bir! (d) Mari kita makan pagi! (e) Mari kita berbelanja! (f) Mari kita bermain tenis! (g) Mari kita bekerja!

6

Jimmy bekeluarga dan isterinya bernama Jane. Mereka beranak dua, satu anak laki-laki berumur 4 tahun dan lainnya seorang anak perempuan berumur 2 tahun. Rumah Jimmy besar dan kebunnya juga besar. Dia punya/ada sebuah mobil sedan yang berpintu empat. Dia tidak bekerja di kantor, tetapi dia punya/ada pekerjaan yang baik. Dia bermain sepak bola

Lesson 7

1

(a) Besok (hari) Rabu, Lusa (hari) Kamis (b) Besok (hari) Jum'at, Lusa (hari) Saptu (c) Besok (hari) Saptu, Lusa (hari) Minggu (d) Besok (hari) Senin, Lusa (hari) Selasa (e) Sekarang (hari) Saptu, kemarin (hari) Jum'at (f) Sekarang (hari) kamis, kemarin (hari) Rabu (g) Besok (hari) Senin, hari ini hari Minggu (h) Hari ini (hari) Kamis, Besok (hari) Jum'at (i) Besok hari Minggu, Sekarang (hari) Saptu

2

(a) 12 bulan (b) satu bulan (c) 24 jam (d) satu jam (e) 60 detik (f) satu minggu (g) dua hari (h) dua tahun (i) tiga minggu (j) satu tahun

3

(a) bulan Nopember (b) bulan Juni (c) bulan Mei (d) yang akan datang (e) yang lalu (f) bulan September/bulan Oktober

4

(a) Tanggal 1 Januari (b) Tanggal 16 September (c) Tanggal 8 Desember (d) Tanggal 25 Desember (e) Tanggal 4 Juli (f) Tanggal 1 Januari (g) Tanggal 17 Agustus (h) Tanggal . . . (your date of birth)

5

(Tanggal) duapuluh delapan Juni (tahun) sembilan belas delapan puluh lima, (Tanggal) satu Februari (tahun) sembilan belas sembilan puluh, (Tanggal) dua puluh dua April (tahun) sembilan belas empat puluh delapan, (Tanggal) empat belas Mei (tahun) sembilan belas enam puluh tujuh. *(You should be able to work out the remaining answers.)*

6

(a) Di Indonesia saya bangun jam/pukul enam pagi (b) Saya mandi jam enam lewat seperempat/lima belas (c) Saya berpakaian jam setengah tujuh (d) Saya makan pagi/sarapan jam tujuh (e) Saya berangkat jam tujuh lewat/lebih dua puluh menit (f) Saya sampai di kantor jam delapan kurang lima menit (g) Saya mulai bekerja jam delapan (h) Saya selesai bekerja jam setengah tiga sore (i) Saya meninggalkan kantor dan sampai di rumah jam tiga lewat sepuluh (j) Saya mencuci tangan dan muka jam tiga lewat seperempat (k) Saya makan siang jam setengah empat (l) Saya tidur siang kira-kira satu jam (m) Saya bangun dan mandi lagi jam lima kurang 25 menit/jam empat lewat tiga puluh lima (n) Saya berpakain dan duduk di kebun jam lima sore (o) Saya bersantai, bercakap-cakap dengan isteri dan membaca surat kabar sampai jam enam

7

(a) Saya pergi jam tujuh lewat dua puluh/jam setengah enam/jam tiga kurang seperempat (b) Saya mandi jam setengah enam pagi/jam enam/jam tujuh lewat sepuluh (c) Sekarang jam empat lewat dua belas/jam setengah satu/jam empat lewat dua puluh sore

8

(a) Warna kemejaku merah/putih/biru (b) Warna celanaku hitam/abu-abu/coklat (c) Warna mobilku biru muda/merah tua (d) Warna cat rumahku hijau muda/abu-abu tua (e) Warna bendera Indonesia merah dan putih (f) Warna bendera Belanda merah, putih dan biru (g) Warna bendera Komunis merah (h) Warna kaos kakiku abu-abu muda/hitam/coklat

Lesson 8

1

(a) membaca (b) mengirim (c) mengambil (d) menggali (e) memasak (f) menyalin (g) mencoba (h) memakai (i) menunggu (j) membeli (k) menjual (l) mencuci (m) mengobrol

2

(a) undang (b) jaga (c) hilang (d) keluh (e) langgar (f) pelihara (g) rasa (h) selam (i) belanja (j) tembak (k) taruh (l) ukur (m) tangis (n) usir (o) hapus

3

(a) Dia menulis surat (tulis) (b) Dia mengambil pena dari laci (ambil) (c) Saya melihat dia keluar dari kantor (lihat) (d) Oranglaki-laki itu membuka toko jam 9.00 (buka) (e) Orang membeli dan menjual barang-barang di pasar (beli, jual) (f) Amir sedang mencari pekerjaan (cari) (g) Bu Suryo mencoba bajunya yang baru (coba) (h) Pembantu membuat dua cangkir kopi (buat) (i) Pak Sutanto mengajar bahasa Indonesia (ajar) (j) Dia mengajak kita pergi ke bioskop (ajak) (k) Aku menerima suratmu tiga hari yang lalu (terima) (l) Temanku mengirim sebuah surat dari Jakarta (kirim) (m) Dia menjadi guru (pada) tahun 1965 (jadi) (n) Udin menggambar sebuah rumah di buku gambarnya (gambar) (o) Jangan menyalin jawaban dari temanmu (salin)

5

(a) Saya perlu **meminta** visa (izin tinggal) di Kedutaan Indonesia di London (b) Saya perlu **membeli** uang Indonesia dari bank (c) Saya perlu **mendapat** vaksinasi dari dokter (d) Saya perlu **memesan** karcis pesawat terbang ke Jakarta (e) Saya perlu seorang guru untuk **mengajar** saya bahasa Indonesia (f) Saya harus **membawa** cukup uang (g) Saya perlu **mencari** sebuah peta dan keterangan tentang Indonesia di toko buku (h) Saya perlu **menulis** sehelai surat kepada seorang teman Indonesia di Jakarta

6

(a) Dia mulai bekerja jam 9.30 (b) Dia berkeliling di kantor dan mengucapkan selamat pagi kepada setiap orang (c) Dia membaca surat-surat masuk (d) Dia menjawab surat-surat itu (e) Dia meminta sekretarisnya untuk mengetik jawaban-jawaban itu dan mengirimnya hari itu juga (f) Dia menerima beberapa pelanggan dan berbicara dengan mereka (g) Dia beristirahat jam 12.30 (h) Dia keluar dan makan siang dengan seorang teman (i) Dia kembali ke kantor jam 2.00 dab bekerja lagi (j) Dia mengundang pegawai-pegawainya untuk rapat (k) Dia membicarakan beberapa masalah dengan mereka (l) Dia menutup rapat itu dan berterima kasih kepada mereka (m) Dia pulang jam 5.30

7

(a) Apa anda pernah melihat kucing (berwarna) kuning? (b) Saya pernah ke Bali beberapa kali (c) Saya belum pernah bertemu dengan wanita (orang perempuan) itu (d) Saya pernah melihat seekor ular menelan seekor ayam (e) Dia tak pernah memberi saya uang (f) Apa dia pernah ke sini?

Lesson 9

1

(a) trans. (b) intrans. (c) trans. benef. (d) trans./caus. (e) trans. (f) intrans. (g) trans. benef. (h) trans./caus. (i) trans. (j) trans./caus (k) intrans. (l) trans. (m) trans. benef. (n) trans./caus.

2

(a) naik, menaikkan (b) berhenti, berhenti, menghentikan (c) membelikan, membeli (d) mengerjakan, kerja, bekerja (e) berkata, mengatakan (f) memasukkan, masuk (g) keluar, mengeluarkan (h) mengadakan, ada, berada (i) meminjam, meminjamkan

3

(a) ... mendudukkan anak di kursi kecil (b) ... memasukkan mainan ke kotak (c) ... mengeluarkan mobil dari garase (d) ...

membuatkan saya sebuah kemeja baru (e) ... mengambil uang
dari bank (f) ... mengadakan pesta (g) ... Jangan berhenti. Ada
polisi ... (h) ... menghentikan mobil itu? (i) ... berkata or men-
gatakan bahwa ... (j) ... mengerjakan pekerjaan ini? (k) ...
mendengar bahwa ... (l) ... melihat televisi ... mendengarkan
radio (m) ... berbicara tentang ..., membicarakan ... (n) ...
menjual rumah saya ... menjualkannya ...

4

(a) mematikan (b) meminjam, membayar (c) membukakan,
masuk (d) mendengar (e) bertemu (f) bersih, mengotorkannya
(g) berdiri (h) mendirikan (i) membeli, menyewa (j) beristeri,
beranak   (k) menghentikan/memberhentikan   (l) meluluskan
(m) membacakan (n) berkata/mengatakan, datang (o) duduk,
melihatnya (p) menyekolahkan (q) berangkat, pulang (r) menter-
jemahkan (s) mengajar, mengajar (t) belajar

5

(a) mendengarkan ceramah   (b) mencatat keterangan guru
(c) mengerjakan latihan (d) beristirahat, makan siang dan minum
(e) kembali ke kelas (f) Ada seminar. Mereka membicarakan
sebuah topik (g) meninggalkan kelas jam 4.00

6

(a) memasukkan mobil ke garase (b) menurunkan tas dari sepeda
(c) membuka pintu dengan kunci (d) menghidupkan lampu
(e) mengeluarkan buku-buku dari dalam tas (f) mengembalikan
buku-buku ke atas rak (g) pergi ke kamar mandi (h) member-
sihkan tangan dan kaki, mencuci muka (i) pergi ke dapur (j) mem-
anaskan nasi dan sayur (k) menggoreng telor (l) makan malam
(m) beristirahat (selama) satu jam

7

(a) sesudah makan malam, dia belajar (b) dia mengerjakan peker-
jaan rumah (c) menyelesaikan membaca novel (d) menter-
jemahkan kira-kira dua puluh kata Indonesia ke Inggeris
(e) mengarang kira-kira satu setengah halaman (f) pergi ke kamar
tidur (g) mematikan lampu (h) tidur

Lesson 10

1

(a) perdagangan (b) perjalanan (c) pembicaraan (d) penjelasan
(e) pembangunan (f) pertandingan (g) permainan (h) pertemuan
(i) perbedaan   (j) kecepatan   (k) kekayaan   (l) kesehatan
(m) kemungkinan (n) keselamatan (o) kematian (p) peminum
(q) pemain (r) pencuri (s) pembantu (t) jajanan (u) bacaan

2

to unite (*vi.*)	**bersatu**
unity (*n.*)	**persatuan**
to play	**bermain**
a game	**permainan**
a toy	**mainan**
to play a role	**memainkan peran**
clarity	**kejelasan**
clear	**jelas**
to explain sth.	**menjelaskan**
to drink	**minum**
a drink	**minuman**
a drinker	**peminum**
to work (*vi.*)	**bekerja**
a job	**pekerjaan**
a worker	**pekerja**
to do sth.	**mengerjakan (sesuatu)**
to sell	**menjual**
sale	**pejualan**
merchandise	**jualan**
salesperson	**penjual**
to walk (*vi.*)	**berjalan**
a journey	**perjalanan**
a pedestrian	**pejalan (kaki)**
to run (e.g. shop)	**menjalankan** (e.g. **toko**)
to buy	**membeli**
purchase	**pembelian**
to buy sth. for sb.	**membelikan**
buyer	**pembeli**
to dance	**menari**
dancer	**penari**

a dance	**tarian**
to be sad	**sedih**
sadness	**kesedihan**
to sadden	**menyedihkan**
to learn	**belajar**
teacher	**guru**
to teach sb./sth.	**mengajar**
to teach sth. to sb.	**mengajarkan**
learner	**pelajar**
teaching	**pengajaran**
to look for sth.	**mencari**
to find sth. for sb.	**mencarikan**
seeker	**pencari**
health	**kesehatan**
healthy	**sehat**
to make sb. healthy	**menyehatkan**
to be clean	**bersih**
cleanliness	**kebersihan**
to clean sth.	**membersihkan**
detergent	**pembersih**
justice	**keadilan**
to be just	**adil**
a court	**pengadilan**
to be happy	**bahagia**
happiness	**kebahagian**
to make sb. happy	**membahagiakan**

3

(a) minum, minuman, peminum (b) pemain, bermain, permainan/ bermain, bermain, bermain/memainkan (c) pekerjaan, pekerja, mengerjakan, pekerjaan, bekerja (d) menjual, menjualkan, penjual, penjual, jualannya, penjualan (e) perjalanan, berjalan, pejalan kaki, Jalan, menjalankan (f) pembeli, pembelian, membelikan, membeli, belian (g) bersih, membersihkan, kebersihan, pembersih (h) mengajar(kan), mengajar, pelajar, pelajaran, mengajar(kan), belajar, pengajaran (i) menyedihkan, sedih, kesedihan (j) menyehatkan, sehat, kesehatan, penyehat

4

(a) Perjalanan itu melelahkan saya (b) Kata-kata (perkataan)nya menyakitkan orang (c) Percakapan itu menarik (d) Theori itu punya banyak kelemahan (e) Perkawinan antara orang Barat dan Timur biasa sekarang (f) Kerjanya tidak memuaskan. Dia malas (g) Banyak orang datang ke pertemuan itu (h) Kucing (adalah) pemakan tikus (i) Pendaratannya bagus karena pilotnya trampil (j) Permainan regu sepak bola kita mengecewakan (k) Penerbangan dari London ke Jakarta memakan waktu 16 jam (l) Perhitungannya salah (m) Tak ada orang yang mau hidup dalam kemiskinan (n) Tulisannya bagus (o) Sudahkah kamu jawab pertanyaan itu? (p) Saya tidak akan lupa pada kebaikannya (q) Masakannya enak (r) Pengeluarannya lebih besar dari(pada) pemasukan (s) Kita harus menjaga kesehatan kita (t) Jangan memperhatikan keburukan orang

Lesson 11

1

(a) active (b) intransitive (c) passive (d) intransitive (e) passive (f) active   (g) passive   (h) passive   (i) intransitive   (j) active (k) intransitive   (l) passive   (m) active   (n) passive   (o) active (p) passive (q) active (r) passive (s) active

2

(a) Surat saya boleh dibaca Sri (b) Sejuta rupiah saya simpan di bank (c) Film itu tidak boleh dilihat oleh anak berumur di bawah 17 tahun (d) *Two possible answers*: Saya diberi (oleh) Ibu Rp5000.- Rp5000,- diberikan (oleh) Ibu kepada saya (e) Tali itu ditariknya hingga putus (f) Surat itu dikirimnya (oleh dia) dari mana? (g) Apa komputer baru sudah anda beli? (h) Rumah itu sudah dijual (i) Apa yang didengarkannya? (j) Saya tidak ingat kapan surat itu saya terima (k) Jendela itu ditutup orang (l) Jendela kamar mandi dibuka oleh siapa? (m) Apa yang anda baca tadi pagi? (n) Apa yang saudara kirim ke Indonesia? (o) Siapa yang Saudara panggil? (p) Apa yang ditunggu anak itu?

3

(a) Dia melihat saya membuka pintu (b) Dia duduk di kursinya dan mulai menulis (c) Mobil itu belum di(ter)jual (d) Dia suka menolong orang (e) Mengapa kita tidak diberi kue? (f) Bisakah anda membacakan saya sebuah cerita? (g) Apa perbedaan antara memberi dan diberi? (h) Bill suka minum dan merokok (i) Uang sudah dicuri dari kantongnya (j) Tiga gelas bir saya minum semalam (k) Celana ini sudah dipakainya banyak kali (l) Kamu akan memakai apa hari ini? (m) Robin Hood mengambil uang dari orang kaya dan memberikannya kepada orang miskin (n) Siapa (yang) membuat 'Super Gun'? Itu dibuat oleh Inggeris (o) Kue besar yang di meja sudah dimakan kucing (p) Dia belum makan apa-apa sejak tadi pagi (q) Apa yang anda lihat semalam? (r) Siapa yang anda lihat di kamar makan?

4

(a) Mr Sumarjo has been very lucky recently. In the office his rank was promoted. Now he becomes the director general of Tourism. His salary was increased. His family was given a bigger house and his Morris car was replaced by a Mercedes. He is often sent abroad on business. Parts of his spending is borne by the state. His name is included in the list of VIPs and his house is guarded by security guards (b) Mr Kaidit on the contrary was very unfortunate. In 1966 he was known to be a member of a banned party. He was arrested, fired from his job and his salary was suspended. Several years later he was brought to trial. He was declared guilty and was put in jail. He was freed ten years later. Several times he applied for a job, but he was never accepted

Lesson 12

1

(a) persuasive only (b) harsh or persuasive (c) persuasive only (d) harsh or pers. (e) pers. only (f) pers. only (g) pers. only (h) pers. only (i) harsh or pers. (j) harsh or pers. (k) pers. only (l) harsh or pers. (m) harsh or pers. (n) hars or pers. (o) harsh or pers. (p) pers. only (q) harsh or pers.

2

Note that the meaning of **silahkan** is 'as you please'. So practically any form of verb, either with **me** or without will do.
(a) Silahkan masuk dan duduk! (b) Silahkan makan dan minum di sini! (c) Silahkan merokok! (d) Silahkan mengerjakan apa saja! (e) Silahkan memasak nasi goreng! (f) Silahkan menonton televisi! (g) Silahkan mendengarkan radio! (h) Silahkan pulang jam berapa saja!

3

(a) Tolong, keluarkan mobil dari garasi! (b) Tolong, bawa mobil saya ke bengkel! (c) Tolong, tanyakan dia apanya yang rusak! (d) Tolong, tanyakan berapa ongkosnya! (e) Tolong, bersihkan mobil itu! (f) Tolong, jualkan mobil itu! (g) Tolong, masukkan uangnya ke bank! (h) Tolong, berikan tanda terimanya kepada saya!

4

(a) Coba, bekerja delapan jam sehari! (b) Coba, kerjakan lebih dari satu pekerjaan! (c) Coba, simpan sebagian uangmu di bank! (d) Coba, tidur dan makan yang cukup! (e) Coba, berolah raga setiap pagi! (f) Coba, bersikap ramah kepada teman-teman di kantor! (g) Coba, banyak menolong mereka! (h) Coba, banyak bercanda dengan mereka! (i) Coba, berkunjung ke rumah mereka!

5

(a) Lihatlah ke belakang! (b) Masuklah ke kantor! (c) Berangkatlah sekarang! (d) Bermainlah tenis! (e) Datanglah besok! (f) Tanyakanlah nama jalan itu! (g) Tunggulah di sini! (h) Pergilah nanti malam! (i) Kembalikanlah uang saya! (j) Bacalah surat kabar 'Abadi'! (k) Kerjalah yang baik! (l) Masukkanlah uang itu ke kantong!

Lesson 13

1

(d) John berjalan lebih jauh daripada Mary; Mary berjalan lebih dekat daripada John (e) Jenny berbicara lebih lambat daripada Bill (f) Bapak Guru berbicara lebih jelas daripada Ibu Guru (g) Amir lebih pandai daripada Judy (h) Cerita baru ini lebih menarik daripada cerita lama (i) Jakarta lebih jauh daripada Hongkong (j) Mobil Pak Umar lebih mahal daripada mobil Pak Yudi

2

(a) Rumah ini lebih mahal daripada rumah itu (b) Saya lebih suka tinggal di Canberra daripada di Sydney (c) Saya suka Jakarta tetapi masih lebih suka Bandung (d) Halimah lebih rajin daripada Sumarti tetapi Sumarti lebih cerdas daripada Halimah (e) Henry belajar bahasa Indonesia lebih cepat daripada Harry

4

(a) Umar dan Azis bersaudara. Umar lebih tua daripada Azis, tetapi dia lebih gemuk dan lebih pendek. Azis tidak hanya lebih tinggi, tetapi juga lebih kuat dan ganteng. Ini karena Azis makan dan minum lebih banyak dan tidur lebih lama daripada kakaknya. Umnar sebaliknya lebih bijaksana, lebih mengerti dan punya lebih banyak teman. Dia juga kurang berbicara dan kurang membelanjakan uang dibanding dengan adiknya, Azis (b) Jakarta ibukota Indonesia. Penduduknya (adalah) terbanyak di antara propinsi-propinsi Indonesia. Udaranya juga yang terpanas/paling panas, kadang-kadang lebih dari 37 derajat Celcius karena terletak di daerah equator. Tetapi untuk para pengusaha, kehidupan menyenangkan sekali karena mereka bisa mendapat uang banyak di kota ini. Mereka bisa mempekerjakan sopir untuk menyetir mobil mereka yang terbaik; mereka bisa makan makanan yang paling enak minum minuman yang terbaik dan menonton film yang terbaru. Rumah-rumah mereka diperlengkapi dengan mesin pendingin dengan dua atau tiga pembantu yang menangani semua pekerjaan rumah

5

(a) terlalu (b) agak (c) lain dari (d) seperti (e) terlalu (f) seperti
(g) sama dengan (h) lain (i) agak (j) terlalu, terlalu (k) tidak
begitu (l) seperti

Lesson 14

1

(a) menyalami (b) menanyai (c) menghadiahi (d) menyukai
(e) menasehati (f) mendekati (g) memarahi (h) mengetahui
(i) mengotori (j) memanasi (k) membasahi

2

(a) Pagar istana saya loncati (b) Kamar istana saya dekati
(c) Kamar istana saya masuki (d) Pintu kamar tidak dikunci (oleh)
puteri (e) Saya ditangkap polisi (f) Saya ditahan dan ditanyai polisi
(g) Saya dibawa (oleh) mereka ke pengadilan (h) Saya diadili
(oleh) hakim (i) Saya dimasukkan ke penjara (oleh) mereka

3

(a) mengairi (b) menghormati (c) mengobati (d) mengunjungi
(e) menemui (f) menduduki (g) menyakiti (h) mendekati
(i) mempunyai (j) mengikuti (k) menyeberangi

4

(a) Kursi itu jangan diduduki! (b) Jembatan itu harus diseberangi
(kita seberangi) dari sini (c) Tembok ini jangan ditulisi! (d) Kebun
Kew di London belum kami kunjungi (e) Rumah itu jangan dijual!
(Rumah itu tidak boleh kamu jual) (f) Orang itu akan diobati
(oleh) dokter di rumahnya (g) Pacar saya jangan kamu dekati!

5

(a) Udin berumur dua tahun (b) Dia sangat dicintai oleh orang
tuanya (c) Kadang-kadang, dia masih disusui oleh ibunya (d) Dia
belum memasuki Taman Kanak-kanak (e) Dia belum bisa makan
sendiri, masih harus disuapi oleh ibunya (f) Kalau dia tidur, ibu

selalu menyelimutinya (menutupiunya dengan selimut) (g) Dia
jarang dimarahi (h) Dia tidak mengetahui kegunaan uang (Dia
tidak tahu untuk apa uang itu) (i) Kalau dia bermain-main, harus
ada orang yang mengawasinya. (dia harus diawasi) (j) Dia
menyukai makanan Indonesia

Lesson 15

1

(a) accidental/unintentional   (b) stative/state   (c) unintentional/
involuntary (d) accidental (e) inability (f) stative/state (g) unin-
tentional (h) stative (i) stative

2

(a) Kue saya termakan olehnya (b) Orang utan terdapat di
Kalimantan (c) Lidah saya tergigit (d) Buku-buku itu tak terbawa
oleh Mary (e) Orang itu tertembak di kakinya (f) Saya terkesan
oleh caranya berbicara (g) Jangan tersinggung! (h) Lima orang
terluka dalam insiden kemari (i) Dia tergelincir waktu menginjak
kulit pisang (j) Harganya sepuluh ribu rupiah termasuk pajak
penjualan (k) Indonesia terdiri dari 27 propinsi (l) Di mana
Tangkuban Perahu terletak?

3

(a) membeli, terbeli (b) terpukul, pukulan (c) makan, makanan,
di/termakan (d) meletakkan, terletak (e) berdiri, terdiri dari,
mendirikan (f) memasukkan, termasuk, memasuki, masuk ke (g) ter-
jadi, kejadian, menjadi (h) memotong, potongan, terpotong (i) meng-
gigit, di/tergigit, gigitannya (j) mengejutkan, terkejut, kejutan

4

(a) Kok hawa di Jakarta panas sekali (b) Barang-barang kok
murah di Indonesia (c) Kok pemandangan di gunung itu menarik
sekali (d) Sekarang kok hujan (e) Kok semua orang Indonesia
suka makan cabe (f) Pohon buah-buahan kok ada di mana-mana
(g) Kok dia tidak tahu soal itu

Lesson 16

2

(a) kemalaman (b) kemasukan (c) kecopetan (d) kebesaran
(e) kebanyakan (f) ketinggalan (g) kecampuran (h) kesiangan
(i) kehilangan (j) kejatuhan (k) kehujanan (l) kepanasan
(m) kependekan (n) kecepatan

3

(a) Sepeda itu kekecilan untuk saya (b) Makanan itu kebanyakan untuk perut saya (c) Bank itu kecurian (kemasukan pencuri) tadi malam (d) Orang perempuan itu kemasukan setan (e) Kebanyakan orang Indonesia tinggal di pulau Jawa (f) Saya pulang terlambat tadi malam (g) Suara mobil ambulan kedengaran (terdengar) dari sini (h) Rumah kecil itu kelihatan dari tempat ini (i) Dia kehujanan karena lupa membawa payung (j) Saya kehilangan dompet saya waktu saya ada di pasar yang ramai kemarin (k) Sekolah itu kekurangan buku (l) Dia kedinginan karena suhu rendah sekali (m) Saya ketinggalan kereta api. Kereta berangkat ketika saya tiba di stasiun (n) Saya kepanasan waktu di Indonesia (o) Saya kejatuhan buah mangga ketika sedang duduk di kebun

4

(a) membersihkan, kebersihan (b) pembersihan (c) bersih
(d) kebesaran (e) membesarkan, kebesaran (f) terbesar (g) murah
(h) kemurahan (i) murah/termurah (j) memarahi (k) marah,
marah (l) kemarahan (m) memarahkan (n) menjatuhkan, terjatuh
(o) kejatuhan (p) kejatuhan (q) menjatuhi (r) duduk, penduduk
(s) kedudukan (t) menduduki, pendudukan (u) mendudukkan
(v) panas, kepanasan (w) memanaskan/memanasi (x) panas/
pemanasan (y) kedinginan, dingin (z) pendingin, mendinginkan

5

(a) Ayo, datang ke rumah saya! (b) Ayo, kita adakan pesta hari Minggu yang akan datang! (c) Ayo, kuenya dimakan! (d) Ayo, tehnya diminum! (e) Ayo, kita berpiknik dekat danau! (f) Ayo, kita pergi mancing! (g) Ayo, kita nonton bioskop!

6

(a) Saya kan tidak kaya! (b) Sekarang apa-apa kan mahal!
(c) Uang kan penting, tapi bukan yang paling penting dalam hidup
ini! (d) Kan tidak semua orang pandai seperti Einstein! (e) Di
India, sapi kan binatang suci!

Lesson 17

2

(a) Anak-anak bermain-main di jalan, membunyikan petasan
(b) Pada malam Lebaran, orang berteriak-teriak 'Allahuakbar!'
artinya Tuhan yang maha kuasa (c) Sudah lama mereka menunggu-
nunggu kedatangan hari raya ini (d) Mereka beramai-ramai ke
masjid untuk bersembahyang (e) Mereka berjabat tangan
(bersalam-salaman) dengan teman-teman dan kenalan yang mereka
temui di jalan (f) Mereka saling memaafkan kesalahan di waktu
lalu (g) Mereka saling berkunjung ke rumah, makan makanan yang
enak dan minum-minum (h) Saudara-saudara, yang sudah
bertahun-tahun tak bertemu, berpeluk-pelukan dan bahkan
bertangis-tangisan (i) Mereka berkumpul di rumah kakek dan
saling menceritakan pengalaman masing-masing (j) Orang-orang
sungguh bersenang-senang di hari Lebaran

4

(a) Kapan/bila buku ini ditulis? (b) Saya sedang belajar
waktu/ketika dia datang (c) Kapan/bila anda akan menemui
Tuan Johnson? (d) Kalau/kapan saya jatuh cinta, cinta itu akan
selamanya (e) Kalau tidak tahu, jangan ragu-ragu untuk bertanya
(f) Kapan/bila liburannya? (g) Ketika/waktu anda menelepon,
saya sedang berbicara dengan Ibu (h) Kalau kita pergi sekarang,
kita tak akan terlambat (i) Kalau saya kaya, tak akan saya minta
uang kepadamu (j) Kamu bisa jatuh, kalau tidak berhati-hati

6

Tuan Johnson orang yang sibuk sekali. Dia selalu terburu-buru
bangun diwaktu pagi, mandi dengan cepat dan makan sedikit
sarapan. Dia berangkat ke kantor pagi-pagi karena dia tidak mau
terjebak dalam kemacetan lalu lintas. Di kantor dia memeriksa

surat-surat yang masuk. Dia membacanya dengan hati-hati dan memberi tahu kepada sekretarisnya surat-surat mana yang perlu dijawab dengan segera. Kalau ada suatu soal, biasanya dia menemui kepala untuk meminta pendapat. Tuan Johnson menemui tamu-tamu. Mereka dipersilahkannya duduk dengan nyaman, dan sering kalau tamu itu penting dia perlu diberi dulu secangkir kopi. Tuan Johnson selalu berbicara dengan sopan kepada mereka. Kalau dia tidak setuju dengan mereka, dia tidak pernah menolak secara langsung. Dia hanya berkata: 'Saya akan pikir dulu,' atau 'Saya kurang pasti hal itu.' Tak heran kalau kantornya mendapat banyak kontrak.

7

(a) Apapun yang kamu minta, akan saya beri (b) Kemanapun kamu pergi, saya akan ikut (c) Kapanpun anda perlu itu, telepon-lah saya! (d) Kalau anda tak tahu, sayapun tak tahu (e) Siapapun yang mengambil uang saya, tidak akan saya salahkan (f) Membeli sepedapun tidak bisa, apalagi membeli mobil! (g) Dia punya rumah bagus, sayapun punya rumah bagus (h) Berapapun uang yang mereka minta, saya akan bayar

8

(a) seratus (b) sebuah (c) sehari (d) sekali (e) setahun/sebulan (f) sesuatu (g) sekantor (h) seorang (i) seekor (j) seperti

9

(a) **Seorang** laki-laki dengan **sekarung** uang lari keluar dari bank tadi malam (b) Saya tak pasti apa dia sekarang berbahagia walaupun dia sudah punya **seorang** isteri yang cantik, **sebuah** rumah yang besar dan **sebuah** mobil balap (c) Sebelum pergi tidur, saya selalu perlu **sebuah** novel untuk saya baca, dan **segelas** air putih untuk minum (d) Apa anda tahu bahwa **seorang** pemain *snooker profesional* bisa memperoleh **seribu** pound **semalam?** (e) John dan Janie teman **sepekerjaan**. Mereka bekerja di kantor yang sama (f) Ketika saya masih **seorang anak** laki-laki kecil, saya sangat terpesona oleh cerita **seribu satu** malam (g) **Seseorang** mengetok pintu tadi malam. Saya agak takut **Seorang** penjual mau menjual **sesuatu** (h) Saya tak bisa mengerjakan itu **seketika**. Terlalu sukar (i) Teman saya bersembahyang **setiap** malam, meminta kepada

Tuhan supaya dia diberi **seorang** anak laki-laki (j) Saya tidak suka menunggu. Bagi saya, satu jam **seperti** satu hari (k) Saya bertemu dengan isteri ketika dia berumur **sepuluh** tahun. Waktu itu saya berumur **sebelas**. Kita **sesekolah** (l) Tentu ada **seseorang** yang tahu **sesuatu** tentang hal ini (m) Gedung ini **setinggi** menara itu (n) Pesawat penumpang tidak terbang **secepat** pesawat jet

10

(a) Saya perlu satu hari saja (b) Jangan duduk di itu saja. Berbuatlah sesuatu! (c) Dia tidak saja berkata, tetapi berbuat juga (d) Orang yang kuat saja tak bisa mengangkatnya, apalagi kamu – anak kurus! (e) Apa saja yang kamu ingini, beritahulah aku (f) Dia selalu mengikuti saya, kemana saja saya pergi (g) Bagaimana kabarnya? Oh, baik-baik saja (h) Tenang saja. Jangan panik! (i) Dia bisa melakaukan apa saja, dari bermain sandiwara sampai ke masak (j) Jangan lihat segi yang buruk saja. Lihat segi yang baik juga!

Indonesian–English glossary

This glossary includes words that have been used in this book and their derivatives. They are arranged alphabetically according to their root forms (e.g. **berjalan** appears under **jalan**, **menulis** under **tulis**, **mempermainkan** under **main**, **kemasukan** under **masuk**, etc.). The derivatives, however, are arranged by meaning rather than alphabetically. Remember that the affixation can be: **ber**, **me**, **me____kan**, **me____i**, **memper____kan**, **an**, **ke____an**, **pe**, **per**, **se**, **ter**, **ber____an**.

The meanings of base-verbs, except independent verbs, are usually ambiguous or vague, hence their English translations are not given. These verbs are marked with an asterisk (*). New meanings appear as an affixation is applied to them.

The following abbreviations have been used: *adj.* (adjective), *n.* (noun), *adv.* (adverb), *vi.* (intransitive verb), *vt.* (transitive verb), sb. (somebody), sth. (something), e.g. (for example).

abadi	eternal	**agak**	rather
ada	there is/are; to have; to be	**air**	water
		mengairi	to water
berada	well-off	**air jeruk**	orange juice
mengadakan	to organize/to hold	**air mata**	tears
		mata air	spring
keadaan	situation	**ajak***	
adik	younger siblings	**mengajak**	to ask sb. to join in
adik laki-laki	younger brother		
adik perempuan	younger sister	**ajakan**	invitation
		ajar*	
adil	just	**belajar**	to learn
mengadili	to try sb. in court	**pelajar**	student
keadilan	justice	**pelajaran**	lesson
pengadilan	court	**mengajar**	to teach

pengajar	teacher	**apa**	what
pengajaran	teaching/	**apalagi**	let alone
	education	**apotik**	chemist
akal	trick/ability	**arti**	meaning
akal sehat	common sense	**berarti**	to mean
akan	will/going to	**mengerti**	to understand
akrab	intimate	**pengertian**	understanding
aku	I (*informal*	**asing**	foreign/alien
	pronoun)	**turis asing**	foreign tourist
alam	nature	**asuh***	
mengalami	to experience	**mengasuh**	to look after
	something	**pengasuh anak**	child minder
pengalaman	experience	**atas***	
berpenga-	to be	**di atas**	on top of
laman	experienced	**mengatasi**	to overcome
aman	safe	**atur***	
mengamankan	to make sth. or	**mengatur**	to arrange
	sb. safe	**(per)aturan**	rule
keamanan	security/safety	**pengatur**	regulator
amat*		**awas**	alert
mengamati	to watch	**mengawasi**	to supervise
ambil*		**pengawas**	supervisor
mengambil	to take/to get	**baca***	
mengambilkan	to get sth. for sb.	**membaca**	to read (*vt.*)
anak	child	**membacakan**	to read sth. for
anak laki-laki	a boy		sb.
anak	a girl	**bacaan**	reading text
perempuan		**bagaimana**	how
ancam*		**bagian**	section
mengancam	to threaten/to	**bahasa**	language
	intimidate	**bahaya**	danger
ancaman	threat (*n.*)	**berbahaya**	dangerous
angkat*		**bahwa**	that
berangkat	to leave for	**Dia berkata**	He said that . . .
mengangkat	to lift	**bahwa . . .**	
angkatan	generation	**baik**	nice/good/fine
anggota	member	**baju**	clothes
keanggotaan	membership	**bakar***	
anjing	dog	**membakar**	to burn
antara	between	**pembakaran**	burning of
anugerah	blessing	**kebakaran**	fire
menganugerahi	to award	**terbakar**	burnt

bakmi	noodles
balap*	
membalap	to run quickly
balapan	race
mobil balap	racing car
balik	to turn around
membalik	to turn over
bolak-balik	to and fro
ban	tyre
bandar	port
bandar udara	airport
bangun	to get up
membangun-kan	to wake sb. up
pembangunan	development
terbangun	to be awakened
banjir	flood
kebanjiran	inundated
membanjiri	to inundate
bank	bank
bantu*	
membantu	to help
bantuan	aid/help
bapak	father
pak	sir, Mr
barang	thing
barangkali	perhaps
baru	(1) new (2) to be in the process of doing something
basah	wet
membasahi	to wet sth.
bayar*	
membayar	to pay
pembayaran	payment
bayem	spinach
beaya	costs (*n.*)
membeayai	to finance
bebas	free
kebebasan	freedom
membebaskan	to free sth.

bebas pajak	tax free
beberapa	several
beda*	
berbeda	to be different
perbedaan	difference
membedakan	to differentiate
berbeda-beda	to vary
bekas	second-hand
belanja*	
berbelanja	to shop
belanjaan	bought goods
pembelanjaan	spending
beli*	
membeli	to buy
pembelian	purchase
pembeli	buyer
jual-beli	selling and buying
belum	not yet
bensin	petrol
bengkel	workshop
berani	brave
keberanian	courage
pemberani	a brave person
berapa	how much/how many
beri*	
memberi	to give sb. sth.
memberikan	to give sth. to sb.
bersih	clean
kebersihan	cleanliness
membersihkan	to clean
pembersihan	purge (*n.*)
besar	big/great
kebesaran	too big; majesty
besok	tomorrow
besok pagi	tomorrow morning
betul	correct
kebetulan	by chance
membetulkan	to fix
biar	let it

biasa	normal
biasanya	usually
kebiasaan	habit
bicara*	
berbicara	to speak
membicarakan	to discuss (*vt.*)
pembicaraan	discussion
pembicara	speaker
bijaksana	wise
kebijaksanaan	policy
binatang	animal
bir	beer
biru	blue
bisa	can/able to
bodoh	stupid
bu (short for **ibu**)	ma'am, darling
buat*	
berbuat	to do sth.
perbuatan	behaviour/deed
membuat	to make sth.
membuatkan	to make sth. for sb.
buatan	a make
buatan Inggeris	English make
budaya	mind/intelligence
kebudayaan	culture
buka	to open (*vi.*)
membuka	to open (*vt.*)
membukakan	to open sth. for sb.
pembukaan	opening
bukan	isn't it; didn't it; don't you; did you; etc.
bukit	hill
buku	book
membukukan	to book
pembukuan	book-keeping
bulan	month; moon
bumi	earth
Bung	friend (a friendly call for sb. unknown)
bunuh*	
membunuh	to kill
pembunuhan	murder
pembunuh	murderer
terbunuh	killed
buntut	tail
membuntuti	to follow
buru*	
memburu	to chase
buru-buru	in a hurry
cabe	chillies
cakap*	
bercakap	to talk/speak
campur*	
mencampur	to mix (*vt.*)
bercampur	to mix (*vi.*)
campuran	mixture
canda*	
bercanda	to make jokes
canggih	sophisticated
cangkir	cup
cantik	beautiful
kecantikan	beauty
cari*	
mencari	to search for sth.
mencarikan	to search for sth. for sb.
cekatan	quick and alert
celaka	unfortunate
kecelakaan	accident
mencelakakan	to cause bad luck
celana	trousers
cemar	polluted
mencemari	to pollute
mencemarkan	to defame
cerdas	intelligent
kecerdasan	intelligence
cerita	story
bercerita	to tell a story
menceritakan	to narrate

cermat	accurate	**dapur**	kitchen
cium*		**darat**	land
mencium	to smell, to kiss	**mendarat**	to land (*vi.*)
ciuman	kiss (*n.*)	**mendaratkan**	to land sth.
coba*		**dari**	from
mencoba	to try	**daripada**	than
percobaan	trial	**darurat**	emergency
mencobai	to test sb. or sth.	**dasi**	a tie
cocok	compatible	**berdasi**	to wear a tie
kecocokan	compatibility	**datang**	to arrive
cuaca	weather	**kedatangan**	arrival
cucu	grandchild	**mendatangkan**	to bring in
cukup	sufficient	**mendatangi**	to call on/visit
curi*		**depan**	front
mencuri	to steal	**minggu depan**	next week
pencuri	thief	**dengar***	
pencurian	theft	**mendengar**	to hear
tercuri	stolen	**mendengarkan**	to listen to
curiga	to be suspicious of	**pendengaran**	hearing
		terdengar	can be heard
mencurigai	to suspect sb.	**dewa/dewata**	god
kecurigaan	suspicion	**dewasa**	adult/mature
mencurigakan	causing suspicion	**di**	on, in, at
daerah	area	**dia**	he/she
daftar	list (*n.*)	**diam**	to be quiet
mendaftar	to register	**didih***	
pendaftaran	registration	**mendidih**	to boil
terdaftar	registered	**diri***	
dagang	trade (*n.*)	**berdiri**	to stand (*vi.*)
berdagang	to trade	**mendirikan**	to set up
perdagangan	trade/trading	**pendirian**	standpoint
pedagang	trader	**terdiri**	to consist of
memper-	to sell	**duduk**	to sit
dagangkan		**menduduki**	to occupy
dalam	in	**penduduk**	inhabitant
di dalam	inside	**mendudukkan**	to seat sb.
dan	and	**kedudukan**	position
dapat	can	**duga***	
mendapat	to obtain	**menduga**	to suspect
pendapatan	income	**dugaan**	guess (*n.*)
terdapat	to be found	**dulu**	first; previously
pendapat	opinion	**dunia**	world

duri	thorn	**pergerakan**	movement
duta	representative	**gertak***	
duta besar	ambassador	**menggertak**	to snap at
kedutaan	embassy	**gertakan**	a snap
enak	delicious	**gigi**	tooth
keenakan	spoiled	**gigit***	
es	ice	**menggigit**	to bite
film	film	**gigitan**	bite (*n.*)
gadis	girl	**tergigit**	accidentally
gado-gado	mixed vegetables		bitten
	with peanut	**gila**	insane
	sauce	**giur***	
gaji	salary	**menggiurkan**	sexy
galah	pole	**gosok***	
gali*		**menggosok**	to rub
menggali	to dig	**gula**	sugar
penggali	digger	**gula pasir**	granulated
ganti*			sugar
mengganti	to change	**guna**	use (*n.*)
menggantikan	to replace	**berguna**	useful
penggantian	replacement	**kegunaan**	utility
ganggu*		**menggunakan**	to use
mengganggu	to disturb	**memper-**	to use
gangguan	temptation	**gunakan**	
terganggu	disturbed	**gundul**	bald
gedung	building	**menggunduli**	to shave one's
gelap	dark		head
menggelap-	to embezzle	**gunung**	mountain
kan		**gunung berapi**	volcano
kegelapan	darkness	**guru**	teacher
gelap gulita	complete	**habis**	to be finished
	darkness	**menghabiskan**	to finish sth.
gelar	degree	**penghabisan**	the last
gemerlap	twinkling	**kehabisan**	to run out of
gemuk	fat		sth.
kegemukan	too fat	**hadap***	
menggemuk-	fattening	**berhadapan**	facing
kan		**menghadapi**	to face
gerah	sweaty; hot	**hadiah**	present/gift
gerak*		**menghadiahi**	to award
bergerak	to move (*vi.*)	**halaman**	page; yard of a
menggerakkan	to move (*vt.*)		house

hambat*		**kehilangan**	to lose sth.
menghambat	to obstruct	**menghilangkan**	to lose sth.
hambatan	obstruction		belonging to
hampir	almost		sb. else
hanya	only	**hitung***	
hapus*		menghitung	to count
menghapus	to erase	hitungan	sum (*n.*)
penghapus	an eraser	perhitungan	calculation
harap*		**hormat**	respect (*n.*)
berharap (*vi.*)		menghormati	to respect
mengharap/	to hope for sth.	kehormatan	honour
kan		penghormatan	tribute (*n.*)
harapan	a hope	**hukum**	law
harga	price	menghukum	to punish
harga pas	fixed price	hukuman	punishment
menghargai	to appreciate	terhukum	convict
penghargaan	appreciation	**ibadah**	worship
hari	day	tempat ibadah	place of worship
hari ini	today	**ibu**	mother
harus	must	**indah**	beautiful
hati	heart	**injak***	
(ber)hati-hati	careful (*adj.*)	menginjak	to step on
sakit hati	heartache	**ingat**	to remember
perhatian	attention	**ini**	this
memper-	to pay attention	**iri**	jealous
hatikan	to	**isi**	contents
haus	thirty	mengisi	to fill in
hawa	weather	**istana**	palace
hemat	economical	**isteri**	wife
menghemat	to economize	**istirahat**	to rest
heran	to wonder	**itu**	that
mengherankan	surprising	**izin**	permit/
keheranan	surprised		permission
hibur*		**jadi***	
hiburan	entertainment	menjadi	to become
menghibur	to entertain	kejadian	incident
hidup	alive	**jaga***	
kehidupan	livelihood	menjaga	to guard
menghidupkan	to make sb.	penjaga	a guard
	or sth. live	**jahit***	
hilang	to be missing	menjahit	to sew
menghilang	to disappear	tukang jahit	tailor

jajan	to snack	**memper-**	to defend/
jajanan	snack (*n.*)	**juangkan** (*vt.*)	struggle for sb.
jalan	road/way	**juara**	champion
berjalan	to walk	**kejuaraan**	championship
berjalan-jalan	to take a walk	**judul**	title
menjalankan	to run sth. (e.g.	**juga**	also/too/as well
(*vt.*)	a business)	**jujur**	honest
perjalanan	trip	**kejujuran**	honesty
jam	watch (*n.*);	**justru**	just
	hour; time	**kabar**	news
jam tangan	wrist watch	**mengabarkan**	to report sth.
jam dinding	wall clock	**kabut**	fog
dua jam	two hours	**kadang-kadang**	sometimes
jam berapa?	what is the time?	**kaget**	startled
jangan	don't!	**kaki**	leg
janji	promise (*n.*)	**kalah**	to be defeated
berjanji	to promise (*vi.*)	**mengalah**	to give in
menjanjikan	to promise sth.	**kekalahan**	defeat (*n.*)
perjanjian	agreement	**mengalahkan**	to defeat sb.
jatuh	to fall (*vi.*)	**kalender**	calendar
menjatuhkan	to drop	**kalau**	if/when
kejatuhan	accidentally hit	**kali**	times
	by a falling	**dua kali,**	two times, three
	object	**tiga kali**	times
jawab*		**kamar**	room
menjawab	to answer	**kamar makan**	dining room
jawaban	answer (*n.*)	**kamar mandi**	bathroom
tanggung		**kamar tamu**	living room
jawab	responsible	**kamar tidur**	bedroom
jelas	obvious	**kami**	we (excluding
jembatan	bridge		the person
jemput*			spoken to)
menjemput	to pick up	**kampung**	kampong
jemputan	collection	**kamu**	you (*informal*)
Jepang	Japan	**kanan**	right
bahasa Jepang	Japanese	**kantor**	office
orang Jepang	a Japanese	**kaos-kaki**	socks
jeruk	orange	**kapal**	boat/ship
air jeruk	orange juice	**kapal terbang**	aeroplane
jodoh	spouse	**kapal laut**	ship
juang*		**mengapalkan**	to ship sth.
berjuang (*vi.*)	to struggle	**kapan**	when

karang*

mengarang — to write a story

karangan — essay/composition

pengarang — writer

kasih — love

kasihan Bill! — poor Bill!

terima kasih — thank you

kata — word (*n.*)

berkata/ mengatakan — to say

katun — cotton

kawah — crater

kawatir — to be worried

kekawatiran — worry (*n.*)

mengkawatir-kan — to cause anxiety

kawin — to marry (*vi.*)

mengawini — to marry sb. (*vt.*)

perkawinan — marriage

kaya — rich

kekayaan — wealth

ke — to

kecil — small/little

mengecil — to shrink

mengecilkan — to make small

kekecilan — too small

kejut*

terkejut — surprised

mengejutkan — startling

kejutan — a surprise (*n.*)

kelapa — coconut

keluar — to go out

mengeluarkan — to take sth. out

keluarga — family

keluarga-berencana — family planning

kemarin — yesterday

kembali — change (money); to return (*vi.*) to some place (e.g. home)

mengembali-kan — to return sth. e.g. a book to the library

kembang — flower

berkembang — to develop/grow

perkembangan — growth

kemeja — shirt

kena — hit by

terkena — hit by

mengena — to hit the target

mengenai — about

kenal — to know

kenalan — acquaintance

berkenalan dengan — to make friends with

terkenal — famous

kenang*

kenangan — memory

kenapa — what's the matter?

kencang — fast

kentang — potatoes

kentang goreng — chips

kenyang — full up

kepala — head; boss

keras — hard

kekerasan — violence

mengeraskan — to make sth. hard

kerja*

kerja-sama — cooperation

bekerja — to work

mengerjakan — to do sth. (e.g. a report)

pekerja — worker

pekerjaan — work

kesan — impression

mengesankan — impressive

ketat — tight

ketik*

mengetik — to type

ketikan — something typed

mesin ketik	typewriter	**perkumpulan**	association
ketupat	boiled sticky rice	**kunci**	key
khusus	special	**mengunci**	to lock
khususnya	especially	**terkunci**	locked
kira*		**kuning**	yellow
kira-kira	approximately	**kurang**	less
mengira	to assume	**mengurangi**	to reduce sth.
perkiraan	assumption	**kekurangan**	to lack sth.
kiri	left	**laci**	drawer
kirim*		**lahap**	delicious
mengirim	to send	**lahar**	lava
pengirim	sender	**laksana***	
kiriman	consignment	**melaksanakan**	to carry out
kita	we (including the person spoken to)	**pelaksanaan**	implementation
		pelaksana	implementor
		terlaksana	done
kobis	cabbage	**lalu**	then
kok	why	**berlalu**	to pass by
korden	curtain	**melalui**	via
kosong	empty	**lalu lintas**	traffic
mengosongkan	to empty sth.	**lama**	old (e.g. old city); long (time) (e.g. long hours)
kekosongan	vacuum		
kota-praja	municipal		
kotor	dirty		
mengotori	to litter (e.g. a place)	**lamar***	
mengotorkan	to make sth. dirty (same meaning as above)	**melamar**	to apply
		lamaran	application
		pelamar	applicant
		lambat	slow
		terlambat	late
kotoran	rubbish/dumping	**melambatkan**	to slow sth. down
kuasa	power		
berkuasa	to be powerful	**lancar**	fluent
menguasai	to control sb./sth.	**kelancaran**	fluency
		langgar*	
kue	cake	**melanggar**	to break (e.g. the law)
kue lapis	layer cake		
kuliah	lecture	**pelanggaran**	violation
kumpul*		**pelanggar**	(e.g. law) breaker
berkumpul	to assemble		
mengumpul-kan	to gather	**langit**	sky
		langsung	direct

lapar	hungry	**lupa**	to forget (*vi.*)
kelaparan	to starve	**melupakan**	to forget sth./sb.
lapor*		(*vt.*)	
melapor (kan)	to report sth.	**lurah**	head of village
larang*		**kelurahan**	the Lurah's
melarang	to prohibit		office
larangan	ban (*n.*)	**maaf**	sorry; excuse me
layan*		**mahal**	expensive
(pe)layanan	service	**kemahalan**	too expensive
pelayan	waiter	**mahasiswa**	university
lebih	more		student
kelebihan	too much	**main***	
lemak	fat	**bermain**	to play
berlemak	fatty	**permainan**	game (*n.*)
lemari	cupboard	**majalah**	magazine
lemari makan	cupboard for	**maju**	to progress
	storing food	**makan**	to eat
lembab	humid	**makanan**	food
lereng	slope	**makan pagi/**	breakfast, lunch
letak	location	**siang/malam**	and dinner
meletakkan	to place sth.	**maklum**	mutually
terletak	located		understood
libur*		**makmur**	prosperous
berlibur	to take a holiday	**kemakmuran**	prosperity
liburan	holiday	**maksud**	intention
lidah	tongue	**bermaksud**	to intend
loncat*		**malam**	night
meloncat	to jump (*vi.*)	**malam Minggu**	Saturday night
meloncati	to jump over sth.	**kemalaman**	accidentally
luar*			caught by night
luar kota	outside the town	**malas**	lazy
luar negeri	overseas	**malu**	shy/embarrassed
luas	large/extensive	**kemaluan**	sex organ
lubang	hole	**mampir**	to drop in
melubangi	to make a hole	**mampu**	capable
	on sth.	**kemampuan**	capability
lukis*		**mana***	
melukis	to paint	**ke mana?**	where to?
pelukis	painter	**di mana?**	where?
lukisan	painting	**dari mana?**	where from?
lumayan	not bad/	**manajer**	manager
	mediocre	**manis**	sweet

manusia	human being	meminyaki	to oil
marah	angry (adj.)	minyak wangi	perfume
kemarahan	anger	miskin	poor
memarahi	to tell sb. off	kemiskinan	poverty
masak*		mobil	car
memasak	to cook	moga-moga	hopefully
masakan	dish/meal	mogok	to stall
masalah	problem	pemogokan	strike (n.)
masih	left/unfinished	muda	young
masjid	mosque	mudah	easy
masuk*		mulai	to start
masuk ke/	to go into sth./	mulus	smooth; pure
memasuki	some place	mungkin	possibly
memasukkan	to put sth. into	kemungkinan	possibility
termasuk	inclusive	memungkin-	to enable
mati	dead	kan	
mematikan	to switch off	murah	cheap
kematian	death	musim	season
mati-matian	to the death	musim dingin	winter
mayat	corpse	musim	dry season
meja	table	kemarau	
memang	truly	musim hujan	rainy season
menang	to win	mutlak	absolute
kemenangan	victory	nafas	breath (n.)
pemenang	winner	bernafas	to breathe
menantu	son-/daughter-	pernafasan	breathing
	in-law	naik	to ride
mendung	cloudy	menaiki	same meaning as
menjelang	by		above
menteri	minister	menaikkan	to increase (vt.)
merah	red		(e.g. prices)
memerah	to become red	kenaikan	an increase
mereka	they; them; their	nakal	naughty
mesin	machine; engine	kenakalan	delinquency
milik	belonging	nama	name
memiliki	to own	namun	but
pemilik	owner	nasi	rice
minggu	week	negara	state
minum	to drink	ngeri	frightening
minuman	drink (n.)	niat	intention
peminum	a drunkard	nikah*	
minyak	oil	menikah	to wed

pernikahan	wedding
nikmat	joy
menikmati	to enjoy sth.
nomor	number
nona	miss
nyamuk	mosquito
nyanyi*	
ber(me)nyanyi	to sing (*vi.*)
menyanyikan	to sing sth.
nyanyian	song (*n.*)
penyanyi	singer
nyata	factual
ternyata	it turns out
nyonya	madam; Mrs
obat	medicine
mengobati	to cure/treat
pengobatan	treatment
obral	bargain sale
obrol*	
mengobrol	to chat
obrolan	chat (*n.*)
olah raga	sport
berolah raga	to do sports
omong*	
mengomong-	to talk about sth.
kan (*vt.*)	
omomg-omong	by the way
ongkos	cost (*n.*)
orang	person
orang laki-laki	man
orang	woman
perempuan	
orang Inggeris	Englishman
pabean	customs office
pacar	girl/boyfriend
berpacaran	to date with sb.
pagar	fence
pagi	morning
selamat pagi	good morning
pagi-pagi	early in the
	morning
pagi hari	in the morning

paha	thigh
pajak	tax
pak	short for **bapak**
pakai*	
pakaian	clothes
memakai	to use/wear
pemakaian	consumption
pameran	exhibition
panas	hot
memanaskan	to warm up
pemanasan	heating
kepanasan	to suffer from
	heat
memanasi (*vt.*)	to heat sth.
pancing	hook
memancing	to fish
(e.g. **ikan**)	
pandai	clever
pandang*	
memandang	to gaze
pemandangan	scenery
pangkal	starting point
pangkat	rank; position
panggil*	
memanggil	to call
panggilan	a call (*n.*)
panjang	long
kepanjangan	too long
memanjangkan	to lengthen
pantas	no wonder
pariwisata	tourism
pasang*	
memasang	to install
pasta gigi	toothpaste
pasti	certain
patung	statue
payung	umbrella
pecat*	
memecat	to sack
pemecatan	sacking (*n.*)
pedas	spicy hot
pegawai	employee

pegawai negeri	civil servant	**pesan**	message
peka	sensitive	**memesan**	to order
memekakkan	to deafen the	**pesanan**	order
telinga	ears	**pesawat**	machine
peluk*		**pesawat**	aeroplane
memeluk	to hug	**terbang**	
berpeluk-	to hug each	**pesta**	party
pelukan	other	**petasan**	fireworks
pendek	short	**pilih***	
memendekkan	to shorten	**memilih**	to choose
kependekan	too short;	**pilihan**	choice
	abbreviation	**memilihkan**	to choose sth.
penjara	prison		for sb.
memenjara-	to imprison sb.	**pemilihan**	election
kan		**terpilih**	elected
penjuru	direction	**pimpin***	
penting	important	**memimpin**	to lead
kepentingan	interest	**pemimpin**	leader
mementingkan	to give import-	**pimpinan**	leadership
	ance to	**terpimpin**	guided
perahu	boat	**pinggang**	waist
peran	role	**pinggir**	edge
berperan	to play a role	**pindah**	to move (*vi.*)
perang	war	**memindahkan**	to move sth. (*vt.*)
berperang	to be at war	**pinjam***	
memerangi	to fight against	**meminjam**	to borrow
pergi	to go	**meminjamkan**	to lend
bepergian	to travel	**pinjaman**	borrowing/loan
periksa*		**peminjam**	borrower
memeriksa	to inspect	**pisang**	banana
pemeriksaan	inspection	**pohon**	tree
pemeriksa	inspector	**pojok**	corner
perintah	order (*n.*)	**memojokkan**	to corner sb.
memerintah	to rule	**orang**	
pemerintah	government	**di pojok**	in the corner
perlu	to need	**polisi**	policeman
memerlukan	to need sth.	**pompa**	pump
keperluan	necessity	**memompa**	to pump
pernah	to experience	**pos**	post
	sth.	**kantor pos**	post office
pertama	first	**potong***	
perut	stomach	**memotong**	to cut sth.

potongan	cut (*n.*)	**ramai**	noisy; crowded
prangko	stamp	**rambut**	hair
puasa	fast (*n.*)	**rambutan**	round shaped
berpuasa	to fast		fruit with red
bulan puasa	fasting month		hairy skin
pukul*		**rantai**	chain
memukul	to strike; to beat	**merantai** (*vt.*)	to chain sth.
pukulan	a beat	**merantaikan**	to chain sth. to
pemukul	striker		sth./sb. else
pulang	to go home	**rapat**	meeting/
memulangkan	to send sb./sth.		conference
	home	**rapi**	neat
pulau	island	**rasa**	taste
kepulauan	archipelago	**merasakan**	to taste
puluh	ten	**perasaan**	feeling/sentiment
berpuluh-	tens of	**rasanya**	I feel like . . .
puluh		**rata**	flat; even
sepuluh	ten	**meratakan**	to flatten
punah	extinct	**ratu**	queen
puncak	peak	**rebewis**	driving licence
punya	to have	**rem**	brake
mempunyai	to have	**mengerem**	to brake
kepunyaan	belonging	**renang***	
punggung	back	**berenang**	to swim
purnama	full moon	**merenangi**	to swim sth.
pusat	centre	**kolam renang**	swimming pool
putar*		**rencana**	programme/plan
berputar	to revolve (*vi.*)	**rewel**	troublesome (e.g.
memutar (*vt.*)	to wind sth.		of children)
putaran	rotation	**ringan**	light
puteri	daughter	**roda**	wheel
puteri raja	princess	**beroda tiga**	three-wheeled
putih	white	**rokok**	cigarette
keputihan	too white	**merokok**	to smoke
raja	king	**rumah**	house
kerajaan	kingdom	**perumahan**	accomodation
rajin	diligent	**rumah tangga**	household
kerajinan	diligence	**rupa**	facial appearance
rak	shelf	**rusak**	damaged/broken
rakyat	people	**kerusakan**	damage (*n.*)
ramah	friendly	**merusakkan**	to cause damage
keramahan	friendliness	**rusak-rusakan**	destruction

sabun	soap
sabun cuci	washing soap
saja	only/just
sakit	ill
penyakit	disease
saku	pocket
salah	wrong
kesalahan	mistake
menyalahkan	to blame sb.
sama	same
bersama	together
sambel	chilli sauce
sambilan	extra
sampai	to reach/until
Sampai kapan?	until when?
menyam-paikan	to hand in
samping	side
di samping	beside
sana*	
ke sana	to there
di sana	over there
dari sana	from there
sapu	sweeper
menyapu	to sweep sth.
sarapan	breakfast
sastra/kesusastraan	literature
satu	one
bersatu	to unite (vi.)
memper-satukan	to unite (vt.)
persatuan	unity
saudara	you; relative (family); Mr
saya	I; me; my
sayang*	
menyayang	to love sb./sth.
sayur (an)	vegetables
sebentar	for a while
seberang*	
menyeberang	to cross
di seberang jalan	across the road
menyeberangi	to cross sth.
sebuah	a/an (for objects)
sedia	ready
menyediakan	to provide
persediaan	stock (n.)
tersedia	available
sedih	sad
menyedihkan	saddening
kesedihan	sadness
sedikit	a little/a few
seekor	a/an (for animals)
segan	reluctant
segar	fresh
sehat	healthy
kesehatan	health
menyehatkan	to make one healthy
sejak	since
sejuk	cool
menyejukkan	to cool
selam*	
menyelam	to dive (vi.)
juru selam	diver
selamat	safe; best wishes for
selesai (vi.)	to be finished
menyelesaikan (vt.)	to finish sth. (e.g. a report)
penyelesaian	solution
seluruh	entire
sementara	temporary
sembarangan	carelessly
sembilan	nine
semboyan	slogan
sempat	to find time
senang	happy
menyenangkan	pleasant
kesenangan	hobby

senam* bersenam	to do gym
sendiri	one's self
dia sendiri	he himself
sengaja	intentional
seni	arts
senyum	smile (*n.*)
tersenyum	to smile
seorang	a (*for a human*)
sepatu	shoes
sepeda	bike
sepeda motor	motorcycle
sepi	to be quiet
serah*	
menyerah	to give up
penyerahan	handing over
serba	everything
sesal	regret (*n.*)
menyesal	to regret
sesat, tere	to get lost
menyesatkan	misleading
setan	devil
seterika	iron
menyeterika	to iron sth.
setiap	every
setiap hari	everyday
sewa	rent (*n.*)
menyewa	to rent
menyewakan	to rent out
penyewa	tenant (*n.*)
sial	unlucky
sialan	bad luck
siang	noon
kesiangan	to get up late
siap	ready
bersiap (*vi.*)	to get ready
menyiapkan	to get things ready
persiapan	preparation
siapa	who
sibuk	busy
kesibukan	the fact of being busy

sikat	brush
menyikat	to brush
sikat gigi	tooth-brush
sisir	comb
menyisir	to comb
soal	problem
mempersoal-kan	to question sth.
sokur	thank God!
sopan	polite
kesopanan	politeness
sopir	driver
sore	afternoon
sore hari	in the afternoon
soto	thick vegetable soup
suami	husband
suara	sound
pengeras suara	loud speaker
suatu	a/an (for abstract nouns)
subur	fertile
suka*	
suka-duka	ups and downs
suka pada/ menyukai	to like sb. or sth.
kesukaan	hobby
supaya	in order to
susup*	
menyusup	to slip in/to infiltrate
swalayan	self-service
tabrak*	
menabrak	to crash against
tabrakan	collision
tertabrak	accidentally hit
tadi	just past **tadi**
tadi malam	last night
tadi pagi	this morning
tahan	to last
bertahan	to stand against

mempertahan-kan	to defend	tarikan	pull (*n.*)
		penarik	puller
pertahanan	defence	taruh*	
tahu	to know	menaruh	to put
ketahuan	to be known to have done sth.	taruhan	a bet
		tas	bag
pengetahuan	knowledge	tas tangan	handbag
tahun	year	tawa*	
bertahun-tahun	for years	tertawa	to laugh (*vi.*)
		tawar*	
tahun baru	new year	menawar	to make an offer
takut	afraid	tawaran	an offer
ketakutan	frightened	tebal	thick
tamak	greedy	teh	tea
tamat	to graduate	telinga	ear
menamatkan	to complete	telur	egg
tamu	guest/visitor	bertelur	to lay eggs
bertamu	to pay a visit	menelurkan	to produce sth.
tanam*		teman	friend
menanam	to plant	tembak*	
tanaman	plant (*n.*)	menembak	to shoot
tanggung*		tembakan	a shot
tanggung jawab	responsible	tembok	wall
		tempat	place
tanggungan	dependents	tempat tidur	bed
menanggung	to bear	tempat tinggal	residence
tangis*		temu*	
menangis	to cry	bertemu dengan	to meet with
tangkap*			
menangkap	to catch	pertemuan	meeting
tanya*		menemukan	to discover sth.
bertanya	to ask a question	tenaga	energy
menanyakan	to question sb.	tenang	calm
tanki	tank	ketenangan	tranquillity
tari*		tendang*	
menari(*vi.*)	to dance	menendang	to kick
menarikan (*vt.*)	to dance sth.	tengah	mid
		di tengah	in the middle
tarian	a dance	tentu	certain
tarik*		tentu saja	certainly
menarik	to pull; to be attractive	terbang	to fly
		menerbangkan	to fly sth.

penerbangan	flight	**penodongan**	a hold-up
penerbang	pilot	**tolong***	
terbit	to rise	**menolong**	to help
teriak* berteriak	to shout	**penolong**	helper
terima*		**pertolongan**	help (*n.*)
menerima	to receive	**tonton***	
penerimaan	input	**menonton**	to watch/to see
terima kasih	thank you	**penonton**	spectator
terutama	mainly	**tontonan**	a show (*n.*)
tetangga	neighbour	**tua**	old
tetapi	but	**orang tua**	parents
tiang	post/pole	**tuan**	sir; Mr
tiba	to arrive	**tugas**	task
tiba-tiba	suddenly	**menugaskan**	to assign sb.
tidak	no/not (*before verbs and adjectives*)	**bertugas**	to be sent for a task some-where
tidur	to sleep	**tuju***	
ketiduran	to oversleep	**tujuan**	destination
menidurkan	to put sb. to sleep	**bertujuan**	to have the intention
meniduri	to lay on sth.	**menuju**	toward
tertidur	to oversleep	**tukang**	skilled worker
tiga	three	**tukang kebun**	gardener
timbang*		**tulis***	
menimbang	to weigh	**menulis**	to write
timbangan	scale (*n.*)	**tulisan**	writing
pertimbangan	consideration	**meja tulis**	writing table
tinggal	to stay	**penulis**	writer
meninggal	to die	**tumpang***	
meninggalkan	to leave sth. or sb. behind	**menumpang**	to get a free lift in another's vehicle
tertinggal	to be left behind		
ketinggalan	to be left behind	**penumpang**	passenger
tipis	thin	**tunda***	
tipu*		**menunda**	to delay
menipu	to cheat	**penundaan**	a delay
penipuan	fraud	**tertunda**	delayed
tertipu	get cheated	**tunjuk***	
toch	anyway	**menunjuk**	to refer
todong*		**menunjukkan**	to show sth. to sb.
menodong	to hold up		

pertunjukan	a show	**tidak umum**	unusual (*adj.*)
petunjuk	guidance	**umur**	age
tumpang*		**berumur**	to be . . . years
menumpang	to board		old
penumpang	passenger	**ulang***	
turun	to go down	**mengulang**	to repeat sth.
menurun	downward	**ulangan**	a revision
menurunkan	to lower sth.	**undang***	
keturunan	descendants	**mengundang**	to invite
turut	to join in	**undangan**	invitation
menurut	according to	**untuk**	for
tutup	to close (*vi.*)	**untung**	lucky/fortunate
menutup	to close (*vt.*)	**beruntung**	lucky/fortunate
tertutup	to be closed	**menguntung-**	profitable
uang	money	**kan**	
keuangan	finance	**keuntungan**	profit
menguangkan	to cash	**usaha**	effort (*n.*)
uang saku	pocket money	**berusaha**	to make efforts
udara	air/weather	**perusahaan**	company
mengudara	to take off	**mengusaha-**	to try to do sth.
uji*		**kan**	for sb.
ujian	exam	**wah**	Wow
menguji	to test/examine	**wajah**	facial expression
penguji	examiner	**waktu**	time; when (in
ujung	the end		the past)
ukur*		**walaupun**	although
mengukur	to measure	**wanita**	woman
ukuran	measurement	**warung**	food stall
umat	religious	**wayang kulit**	leather puppet
	followers	**wilayah**	territory
umum	general	**wisata**	tourism
mengumum-	to announce	**ya**	yes
kan		**yaitu**	namely
pengumuman	announcement	**yang**	who/which

Grammatical index

The numbers refer to the Lesson number, followed by the number of the grammar point in parentheses, where relevant. In the index headings, Indonesian words are in **bold** type, English words are in *italics*.